Über den Verfasser

Daniel Arasse, geboren 1944, Schüler der École Normale Supérieure, Studium der klassischen Philologie, Habilitation, von 1971–73 an der École Française in Rom, danach Professor für Kunstgeschichte an den Universitäten Paris IV und Paris I, Visiting Professor an der Yale-Universität, seit 1982 Direktor des Institut Français in Florenz.

Daniel Arasse

Die Guillotine

Die Macht der Maschine und das Schauspiel der Gerechtigkeit

Aus dem Französischen von
Christine Stemmermann

rororo

rowohlts enzyklopädie
kulturen und ideen

kulturen und ideen
Herausgegeben von Wolfgang Müller
in
rowohlts enzyklopädie
Herausgegeben von Burghard König

Deutsche Erstausgabe
Veröffentlicht im Rowohlt Taschenbuch Verlag GmbH,
Reinbek bei Hamburg, November 1988

Die Originalausgabe erschien 1987 unter dem Titel
«La Guillotine et l'imaginaire de la terreur»
im Verlag Flammarion, Paris

Umschlaggestaltung Werner Rebhuhn (Vignette: Ausschnitt aus:
Matière à réflection pour les jongleurs couronnées,
Stich von Villeneuve, Musée Carnavalet, Paris
Satz Garamond (Linotron 202)
Gesamtherstellung Clausen & Bosse, Leck
Printed in Germany
1980-ISBN 3 499 55496 8

Inhalt

«Mein Herz erstirbt, mein Blut erstarrt, meine Hand vermag die Erzählung dieser gräßlichen Mordthaten nicht weiter fortzusetzen. Ah! Wie beklage ich den Geschichtsschreiber, der das Geschäft übernimmt, sie unsern Enkeln zu schildern!»

Galart de Montjoie,
Geschichte der Verschwörung des Maximilian Robespierre.

«Von überall her kommen scharenweise revolutionäre Apostel zu uns, echte Sansculotten; die heilige Guillotine befindet sich in der glänzendsten Aktivität, und der wohltuende Schrecken bewirkt, was Vernunft und Philosophie nicht in hundert Jahren erreicht hätten.»

Bürger Gateau,
Heeresintendantur, 27. Brumaire II.

Für René Démoris,
der mir die Anregung zu diesem Buch
gegeben hat.

Einführung

> «Die Guillotine ist die Verhärtung des Gesetzes […], sie ist nicht unparteiisch und erlaubt einem nicht, unparteiisch zu bleiben. Wer sie erblickt, erschauert in den geheimnisvollsten Schauern. Um dieses Beil herum setzen alle sozialen Fragen ihr Fragezeichen.»
>
> Victor Hugo, *Die Elenden.*

Dieses Buch ist kein gewöhnliches Geschichtsbuch. Es ist eher ein Geschichtenbuch, das berichtet, was man sagte, bevor es aufs Schafott ging, und was man sich nach dem Schauspiel einer Hinrichtung auf dem Nachhauseweg erzählte. Kurz, es ist ein Buch über die Kommentare, zu denen die «große Maschine», wie sie ihr Konstrukteur einmal in einem Brief nannte, Anlaß gab. Diese bald entsetzten, bald begeisterten Stimmen sind zum Großteil bereits bekannt, doch sie fanden bei den Revolutionshistorikern, die mit scheinbar wichtigeren Fragen beschäftigt waren, nicht die gebührende Beachtung. Für die in diesem Buch entwickelten Gedanken stellen sie dagegen das Quellenmaterial dar. Dabei soll es nicht darum gehen, daß nicht immer wahrheitsgetreu berichtet wird, sondern es soll vielmehr gezeigt werden, warum dies der Fall ist: Ich möchte die Vorstellungen herausarbeiten, die von Anfang an untrennbar mit der Kopfmaschine verbunden waren.

Ich möchte einigen Fragen nachgehen, die auf den ersten Blick banal erscheinen mögen: Warum macht eine Maschine Angst, die doch einen zivilisatorischen Fortschritt darstellen sollte? Was ist das Schreckliche an ihr? Und was verbirgt sich hinter der Furcht? Um dies beantworten zu können, war es erforderlich, die Angst bis an ihren historischen Ursprung zurückzuverfolgen. Es hieß, bis zu dem Moment zurückzugehen, wo die Maschine, kaum daß sie entwickelt worden war, zum Mittelpunkt eines Schauspiels wurde, als man mit ihrer Hilfe während der Schreckensherrschaft den Schrecken inszenierte.

Angeregt von einem Kolloquium über die Maschine und das Imaginäre (Universität Lille III, 1981), betrachte ich die Guillotine als Gegenstand von Projektionen, als Objekt von Wertungen, die zwar von der Funktion der Maschine ihren Ausgang nehmen, den eigentlichen

Anlaß jedoch bei weitem übersteigen. Im Verlauf meiner Untersuchungen fächerte sich die einfache Ausgangsfrage «Warum macht die Guillotine Angst?» daher in eine Vielzahl von Einzelfragen auf, die in verschiedenste Bereiche, vom Theater bis zur Medizin, von der Politik bis zur Metaphysik, hineinführten. Die Guillotine erwies sich als ein in vielerlei Hinsicht aufschlußreiches «Zivilisationsobjekt».[1]

Als zeitlichen Schwerpunkt habe ich die Jahre von 1789–1794 gewählt, um zu zeigen, wie sich Ruch und Ruhm der Maschine gegenseitig bedingten. Dabei stellt sich heraus, daß die Maschine deshalb so berühmt-berüchtigt ist, weil sich in ihr gesellschaftliche Widersprüche spiegeln: Zum einen die Widersprüche der «modernen» Gesellschaft, da die Guillotine noch bis vor kurzem unverändert zum Einsatz kam, wodurch sie im Ausland zu einem Symbol für Frankreich schlechthin werden konnte. Zum anderen die Widersprüche der «philosophischen» Gesellschaft des 18. Jahrhunderts, als aufgeklärte Geister eine «einfache Mechanik» erdachten, um die Köpfe besser rollen zu lassen.

Die Guillotine und der Zugriff auf den Körper

Obwohl die Guillotine eine humanitäre Errungenschaft darstellen sollte, galt sie schon bald als barbarisch. Denn sie verband zwei sehr verschiedene, ja einander beinahe ausschließende Eigenschaften miteinander: technische Modernität und die barbarische Roheit einer körperlichen Verstümmelung.

Mit dem Beil oder dem Schwert enthauptete der Henker sein Opfer persönlich – von Angesicht zu Angesicht – mit all den Unwägbarkeiten, die hiermit verbunden sein konnten und auch tatsächlich verbunden waren. Die Guillotine gehorcht dagegen allein einfachen Gesetzen der Mechanik. Als Errungenschaft der Mechanikerkunst ermöglicht sie bei der Hinrichtung die Vermeidung jedes menschlichen Kontakts und wäscht damit den Henker vom Blut seiner Mitmenschen rein. Der Verurteilte aber wird nun seines in symbolischer Hinsicht wichtigsten Körperteils beraubt, ohne noch ein Recht auf ein *face à face*, ein letztes *corps à corps* zu haben. Die anonymisierte Hinrichtung ist gleichbedeutend mit einer grauenerregenden Schlächterei.

Es entsteht eine Spannung zwischen rationaler Technik der Guillotine und blutig-primitiver Zielsetzung der Hinrichtung. Die Maschine ist pervers, und dies ist kein Zufall, stellt sie doch das Produkt einer pervertierten Heilkunst dar: Von Guillotin über Louis bis hin zu Cabanis waren es Mediziner, die das Enthauptungsinstrument vorschlugen, durchdachten und legitimierten. Durch ihre Bestrebungen, eines ihrer perfektesten Instrumente zu fördern, gibt sich die Medizin der Aufklärung auch als Kunst des Tötens zu erkennen.

Und doch wollten die Ärzte jene Apparatur aus humanitären Gründen erfunden haben. Hier zeichnet sich jene Entwicklung bereits ab, welche die gleiche Zunft schließlich den elektrischen Stuhl und die intravenöse Todesspritze erdenken ließ. Die Guillotine ist nicht an sich schrecklich, sie wird es erst durch den Gebrauch, den die Gesellschaft von ihr macht.

Die Guillotine und die aufgeklärte Medizin

Diderot rechtfertigt in seiner *Encyclopédie* unter dem Stichwort «Anatomie» das Sezieren und bemerkt in diesem Zusammenhang, welch großer Unterschied doch zwischen einer Leiche und einem lebendigen, gesunden Körper bestehe. Mit philosophischer Logik leitet er aus einigen Beispielen der Antike her, daß medizinische Anatomiestudien besser an Lebendigem als an Totem betrieben werden sollten, und schlägt – den Gesetzen seiner Logik folgend – vor, Verbrecher durch Vivisektion zu bestrafen. Den Vorwurf der Unmenschlichkeit nimmt er vorweg und bezieht zu diesem Punkt ausführlich Stellung. Seine Argumentation soll hier zitiert werden, zeigt sie doch, wie man den Begriff der Menschlichkeit im Zeitalter der Aufklärung auslegen konnte:

«Was ist Menschlichkeit anderes als die stete innere Bereitschaft, unsere Fähigkeiten in den Dienst der Menschheit zu stellen? Was ist aber dann an der Vivisektion eines Übeltäters unmenschlich? Wo ihr diesen selbst als unmenschlich bezeichnen werdet, weil er seine Fähigkeiten gegen seine Nächsten gewendet hat, statt ihnen zu dienen, wie werdet ihr dann Erasistratos nennen, der, seinen Widerwillen zum Wohle der Menschheit überwindend, in den Eingeweiden des Verbrechers wichtige Erkenntnisse zu gewinnen sucht? [...] Ich wünschte, auch bei uns wäre es üblich, den Vertretern dieses Berufsstandes [Ärzten und Anatomen] die Straftäter zur Sektion zu überlassen, und sie verfügten über den dazu nötigen Mut. Wie man auch über den Tod eines Übeltäters denken mag, stürbe er im Anatomiesaal, so wäre dies der Gesellschaft nicht weniger nützlich, als wenn er auf dem Schafott stürbe; und diese Todesart wäre nicht schlimmer als jede andere. Wüßten nicht Anatomie, Medizin und Chemie gleichermaßen zu profitieren? Was die Verbrecher angeht, so ist niemand unter ihnen, der nicht einer schmerzhaften Operation gegenüber dem sicheren Tod den Vorzug gäbe[2]; der sich nicht statt einer Hinrichtung lieber eine Flüssigkeit ins Blut spritzen oder infundieren ließe, oder sich das Hüftgelenk amputieren, oder die Milz herausnehmen, oder einen Teil des Gehirns entfernen, oder die Brust- oder Oberbaucharterien abbinden, oder sich von zwei oder drei Rippen einen Teil absägen oder eine Darmpartie herausschneiden ließe, deren oberes Ende man in das untere stecken könnte, sich die Speiseröhre offenlegen oder sich, ohne daß der Nerv davon berührt würde, den Samenleiter abbinden oder sich irgendein anderes inneres Organ auf andere Weise operieren ließe.

Die Bedeutung dieser Versuche wird all jene, die auf die Vernunft hören, zu überzeugen vermögen [...].»

Bei der Raffiniertheit dieser chirurgischen Anregungen und dem beinahe jubelnden Crescendo, mit dem sie aufgezählt werden, darf man nicht vergessen, daß damals die Hinrichtung durch Rad und Scheiterhaufen noch die Regel war – und sie dürfte eine kaum weniger schreckliche Praktik gewesen sein als diese Vivisektion zu wissenschaftlichen Zwecken... Fest steht jedoch auch, daß der Philosoph Diderot, weit davon entfernt, die Folter abschaffen oder die Strafen mildern zu wollen, die Hinrichtungen vor allem rationeller machen wollte.

Man kann sich vorstellen, daß die mechanische und schmerzlose Schnelligkeit der Enthauptungsmaschine vor diesem Hintergrund als ein bemerkenswert menschenfreundlicher Fortschritt erscheinen mußte. Zumal Guillotin noch in einem 1775/76 verfaßten Aufsatz über die Behandlung der Tollwut die Ideen des Philosophen aufgreift und vorschlägt, die Verurteilten «all den Experimenten zu unterziehen, die man an Tieren macht». Denn man gebe damit dem Straftäter die Chance, möglicherweise mit dem Leben davonzukommen und wieder in die Gesellschaft integriert zu werden.[3] Sicherlich, «diese Art von Experimenten mag vielleicht ungerecht, grausam, schrecklich oder unmenschlich erscheinen, doch sie ist nur abschreckend». Die Gründe, mit denen Guillotin seinen damaligen Standpunkt rechtfertigt, sind einleuchtend, denn er erinnert mit Recht daran, wie fürchterlich die Verurteilten bis zur Abschaffung der Martern zu leiden hatten: «Ein kleiner Biß oder auch die schmerzhaften Symptome der Krankheit – steht das in irgendeinem Verhältnis zu den schrecklichen Qualen, die ein Mensch zu ertragen hat, dem man die Knochen bricht und den man zwingt, in verzweifelter Todesangst zu sterben?»

Daß die Guillotine dann einen Fortschritt und zugleich einen Wandel darstellte, läßt sich nicht leugnen: 1789 geht es nicht mehr wie noch 1776 darum, die Marter zu rationalisieren, sondern einzig darum, ihr ein für allemal ein Ende zu setzen durch die menschenfreundliche Guillotine.

Die Guillotine und der politische Körper

Ob man will oder nicht – und die Gegner der Revolution betonen es zur Genüge –, die Guillotine ist zu einem der bekanntesten Symbole der Französischen Revolution geworden. Zusammen mit der Parole «Freiheit, Gleichheit, Brüderlichkeit» ist sie eines der verbreitetsten Stereotype. Victor Hugo erkannte dies bereits 1820: «Für unsere Väter ist die Revolution das Höchste, was das Genie einer Nationalversammlung [...] bewirken konnte. Für unsere Mütter ist die Revolution eine Guillotine.»[4]

In der Tat wurde und wird die Enthauptungsmaschine im öffentlichen Bewußtsein mit dem Kulminationspunkt der Revolution gleichgesetzt, der von Robespierre und Saint-Just geprägten Schreckensherrschaft. Heute, nachdem die Fünfte Republik mit der Abschaffung der Todesstrafe auch den Gebrauch der Enthauptungsmaschine verboten hat, ist es an der Zeit, sich zu fragen, inwieweit und aus welchem Grund die Guillotine einen wichtigen Beitrag zur Herausbildung der ersten Republik in Frankreich leistete.

Quellen und Ablauf der Ereignisse legen folgende Deutung nahe: Von der ersten politischen Hinrichtung im August 1792 bis hin zu den großen Schreckensfuhren im Sommer des Jahres 1794 folgt der Einsatz der Guillotine einer klaren Linie und sollte daher nicht vorschnell mit den Ambitionen einer bestimmten Gruppe entschuldigt werden, mit der unweigerlichen Verselbständigung des Regierungsapparates oder, etwa in Anlehnung an einen etwas sentimentalen Erklärungsversuch von Mathiez, mit «Verzweiflung». Der Einsatz der Guillotine als Instrument des Schreckens läßt sich durch nichts entschuldigen, bedarf auch keiner falschen Entschuldigung, denn die Quellen belegen einen systematischen Einsatz der Guillotine, und zwar als Regierungsmaschine. Deutlich geht aus ihnen hervor, daß das große makabre Theater, welches mit und auf dem Schafott inszeniert wurde, zuvorderst auf die Herausbildung eines «kollektiven Bewußtseins» (Saint-Just) abzielte, um das Volk nach Jahrhunderten der Tyrannei und Erniedrigung im revolutionären Sinn zu erneuern, zu einigen und als Macht zu etablieren.

Die Enthauptung Ludwigs XVI. am 21. Januar 1793 stellt nicht nur einen historischen Markstein dar, sie ist so etwas wie ein «Erstes Abendmahl», bei dem der Leib des Königs als Opfer dargebracht wird. Weniger durch seine persönlichen Verfehlungen hatte der König Anstoß erregt als vielmehr durch das maßlose Privileg, mit dem die Theorie des Absolutismus den Monarchen ausgestattet hatte: den Anspruch, für sich alleine die ganze Nation zu verkörpern. Durch die Opferung dieses nach der Theorie des Gottesgnadentums sakralen Leibes vollzieht die Revolution eine Umkehrung des eucharistischen Opfers, sie begründet und weiht dadurch die Republik und setzt zugleich das Volk als Souverän ein. Mit den großen Schreckensfuhren wird die Revolution dann Teil des Alltags.

Die «Logik der Guillotine» demonstriert auf den öffentlichen Plätzen mit unvergleichlichem Nachdruck, was in den Reden der Nationalversammlung verkündet wird.

Daß wir uns nicht mißverstehen: Es geht mir nicht etwa darum, den Ruf der jakobinischen Guillotine aufzubessern. Vielmehr soll ergründet werden, wie diese Maschine zum Sinnbild der Französischen Revolution in ihrer radikalsten Phase werden konnte, eben jener Phase, durch die sich diese von einer «sanften Revolution» wie der amerikanischen unterschied. Es geht darum, das Problem der Schreckensherrschaft nicht nur einfach durch Fanatismus oder durch die simple Gleichsetzung von *Terreur* und *erreur* («Schrecken» und «Irrtum») zu erklären, sondern zu erkennen, wie die Guillotine zum «Banner» des Revolutionärs, wie sie durch ihre Technik und ihre Erscheinung zum Inbegriff der jakobinischen Revolution werden konnte. Darum schließlich, ob sich durch diese Ineinssetzung die religiöse Begeisterung erklären ließe, mit der man einige Monate lang die Effizienz einer Maschine in den Himmel hob, die Bewunderer auch «Heilige Guillotine» nannten.

I
DIE GUILLOTINIERUNG

Wieder einmal findet man bestätigt, wie schwer es ist, den Menschen Gutes zu tun, ohne daß für einen selbst manche Unannehmlichkeiten damit verbunden sind.

Dr. Bourru,
Oraison funèbre du docteur Guillotin, 28. März 1814.

Römer streng
Guillotin,
Er macht weiter,
Fragt die Leute vom Metier,
Barnave und Chapelier,
Sogar den Halsabschneider
Seine Hand
Rasch erfand
Die Maschine,
Die ganz leicht uns töten kann
Und die man nennt sodann
Guillotine.*

Mit dem Schlußreim «Maschine» – «Guillotine», der unerwarteten Pointe seines satirisches Liedes, hat der Chevalier de Champcenetz, ein Mitglied der Académie française, hingerichtet am 23. Juli 1794, einen unsterblichen Neologismus geprägt. Damit trug die künftige Enthauptungsmaschine bereits im Dezember 1789, noch bevor sie in der Welt war, den Namen ihres Vaters, Guillotin.

Joseph Ignace Guillotin wurde am 28. Mai 1738 in Saintes geboren als Sohn des Joseph Alexandre Guillotin und seiner Frau Catherine Agathe, gebürtige Martin. Der Familienlegende zufolge sollen die äußeren Umstände, welche die Niederkunft herbeiführten, für die spätere Berühmtheit des Familiennamens entscheidend gewesen sein: Bei einem Spaziergang in Saintes habe Madame Guillotin das ohrenbetäubende Schmerzgebrüll eines Mannes vernommen, der gerade gerädert wurde, und sei durch den Schock verfrüht niedergekommen. Joseph Ignace habe so «den Henker zur Hebamme» gehabt. Der Witz der Anekdote will es, daß eine Frühgeburt den Martern ein Ende machen sollte.

Die Geschichtsschreibung sieht es nüchterner: a posteriori scheint Guillotins medizinische und gesellschaftliche Karriere geradewegs auf den Gesetzesentwurf vom 1. Dezember 1789 zuzuführen, durch den sein Name eine zweifelhafte Berühmtheit erlangen sollte. Seit 1756 Jesuit, verläßt er 1763 seine Heimatstadt, um in Paris nach der Medizin der Seele nun die des Körpers zu studieren. 1770 wird ihm die Doktor-

* Nach: G. Semmer, *Ça ira. 50 Chansons, Chants und Vaudevilles aus der Französischen Revolution*, Berlin 1958, S. 46. Anm. d. Übers.

würde verliehen. 1789 ist dann niemand mehr über seine Wahl zum Abgeordneten des dritten Standes erstaunt, denn er war bereits eine wichtige Persönlichkeit in der Hauptstadt. Als er Ende 1788, mit fünfundfünfzig Jahren, dem König seine *Pétition des citoyens domiciliés à Paris* mit der Forderung unterbreitete, der dritte Stand müsse ein Recht auf mindestens ebenso viele Abgeordnete haben wie die anderen beiden Stände, erhält er wegen dieses skandalösen Ansinnens eine Vorladung vor das Parlament von Paris. Sein Freispruch vor Gericht ist ein Triumph, logischerweise ist er in der Folge auch mit Marmontel und Lacretelle an der Abfassung der Beschwerdehefte beteiligt. Mehrmals macht er in den Generalständen auf sich aufmerksam, und sicherlich glaubte er noch am 30. November, daß der Gesetzesentwurf, den er am folgenden Tag zu unterbreiten gedachte, ihm zu mehr als bloß lexikalischem Ruhm verhelfen würde.

Von einem humanitären Impetus getragen, weiß er sich den fortschrittlichen Geistern seiner Zeit verwandt, die, wenn nicht die Abschaffung der Todesstrafe, so doch zumindest eine Milderung der Strafen und die Beseitigung der Folter verlangen. Guillotins Gedanke war einfach: Ein altbekanntes, in ähnlicher Form bereits in Italien, Deutschland, England und selbst in Frankreich eingesetztes Instrument sollte – technisch auf den neuesten Stand gebracht – wieder eingeführt werden. Die bildende Kunst bot dafür reichliches Anschauungsmaterial.[5]

An der Konstruktion der Maschine selbst war Guillotin nicht beteiligt; der eigentliche Erfinder des Mechanismus war Dr. Louis, der ständige Sekretär der chirurgischen Akademie. Unerbittlich wird die Apparatur jedoch nach jenem Mann heißen, dessen Name sich in femininer Form auf «Maschine» reimt.

Mit dem Bau der Guillotine sollte erst im Frühjahr 1792 begonnen werden. Die langsame Verwirklichung des Projekts, vom Vorschlag über die Herstellung bis hin zur Einweihung, ist ständig von Enttäuschungen begleitet. Als man den Gedanken in die Tat umsetzen will, tut sich eine Kluft zwischen Idee und Wirklichkeit auf. Dieses unerwartete Auseinanderklaffen spricht dafür, daß mit der «einfachen Mechanik» von Anfang an imaginäre Vorstellungen untrennbar verbunden waren.

In seiner Grabrede für Guillotin am 28. März 1814 formuliert Dr. Bourru die Moral dieser Geschichte: «Zum Unglück für unseren Kollegen hat sein menschenfreundlicher Gesetzesvorschlag, der allgemeine Zustimmung fand und zum Bau eines Instrumentes führte, dem das gemeine Volk den Namen unseres Freundes gab, ihm viele Feinde gemacht. Wieder einmal findet man bestätigt, wie schwer es ist, den Menschen Gutes zu tun, ohne daß damit für einen selbst manche Unannehmlichkeiten verbunden sind.»

Guillotin hatte eben nicht damit gerechnet, daß die Philanthropie ein zweischneidiges Schwert sein kann.

1 Der Vorschlag Guillotins

> «Es gibt unglückliche Menschen. Christoph Columbus kann seiner Entdeckung nicht seinen Namen geben, Guillotin bringt den seinen nicht mehr von ihr los.»
>
> Victor Hugo, *Literatur und Philosophie.*

Guillotins Rede vor der Nationalversammlung, in der er eine Reform des vom Ancien Régime übernommenen Strafrechts vorschlug, ist verlorengegangen. Als einziges verläßliches Dokument sind die sechs Artikel seiner Gesetzesvorlage erhalten:*

«Art. 1 Vergehen der gleichen Art werden durch die gleiche Strafe geahndet, welchem Rang und Stand die Schuldigen auch immer angehören mögen.

Art. 2 Im Hinblick auf den persönlichen Charakter eines Verbrechens soll die Bestrafung des Schuldigen jeden möglichen Nachteil für seine Familie ausschließen. Die Ehre seiner Sippe soll in keiner Weise befleckt werden, und jeder Angehörige des Verbrechers darf unbeschränkt jeden Beruf, jede Beschäftigung und jedes öffentliche Amt ausüben.

Art. 3 Das Vermögen eines Verurteilten ist in keinem Fall einzuziehen.

Art. 4 Die Leiche eines Hingerichteten ist seiner Familie auf deren Verlangen zu übergeben. In jedem Fall wird der Tote bestattet wie üblich, und im Register ist kein Vermerk über die Art seines Todes zu machen.

Art. 5 Niemand darf einem Bürger gegenüber abfällige Äußerungen tun, weil einer seiner Sippe aufgrund einer Ehrenstrafe hingerichtet worden ist. Wer es trotzdem unternimmt, der soll vor Gericht öffentlich verwarnt werden.

Art. 6 In allen Fällen, in denen das Gesetz die Todesstrafe für eine angeklagte Person vorsieht, soll die Strafart die gleiche sein, welches

* Vgl. Journal des Débats et des Décrets, 1. Dezember 1789. Anm. d. Übers.

Verbrechens sie sich auch immer schuldig gemacht hat; der Verurteilte soll enthauptet werden; dies geschieht mit Hilfe einer einfachen Mechanik.»

Die sechs Artikel verändern jenes Strafsystem von Grund auf, an das der König nur mit äußerster Vorsicht hatte rühren wollen. Guillotin spricht hier als fortschrittlicher Arzt, der sich aus «philosophischen» Gründen für eine Humanisierung der Justiz einsetzt. Seine verlorengegangene Argumentationsweise läßt sich in etwa rekonstruieren, denn er griff sicherlich nur die Punkte auf, die bereits seit einiger Zeit ausgiebig debattiert wurden. Mit seiner «einfachen Mechanik» brachte Guillotin – in modernisierter Form – Hinrichtungsinstrumente wieder zum Einsatz, die im Europa des 18. Jahrhunderts wohlbekannt waren.

Eine Maschine zum Wohle der Menschheit

Guillotin geht nicht so weit, die Abschaffung der Todesstrafe zu fordern, was nicht verwunderlich ist. Zwar hatte die Abhandlung *Trattato dei delitti e delle pene* des Italieners Beccaria damals bereits einige Berühmtheit erlangt, und seit bald zwanzig Jahren wurde die Höchststrafe von Juristen und Philosophen heftig diskutiert, doch war zum damaligen Zeitpunkt in Frankreich eine Abschaffung der Todesstrafe noch nicht denkbar. An Robespierres Gesinnungswandel läßt sich dies klar ablesen: 1791 wird er leidenschaftlich für eine Strafmilderung plädieren; 1783 jedoch schlägt er nur die Gleichheit des Strafmaßes für alle, ungeachtet ihrer Herkunft, vor, als die Akademie von Metz Preise für die besten Streitschriften gegen die Ehrenstrafe aussetzt. Robespierre argumentiert wie folgt: «Das Rad, der Galgen [...] entehren die Familie des Hingerichteten, doch das Beil, welches den Kopf eines Schuldigen abtrennt, entwürdigt die Verwandten des Verbrechers keineswegs, ja, man könnte es beinahe als einen Adelstitel für die Nachkommen betrachten. Sollte es nicht möglich sein, selbige Einstellung zu nützen, indem wir diese Form der Bestrafung von Verbrechen auf alle Bürger ausweiten? Beseitigen wir eine beleidigende Unterscheidung [...]. Führen wir, anstelle einer Strafe, die der unvermeidlichen Schande einer Hinrichtung obendrein einen ehrenrührigen Charakter verleiht, eine Strafart ein, die man allgemein als gewissermaßen glanzvoll ansieht und nie als entehrend für die Familie empfinden würde [...].»[6]

Robespierre wurde zweiter, hinter Lacretelle. Eine Guillotin noch ähnlichere Position hatte 1777 Marat bezogen. Auf eine von der Berner Ökonomischen Gesellschaft gestellte Preisaufgabe hin unterbreitete er seinen *Plan einer Criminalgesetzgebung*, dessen zentrales Anliegen es ist, die Milde der Strafe mit der Gewißheit einer Bestrafung zu vereinbaren. Über die Höchststrafe fällt Marat ein klares Urteil: «Todesstrafen müssen selten sein. [...] Das Leben ist das einzige der Güter dieser Welt, für das es nichts Gleichwertiges gibt; deshalb will die Gerechtigkeit, daß die Strafe für beabsichtigte Tötung die Todesstrafe sei. [...] Wie schrecklich jedoch das Verbrechen auch sei, und welche Bezeichnung man ihm auch geben möge, die Strafe dafür darf nur auf der Seite der Schande gesucht werden: sie möge daher entehrender werden, aber nicht grausamer. [...] Gebt daher der Hinrichtung für den Mord an einem Freund oder Wohltäter, einem Bruder oder einer Schwester, einer Tochter oder einem Sohn, an Vater oder Mutter ein abscheuliches Gepräge, laßt aber den Tod leicht sein.»[7]

Abschreckende Apparatur – sanfter Tod. Guillotin mußte glauben, daß sein Vorschlag den Bestrebungen des intellektuellen und philosophischen Milieus seiner Zeit entsprach, wollte er doch die Todesstrafe mildern, ohne sie ihres exemplarischen Charakters zu berauben.

Aus heutiger Sicht tendiert man dazu, die Ereignisse bei der Hinrichtung Damiens' im Jahr 1757 als repräsentativ für das Ancien Régime einzuschätzen. Als Robert-François Damiens Ludwig XV. durch einen Messerstich leicht verletzt hatte, wurde er zum Tod durch Vierteilen verurteilt, jener Strafe, die auf Königsmord stand. Wie man weiß, wurde die Hinrichtung zur Katastrophe: Damiens starb nicht, weil es den Pferden nicht gelang, ihm die Glieder auszureißen. Schließlich mußte der Scharfrichter die Gliedmaßen mit dem Messer abtrennen. Ein Bild des Grauens. Der Hauptscharfrichter Charles Jean-Baptiste Sanson, sein Sohn Charles Henri und die Gehilfen, die für diesen außergewöhnlichen Fall in großer Zahl aufgeboten worden waren, hatten versagt – ein Mangel an Routine, der beinahe zu entschuldigen war, wurde doch seit Ravaillac in Paris niemand mehr gevierteilt, so daß die Technik dieser Hinrichtungsart nicht hatte weitergegeben werden können. Damals aber provozierte der Zwischenfall einen derartigen Skandal, daß im Herbst 1758 Mauriceau de La Motte, der für die Gnadengesuche zuständige königliche Beamte, gehängt und sein Besitz konfisziert wurde, da er sich in dieser Angelegenheit «gegen die Regierung selbst, gegen den König und die Minister» gestellt und über die Hinrichtung Damiens' einen Aushang vorbereitet habe.

Dennoch erschien dieses Vorkommnis 1789 eher als ein isolierter

Einzelfall. Und war Charles Jean-Baptiste Sanson für sein Versagen nicht mit Gefängnis bestraft worden? Was am Vorabend der Revolution sicherlich viel schockierender gewirkt haben muß, war der Umstand, daß nach wie vor Menschen gerädert und öffentlich verbrannt wurden: In der Hauptstadt selbst war 1783 ein Homosexueller auf diese Art und Weise hingerichtet worden; 1785 ein Brandstifter und Dieb, außerdem ein verbrecherischer Ehemann; 1787 ein Vatermörder... Die Zeit war reif für eine Maschine, deren Devise hätte lauten können: Menschlichkeit, Gleichheit, Vernünftigkeit.

In seiner Menschlichkeit bestand nun aber gerade das Hauptverdienst des Guillotinschen Vorschlags. Menschlichkeit gegenüber dem Opfer, dessen Schmerz die Guillotine verringert, indem sie, um einen Ausdruck von Michel Foucault aufzugreifen, einen «Nullpunkt der Marter»[8] schafft. Menschlichkeit gegenüber den Zuschauern, denen die Maschine den grauenerregenden Anblick der alten Hinrichtungsmethoden erspart, weil sie aus dem unmenschlichen Schauspiel des öffentlichen Sterbens ein kurzes Blutvergießen macht. Menschlichkeit vor allem gegenüber dem Scharfrichter, der von dem monströsen *corps-à-corps* mit dem Hingerichteten befreit wird. Nur mehr Auslöser eines mechanischen Prozesses ist er nun, ein «sorgfältiger Mechaniker» (Michel Foucault), dessen Beziehung zum Körper seines Opfers durch die zwischengeschaltete unpersönliche Maschine mittelbar und neutral wird. Diesem letztgenannten Umstand kommt besondere Bedeutung zu, wie ein im *Journal des Etats généraux* erschienener Kommentar zu Guillotins Rede zeigt: «Monsieur Guillotin ließ sich des langen und breiten über die Hinrichtungsmethoden aus, die den Menschen niedriger erscheinen lassen als ein wildes Tier, ich erwähne nur den Gebrauch von Zangen und übergehe den Rest mit Schweigen. Es wäre zu wünschen, daß selbst ihr Name bald in Vergessenheit geriete. Er hat das Grauen beschrieben, welches jene Scharfrichter genannten Wesen einflößen. Von eben diesem Gefühl durchdrungen [...] hat es vor allem meine Vorstellungskraft überstiegen, daß es Kreaturen geben soll, die allein um des Gehorsams willen sich dazu erniedrigen, ihre Hände kaltherzig in das Blut ihrer Nächsten zu tauchen.» Die Quelle belegt es eindeutig: Außer den Erleichterungen für den Verurteilten und das Publikum hat die Maschine vor allem das große Verdienst, ein unvorstellbares Wesen vorstellbar zu machen und den Henker endlich in ein würdiges Organ der Exekutive zu verwandeln. So macht es die Guillotine möglich, daß der Scharfrichter – wie nun auch Schauspieler und Juden – 1790 durch ein Dekret der Nationalversammlung wählbar wird: vorstellbar also sogar als Volksvertreter.

Die Vorläufer der Guillotine

Guillotins Vorschlag, eine «einfache Mechanik» ihren Dienst tun zu lassen, war gar nicht so gewagt. Im Gegensatz zu einer weit verbreiteten Annahme war die Enthauptungsmaschine schon lange vor der Revolution vielerorts bekannt. 1789 ging es nur noch darum, die modernste und zuverlässigste Bauart in Frankreich einzuführen.

Die genaueste Beschreibung eines solchen Mechanismus findet sich im Reisebericht des Dominikaners Labat, *Voyage en Espagne et en Italie*, der 1730 in Paris veröffentlicht wurde:

«[Den Kopf schlägt man mit der Mannaja ab.] Diese Art der Enthauptung ist sehr sicher und erspart dem Hinzurichtenden jene Leidens-Verlängerung, welcher er zuweilen durch die Ungeschicklichkeit eines Strafvollziehers ausgesetzt ist, der die Trennung des Kopfes vom Rumpfe nur nach mehrmals wiederhohlten Streichen bewirkt. Man bedient sich derselben bei Personen von Adel und bei allen, welche die Vorrechte desselben genießen, namentlich auch bei allen Personen geistlichen Standes, es mögen Welt- oder Klostergeistliche seyn. [Man richtet sie, welches Verbrechen sie auch begangen haben mögen, selten in aller Öffentlichkeit hin, sondern im Gefängnishof, bei geschlossenen Türen und in Anwesenheit nur weniger Personen.] Das Werkzeug, welches Mannaja genannt wird, ist ein 4 bis 5 Schuh hohes und inwendig etwa 15 Zoll breites Gestell. Es besteht aus zwei Balken, die gegen 3 Zoll ins Gevierte stark und inwendig mit Fugen versehen sind, in denen ein Querholz herabgleiten kann. Diese beiden Balken sind durch 3, mit Zapfen und Zapfenlöchern versehene Querhölzer verbunden. Zwei von diesen Querhölzern sind an den entgegenstehenden Enden der Balken befestigt und ein drittes liegt ungefähr 15 Zoll über dem untersten, auf welches der Verurteilte knieend sein Haupt legt. Über diesem untersten, unbeweglichen Querholze befindet sich ein bewegliches, an dessen inneren Seite ein scharfes, 9–10 Zoll langes und 6 Zoll breites Schneidemesser (couperet) angebracht ist. Der obere Theil dieses Querholzes ist mit einem Bleigewichte von 60–80 Pfund beschwert, welches fest mit demselben verbunden ist. Man zieht dieses mörderische Querholz bis zu einer Entfernung von 1 oder 2 Zoll nach dem oberen Querholze zu, in die Höhe, wo man es mit einem kleinen Strick (petite corde) festbindet. Auf ein, von Barigello oder Häscherhauptmann gegebenes Zeichen, braucht der Scharfrichter nur diesen kleinen Strick zu durchschneiden, worauf sodann augenblicklich das stark beschwerte Querholz auf den Hals des Verurtheilten herabstürzt und, mit der daran befindlichen Schneide, denselben vom Rumpfe trennt, ohne Gefahr, den Streich zu verfehlen.»[9]

Pater Labat drückt sich so präzise wie ein Fachmann aus. Sollte man in diesem nüchtern-technischen Bericht eine Anleitung für einen etwaigen Konstrukteur sehen dürfen? Die aufwertenden Prädikate «humanitär» und «aristokratisch», die der Text suggeriert, deuten darauf hin, daß diese Beschreibung wohl kaum aus Zufall so ausführlich ist. Sie sollte wohl demjenigen Empfehlungen an die Hand geben, der in Frankreich über genügend Einfluß verfügte, um sich für eine humanere Hinrichtung der Delinquenten aus führenden Kreisen der Gesellschaft einzusetzen. Doktor Louis kannte auch tatsächlich diese Stelle, wie wir sehen werden, und ließ sich wahrscheinlich von ihr inspirieren.

Die Enthauptungsmaschine übte eine erstaunliche Faszination auf Geistliche aus: Abbé Delaporte gibt in seinem Reisebericht *Voyageur français* eine – wenn auch weniger genaue – Beschreibung des schottischen Pendants:

«Adliche Personen jedoch werden enthauptet; und dieß auf eine Art, die diesem Lande ganz eigen ist. Das Instrument, das hierzu gebrauchet wird, ist ein viereckiges Stück Eisen eines Fußes breit, dessen Schneide ungemein scharf geschliffen ist. Der Schneide gegen über befindet sich ein Stück Bley von so beträchtlichem Gewichte, daß eine sehr große Gewalt dazu erfordert wird, das Instrument in Bewegung zu setzen. In dem Augenblicke der Execution nimmt man es aus einer viereckigen hölzernen Einfassung von zehn Fuß Höhe heraus, in der es dergestalt liegt, daß es ungehindert hinunter schießen kann. So bald das Zeichen gegeben wird, und der Verbrecher den Kopf auf dem Block hat, läßt der Scharfrichter das Stück Eisen frey fallen, das dann niemals ermangelt, den Kopf mit dem ersten Niederfallen vom Leibe zu trennen.»[9]

Die Historiker haben darauf hingewiesen, daß es im 15. und 16. Jahrhundert bereits einfache Versionen dieses Hinrichtungsinstruments in Italien (mannaia), England (Halifax gibet) und Schottland (maiden) gab. Ja sogar im 12. und 13. Jahrhundert finden sich Vorläufer in Neapel, Holland und Deutschland.[10] Memoiren und Chroniken legen Zeugnis davon ab, daß ähnliche Vorrichtungen in Europa lange vor der Aufklärung bekannt waren und, abgesehen von der schottischen «maiden», den Adligen vorbehalten blieben, was das außerordentliche Privileg, nicht von den entehrten Händen des Henkers berührt zu werden, mit dem Vorzug maschineller Effizienz verband.[11]

Die «einfache Mechanik» Guillotins leitet sich ganz offensichtlich von diesen Vorläufern her, und zwar insbesondere von der englischen

Variante, auf die Dr. Louis in seiner, im März 1792 erschienenen *Begründete Stellungnahme zur Methode der Enthauptung* zu sprechen kommt: «Für eine vollkommene Prozedur ist es absolut notwendig, sich eines unveränderlichen mechanischen Werkzeugs zu bedienen, dessen Kraft und Wirkung sich genau bestimmen lassen. Das hat man in England erkannt. Der Körper des Verbrechers wird mit dem Gesicht nach unten zwischen zwei Pfosten gelegt, die oben durch einen Querbalken verbunden sind, von dem ein konvexes Beil vermittels einer Auslösungsvorrichtung auf den Nacken des Mannes niederstürzt.» (s. Anhang, Text 2)

Das Zögern der Nationalversammlung

Das Ansehen, das die englische Justiz in der damaligen Zeit genoß, hätte eigentlich die unverzügliche Annahme von Guillotins Vorschlag garantieren sollen. Doch einzig der erste Artikel des Gesetzesentwurfs stieß auf Zustimmung, dann entzündete sich eine heftige Diskussion. Die Artikel 2 – 4 wurden kurze Zeit später, am 21. Januar 1790, angenommen. Artikel 6 jedoch, in dem von der «einfachen Mechanik» die Rede ist und der damit den fortschrittlichsten Teil des Vorschlags darstellt, kam überhaupt erst im März 1792 auf die Tagesordnung.

Daß man versuchte, die Diskussion dieses Punktes hinauszuschieben, ist aufschlußreich. Es ist ein Beweis dafür, wie sehr der Gebrauch, den Guillotin von der Maschine machen wollte, gegen die Vorstellung verstieß, die man damals von der Todesstrafe hatte.

Die Vorläufer der Guillotine waren immer nur in Ausnahmefällen eingesetzt worden, und in diesen Fällen wurde das aristokratische Privileg der Enthauptung noch durch das Prestige einer Vorrichtung vergrößert, deren seltener Gebrauch die vornehme Herkunft des Verurteilten unterstrich. Wenn Guillotin die allgemeine Anwendung der Maschine vorschlägt, so bedeutet dies die Abschaffung eines Privilegs und verstößt außerdem gegen ein altes Prinzip, dem zufolge die Hinrichtungsweise je nach der Art des Verbrechens und dem Stand des Schuldigen verschieden war.[12]

Guillotin begründet seinen Vorschlag mit der Sanftheit des Verfahrens. Damals gab es aber noch einen anderen «leichten» Tod: das Hängen. Man konnte daher, wie Verninac de Saint-Maur, auch noch eine andere Vereinheitlichung der Hinrichtungen propagieren: «Diese Strafe [die Enthauptung], die bei uns dem hohen Adel vorbehalten ist, scheint heute so distinguiert und gesellschaftsfähig, daß sie beinahe ehrenvoll geworden ist. Statt den gemeinen Mann Anspruch auf den Richtblock erheben zu lassen, sollte man den Adel dazu zwingen, mit dem Galgen Vorlieb zu nehmen.» (*Le Moniteur*, Dezember 1789)

Zu seiner Enttäuschung mußte Guillotin erfahren, daß es nicht genügte, Arzt und Philosoph zu sein, um auch zum Gesetzgeber zu werden. Sein Auftritt hatte eine völlig unerwartete, grausame Wirkung. Man verlachte die Guillotine, vor allem aber ihren Erfinder, der im Handumdrehen zum Opfer zahlreicher Spottverse und -lieder wurde.[13]

Die Brüder Goncourt erwähnen in diesem Zusammenhang einen Text, den sie als «satirischen Roman» bezeichnen, eine Parodie der Rede Guillotins vor der Nationalversammlung:

«Meine geliebten Brüder! Mir sind so viele Patienten unter den Händen gestorben, daß ich mich rühmen kann, einer der größten Experten zu sein, was die Mittel und Wege anbelangt, aus dieser Welt zu scheiden [...]. Zusammen mit meinem Mechanikus ist es mir gelungen, die entzückende Vorrichtung zu erfinden, die Ihr hier seht [...]. Unter der Bühne befindet sich ein Orgelspiel, welches die fröhlichsten Melodien erklingen läßt, wie z. B.: *Gevatterin laßt uns tanzen, Leben Sie wohl Madame* und *Guten Abend miteinander, guten Abend.* Auf dem Podest angekommen, wird sich der Akteur zwischen die beiden Säulen begeben. Unter dem Vorwand, daß er so die wunderbaren Töne der Orgel besser vernehmen könne, wird man ihn bitten, das Ohr gegen den Stylobat zu halten. Und schon ist der Kopf so sanft abgetrennt, daß er es eine Weile gar nicht glauben kann und erst der allseitige Beifall ihn davon überzeugt.»[14]

Mit Recht macht die Satire jenen Satz der Rede zur Zielscheibe ihres Spottes, in dem Guillotin die außerordentliche Geschwindigkeit seines Mechanismus pries. Das *Journal des Etats généraux* druckte am Tag nach Guillotins Auftritt folgenden Bericht: «Monsieur Guillotin beschrieb seine Mechanik – ich möchte hier nicht ins Detail gehen. Um ihre Wirkungsweise zu veranschaulichen, vergaß er einen Moment lang, daß er als Gesetzgeber sprach, und ließ seinem rhetorischen Talent freien Lauf: ‹Die Maschine wirkt wie der Blitz, der Kopf rollt, das Blut sprudelt, der Mensch ist nicht mehr.› Das Strafgesetzbuch ist nicht der Ort für derartige Glanznummern.»

Dieser Gipfel Guillotinscher Beredsamkeit wird alsbald ironisch variiert. Zwei Wochen später berichtet der *Moniteur* in seiner Ausgabe vom 18. Dezember, die Nationalversammlung habe mit großem Gelächter Guillotins Erfindung begrüßt: «Messieurs, mit dieser Maschine will ich Ihnen in einem Augenblick das Haupt von den Schultern herabtanzen lassen, ohne daß Sie auch nur das geringste spüren.» Anderswo wird dann folgendes aus dem Kabinettstückchen: «Die Hinrichtungsweise, die ich erfunden habe, ist so sanft, daß man nicht wüßte, wie einem geschieht, wenn man sich nicht bereits darauf eingestellt hätte zu sterben und nicht vermeinen würde, eine leichte Frische am Hals verspürt zu haben.»

Es ist nicht unwesentlich, daß sich die Satire auf die mechanische Schnelligkeit der Hinrichtung konzentriert. Das Thema mußte zum Lachen reizen, wenn man an Bergsons Definition des Komischen denkt: «Etwas Mechanisches überdeckt etwas Lebendiges.»[15] Doch das Lachen von 1789 ist vor allem auch ein Abwehrmechanismus: Guillotin räumt zu rücksichtslos mit den bisherigen Vorstellungen vom öffentlichen Sterben auf. Der einzelne sieht sich durch Guillotins Vorschlag sowohl in gesellschaftlicher als auch in privater Hinsicht gefährdet. Durch die Vertagung der Debatte kommen die tieferen Gründe der Verweigerung nicht unmittelbar zur Sprache. Erst der Einsatz der Maschine als Instrument des Schreckens bringt die zu «Bildern des Schreckens» gewordenen Ängste ans Licht.

2 Der Bau der Louisette

> «Haben Sie, vom chirurgischen Standpunkt aus gesehen, genaue Vorstellungen von der Guillotine?»
> [...] «Nein, Monsieur.»
> «Ich habe gerade heute den Apparat genauestens untersucht», fuhr Doktor Velpeau, ohne irgendwelche Bewegung zu zeigen, fort, «und ich muß sagen, er ist ein vollkommenes Instrument.»
>
> Villiers de L'Isle-Adam,
> *Das Geheimnis um das Schafott.*

Erst im Jahr 1792 wird die Maschine gebaut und in Betrieb genommen. Bürokratische Schwerfälligkeit sowie Finanz- und Verfahrensfragen haben zur Folge, daß die ursprünglich idealistischen Bestrebungen in einem ganz gewöhnlichen, administrativen Prozeß untergehen. Die Maschine wird ihrer philosophischen Tragweite beraubt – es sei denn, ihre wahre Bedeutung läge gerade in dieser Banalität.

Daß Art. 2, 3 und 4 des Guillotinschen Vorschlags am 21. Januar 1790 angenommen wurden, stellt immerhin schon eine Neuerung dar: Gleichbehandlung aller vor dem Strafgesetz, Bestrafung nur des Verurteilten, Abschaffung der Vermögenskonfiskation und ein Anrecht der Familie auf die Leiche des Hingerichteten. Die «Menschheit» räumt dem Schuldigen und seiner Familie gewisse Rechte ein. Art. 6, der die Todesart behandelt, wird jedoch nicht verabschiedet, obwohl durch diesen Passus nur bekräftigt werden soll, daß die bereits in Art. 1 garantierte Gleichheitsregel auch bei der Höchststrafe Anwendung findet. Zwar hatte in Frankreich Beccarias Schrift in intellektuellen Kreisen ein großes Echo gefunden, doch konkrete Maßnahmen waren hierauf keine erfolgt. Das Land der Aufklärung war darin nicht nur weniger modern als Rußland, wo die Todesstrafe 1754 abgeschafft worden war, sondern auch als das Großherzogtum Toskana und Österreich, die 1786 bzw. 1787 dem russischen Beispiel folgten.[16]

Erst am 30. Mai 1791 findet mit mehr als einem Jahr Verspätung die fällige Debatte statt. Die lange Verzögerung ist ein deutliches Indiz dafür, daß die Mitglieder der Nationalversammlung einer Erörterung der Hinrichtungsfrage nur mit geringer Begeisterung entgegensahen. Die Diskussion wird dann vor allem von Robespierres flammender Rede gegen die Todesstrafe geprägt, in welcher er aufzeigt, daß diese gleichzeitig ungerecht und als Instrument der Abschreckung wirkungslos ist. Von Pétions und Duport-Dutertres Reden unterstützt, widerlegt er die von einem gewissen Prugnon vorgetragene Gegenposition und versteht durch seine «Empfindsamkeit» und «Philosophie» Bewunderung zu erregen.[17] Dennoch gelingt es ihm nicht, genügend Stimmen für sein Anliegen zu gewinnen; die Zeit dafür ist noch nicht gekommen.[18] Die Nationalversammlung läßt sich am 1. Juni nicht von Robespierres Empfindsamkeit beeindrucken und lehnt eine Abschaffung der Todesstrafe ab. Statt dessen beschließt sie am 3. Juni 1791 nach Anhörung von Lepeletier de Saint-Fargeau: «Jedem zum Tode Verurteilten wird der Kopf abgeschlagen.»

Diese Entscheidung für die Enthauptung als Hinrichtungsart, was Guillotin ja bereits 1789 vorgeschlagen hatte, dürfte darin begründet sein, daß die andere Möglichkeit einer sanften Hinrichtung, das Hängen, seit eh und je als entehrend für die Familie des Verurteilten galt. Außerdem tat man mit der getroffenen Entscheidung, wenn man so sagen kann, dem «angestammten Recht» des Adels keinen Abbruch, übertrug dieses nur auf die Gesamtheit der Bürger, die nun ebenfalls einen Anspruch auf den «stolzen Richtblock» hatten.

Noch einmal vier Monate vergehen, bevor am 25. September 1791 die Durchführungsbestimmungen formuliert werden. Nun konsultiert man das Organ, welches mit der Ausführung des Gesetzes betraut ist, den Henker, der durch sein Recht auf Wählbarkeit zu einem anerkannten Gesprächspartner geworden ist. Mit dessen fachmännischem Urteil aber verläßt man den Bereich der Theorie: Die humanitäre Idee wird mit den konkreten Bedingungen ihrer Verwirklichung konfrontiert.

Weitere fünf Monate vergehen, bevor Charles Henri Sanson im März 1792 in seiner Antwort (vgl. Anhang, Text 1) auf zwei mit dem neuen Gesetz verbundene Schwierigkeiten aufmerksam macht.[19] Die erste ist technischer Natur: Die Qualität des Schwertes müsse hervorragend sein, wolle man ein sofortiges Resultat garantieren. Dies mache das Instrument teuer. Die zweite ist menschlicher Natur: Damit die Hinrichtung Geist und Buchstaben des Gesetzes erfülle, müßten der Henker und das Opfer der Situation gewachsen sein. Niemand könne aber garantieren, daß der gemeine Mann ebenso standhaft bleibe wie der Adlige, so daß der Henker irritiert sein könnte, was bei dieser Hinrichtungsart katastrophale Auswirkungen haben würde, sei es für ihn selbst, für das Opfer oder für das Publikum. Charles Henri weiß, wovon er spricht, denn er war nicht nur ein äußerst ungeschickter Henker, sondern auch bei Enthauptungen besonders nervös: 1766 ist er unfähig, dem Leben des unglücklichen Lally-Tollendal ein Ende zu machen, so daß schließlich sein Vater Charles Jean-Baptiste Sanson einspringen muß. Daß Voltaire sich für die Rehabilitierung Lallys eingesetzt hatte, ist bekannt. Welche Konsequenzen Dr. Louis aus derartigen Zwischenfällen zog, soll noch gezeigt werden.

Sansons Stellungnahme läßt spüren, welch großen Wandel eine einheitliche Hinrichtungsform bedeutete. Die unvermeidliche Zunahme der auf Enthaupten lautenden Urteile verändert die Strafbedingungen so grundlegend, daß die Bestrafung selbst einen anderen Charakter erhält. Vor der Einführung der Guillotine war jede Hinrichtung etwas Besonderes gewesen, sie fiel von Fall zu Fall verschieden aus. Das Zeremoniell wurde dem jeweiligen Anlaß angepaßt, und der Scharfrichter konnte, je nach Hinrichtungsart, mehr oder weniger Geschick beweisen. Von nun an aber soll die Enthauptung ein repetitiver Akt sein. Doch der «menschliche Faktor» und das Abstumpfen des Schwertes stehen einer identischen Wiederholung entgegen. Weil nun die Enthauptung ihrer Zielsetzung nach für alle gleich sein soll, handelt es sich hierbei, so Sanson, um ein grundlegendes Problem. Denn würden nicht entsprechende Maßnahmen ergriffen, riskiere man entsetzliche Szenen von beispielloser Schrecklichkeit. Beim gegenwärtigen Stand der Dinge sei das Gesetz also nicht anwendbar.

Den Ausführungen des Spezialisten ließ sich nicht viel entgegenhalten. Justizminister Duport-Dutertre leitet sie daher am 3. März 1792 mit einem bestätigenden Vermerk an die Nationalversammlung weiter.[20] Prokuralsyndikus Roederer obliegt es nun, durch geeignete Maßnahmen den Bedenken der Nationalversammlung Rechnung zu tragen. Er wendet sich brieflich an Guillotin und bittet ihn, «eine Strafart zu mildern, die dem Geist des Gesetzes nach nicht grausam sein soll». Doch Guillotin antwortet ausweichend. Durch die Blamage 1789 hat er sich möglicherweise von der Maschine distanziert. Roederer richtet sich daraufhin an die für technische Fragen am besten qualifizierte Kraft, den ständigen Sekretär der chirurgischen Akademie, Dr. Louis.

Bereits am 17. März antwortet dieser mit seinem berühmt gewordenen *Avis motivé sur le mode de décollation.*[21] Keinen Gedanken verschwendet der Mediziner in dieser «Begründeten Stellungnahme» auf die psychischen Folgen der Maschine. Die «Begründungen», die er angibt, sind historischer, geographischer oder chirurgischer Natur. Die «Wirkung» der Maschine wird als «einwandfrei» bezeichnet, ihre Funktionsweise als «im Einklang mit Geist und Absicht des neuen Gesetzes» stehend. Wenn Louis die Enthauptungsmaschine für das geeignetste Hinrichtungsinstrument hält, dann liegt das daran, daß er den Körper gewissermaßen nur als ein Ineinandergreifen von verschiedenen Teilen versteht. Aus dieser technischen Perspektive ist die konvexe Schneide und besonders die abgeschrägte Form, die nach den ersten Erprobungen eingeführt wurde, tatsächlich eine adäquate Antwort auf die «Verzahnung» der Nackenwirbel. Dr. Louis sieht zwar, daß eine traditionelle Hinrichtung mit dem Schwert einen schauderhaften Charakter annehmen konnte, doch welche Assoziationen wiederum seine Apparatur und ihre Funktionsweise wecken mochten, berücksichtigt er nicht: ein maschinelles, anonymes Hineinschneiden in menschliches Fleisch... Es hat den Anschein, als genüge allein der Euphemismus «Verlust des Lebens», um die Harmlosigkeit des Prozesses zu gewährleisten. Und hierbei erweist sich Dr. Louis nur als Schüler der aufgeklärten Medizin, behauptete doch bereits der Verfasser des Artikels «Mort» der *Encyclopédie*: Der Tod ist nicht «eine so furchtbare Angelegenheit, wie wir es uns einbilden». Was uns an ihm erschreckt, seien «die letzten Zuckungen der Maschine, die zum Stillstand kommt». Bemerkenswerterweise, auch wenn noch nicht die Guillotine gemeint sein konnte, fährt der Autor fort: «Wir sehen es nicht, wenn die Sichel der Parze erhoben ist, um unseren Lebensfaden zu durchschneiden, und wir merken es nicht, wenn sie ihn durchtrennt; die Sichel, habe ich gesagt? Eine poetische Schimäre! Der Tod ist nicht mit einem schneidenden Gerät bewaffnet, nichts Gewaltsames begleitet ihn, das Leben entschwindet so allmählich, daß es kaum spürbar ist.» Gerade der Aspekt des «schneidenden Geräts» sollte die Phantasie beschäftigen, vor allem, seit man hierin den Beweis dafür sah, daß bei der Guillotine das Leben eben gerade nicht so allmählich entschwindet, «daß es kaum spürbar ist». Zunächst jedoch meinte man, durch das Bündnis von Medizin und Technik den «Schrecken des Todes» bannen zu können, indem man die Bedingungen des Sterbens veränderte.

Louis' *Avis motivé* verfehlte nicht seine Wirkung, denn am 20. März 1792 erließ die Nationalversammlung eine Dringlichkeitsanordnung.[22] Zu den bereits bekannten humanitären Argumenten kommt in diesem Text eine unmittelbar politische Erwägung von beträchtlicher Bedeutung hinzu: Dem Entstehen «aufrührerischer Bewegungen», denen durch das Fehlen jeder klaren Gesetzgebung zur Todesstrafe Vorschub geleistet werde, müsse begegnet werden. Ihre Bestimmung aber erfülle die Enthauptungsmaschine als Instrument der Gleichbehandlung von gemeinen bzw. politischen Verbrechern auf nationaler Ebene.

Der Bau der Guillotine wird nun als Notwendigkeit erachtet. Der lange Weg bis zur Verwirklichung des Projekts ist beinahe durchlaufen. Trotz der Dringlichkeit dauert es noch einen Monat, bis auch die finanzielle Seite geklärt ist. Schuld an dieser letzten Verzögerung ist die für die Konstruktion der Maschine entscheidende Instanz, der Hersteller, der – weit entfernt von jeder Philosophie – darauf bedacht ist, von der einmaligen Gelegenheit zu profitieren.

Am 25. März erhält der mit diesen Aufgaben betraute Zimmermann von Louis eine sehr detaillierte Konstruktionsbeschreibung, die in mehreren Einzelheiten an den Text von Pater Labat über die Bologneser «mannaia» erinnert.[23] Den außergewöhnlichen Charakter dieses Auftrags ausnutzend, bläht Guidon seinen Kostenvoranschlag übermäßig auf, so daß sich dieser insgesamt auf 5660 Livres beläuft. Allerdings ist in diesem Preis auch inbegriffen: Eichenholz bester Qualität für Maschine und Schafott (1500 Livres), eine zwölfstufige Treppe (200 Livres), drei Kupferschienen (300 Livres), drei Schneiden (300 Livres), die Arbeitskraft (1200 Livres) und, für 1200 Livres, «ein kleines Demonstrationsmodell, um Zwischenfällen so weit als möglich vorzubeugen, sie bei der großen Maschine zu verhindern, und um eine genaue Vorstellung zu vermitteln».[24]

Roederer leitet den Voranschlag mit folgendem Vermerk an den Finanzminister weiter: «Der Hauptgrund, auf welchen Herr Guidon seine Forderung stützt, ist die Schwierigkeit, Arbeiter zu finden zu Bauten, vor welchen ein Vorurtheil sie zurückschaudern läßt. Dies Vorurtheil existirt in der That, aber es haben doch sich Arbeiter gemeldet, welche die Maschine zu einem viel niedrigeren Preis herstellen wollen, unter der einzigen Bedingung, daß man [...] ihre Namen nicht öffentlich bekannt werden lasse. [...] Ich glaube, daß unter diesen Umständen und in dem Fall Ihrer Verwerfung des hierbei folgenden Anschlags, es geeignet erscheinen dürfte, wenn Sie das Directorium zur directen Verhandlung mit irgend einem anderen Künstler ermächtigen wollten [...].»[25]

Der andere «Künstler» wird schließlich ein Deutscher sein. Am 10. April geht ein Kostenvoranschlag des Klavierbauers Tobias Schmidt ein, der sich auf 960 Livres beläuft und, wie man sich denken kann, noch am gleichen Tag angenommen wird.

Es war auch höchste Zeit. Das Gebot der «Menschlichkeit» verlangte, daß die Maschine umgehend gebaut wurde. Bereits seit zwei Monaten wartete ein zum Tode Verurteilter auf die Vollstreckung seines Urteils. Wie es Richter Moreau in einem Brief an Roederer beunruhigt ausdrückt: «jeder Augenblick, der seine traurige Existenz verlängert, ist für ihn wiederholter Tod.» Es sei «im Namen der Gerechtigkeit und des Gesetzes, im Namen der Menschlichkeit» erforderlich, dieser «eben so dem Gesetz wie der öffentlichen Sicherheit, dem Richter und selbst dem Schuldigen nachtheiligen Verzögerung» ein Ende zu bereiten.[26] Roederer kann ihn nun beruhigen: Die Sache ist ins Rollen gekommen. Knapp eine Woche später ist die Guillotine fertig, und am 17. April probiert man in einem kleinen Seitenhof der Anstalt von Bicêtre an Leichen «eine Maschine [aus], die die Menschheit nur mit Schaudern betrachten kann, die aber für die Gerechtigkeit und das Wohlergehen der Gesellschaft notwendig ist».[27]

Doktor Cullerier nennt in diesem Satz den Hauptgrund dafür, daß es so erstaunlich lange dauerte, bis die Maschine gebaut war: Das Wohl der Allgemeinheit und die Gerechtigkeit stehen im Widerspruch mit der Menschlichkeit. Mehr noch: Die Menschlichkeit steht angesichts der Guillotine zu sich selbst im Widerspruch. Auf sie hatten sich die Erfinder der Maschine berufen, und nun kann man aufgrund des gleichen Prinzips die Guillotine «nur mit Schaudern betrachten». Durch ihre eigenen Entscheidungen genötigt und im Zugzwang, schiebt die Nationalversammlung die Verantwortung auf die Regierung ab, damit die Maschine gebaut werden kann. Roederer sagt es deutlich in einem Brief an Dr. Louis: die Regierung ist «in der traurigen Lage, über die Hinrichtungsart entscheiden zu müssen»[28]. Nichts mehr ist zu spüren von der Begeisterung, die Prudhomme noch äußern ließ: «Es ist kein Hinrichtungsinstrument denkbar, das das, was wir der Menschlichkeit schulden, und das, was das Gesetz verlangt, besser miteinander in Einklang brächte, zumindest, solange die Todesstrafe nicht abgeschafft ist.»[29]

Diese letzte Einschränkung ist entscheidend. Solange die Todesstrafe durch die Gesetzgebung aufrechterhalten wird, befindet sich das humanitäre Denken in einer verzwickten Lage: Wie kann man schon eine Strafe human ausführen, die an sich nicht human ist und die Menschheit mit Abscheu erfüllt? Am 20. März 1792 hatte die Nationalversammlung angesichts der «Unsicherheit über die in Paragraph 3, Absatz 1 des Strafgesetzbuches [intendierte] Hinrichtungsart» die Vollstreckung der ergangenen Todesurteile suspendieren müssen. Was man gesetzlich eingeführt hatte, zögert man dann, in die Tat umzusetzen. Einzig der Respekt gegenüber dem einmal verabschiedeten Gesetz zwang dazu, eine «große Maschine» zu konstruieren, deren «Größe» bald nur noch in ihren Ausmaßen bestand.

Diese Zwiespältigkeit zeigt, daß die Enthauptungsmaschine ein ungeliebtes Kind der Aufklärung ist: Niemand will sich öffentlich zur Vaterschaft bekennen, und diejenigen, denen man sie zuschreibt, weigern sich, der Guillotine den eigenen Namen zu geben. Derjenige aber, der einen Anspruch darauf erhob, ihr rechtmäßiger Vater zu sein, wurde zur Zielscheibe des Gespötts.

Guillotin war so niedergeschlagen über den Namen, den man der Maschine gab[30], daß er aus «philanthropischen Gründen» von ihm erfundene Pillen an seine Freunde verteilte, damit sie ihrem Leben selbst ein Ende machen könnten, sollte ihnen die Enthauptung drohen.[31] Welch schreckliches Zeichen dafür, daß der Initiator das bittere Gefühl gehabt haben mußte, die Maschine erfülle seine humanitären Absichten nicht, und daß es wohl doch noch einen sanfteren Tod als das philosophische Schafott gäbe. Guillotins Namen usurpierend und ihm damit zu einem zweifelhaften Ruhm verhelfend, nimmt die Maschine ungerechtfertigterweise, aber unwiderruflich eine Herkunft für sich in Anspruch, in der die Zeitgenossen schon bald eine fatale Fügung sahen: «Durch welche seltsame Laune des Schicksals hinterließ uns ein Mann wie dieser, dem es völlig an Talent und Persönlichkeit mangelte, ein so schreckliches Vermächtnis?»[32]

Der wahre Erfinder der Maschine, Dr. Louis, hatte mehr Glück. Die Maschine wurde zwar auch bisweilen Louison oder Louisette genannt, doch die Bezeichnung Guillotine setzte sich schließlich durch. Louis zeigt sich von der Gefahr, der sein Name zeitweise ausgesetzt war, betroffen: «Meine Rolle in der Angelegenheit, und ich betrachte sie als einen Akt der Menschlichkeit, beschränkte sich auf die Korrektur der Form der Schneide, die ich konvex sehen wollte, damit das Ziel durch einen sauberen Schnitt erreicht wird. Trotzdem versuchten meine Feinde [in schmutzigen Blättern], dieser fatalen Maschine den Namen ‹Petite Louison› oder ‹Louisette› zu geben, Namen, die jedoch durch die Bezeichnung ‹Guillotine› verdrängt wurden. Leider besaß ich die Schwäche, mich allzu betroffen zu zeigen über diese Verleumdungen, denn darum handelt es sich, auch wenn man vorgab, es sei eine bloße Plaisanterie.»[33]

Offensichtlich bar aller «Vorurtheile», die der Zimmermann Guidon anführte, um seinen Kostenvoranschlag in die Höhe zu treiben, gibt sich Tobias Schmidt nicht damit zufrieden, den ersten Vertrag erhalten zu haben. Als es darum geht, jedes Departement mit einer Guillotine zu beliefern, versucht er, das Gesetz vom 7. Januar 1791 für sich geltend zu machen, welches die Möglichkeit vorsah, Entdeckungen und nützliche Erfindungen zum Schutz der Urheberrechte patentieren zu lassen. Eine lohnenswerte Anstrengung, ging es doch immerhin um dreiundachtzig Maschinen. Allerdings gab es harte Konkurrenz, denn ein Pariser Zimmermann hatte einen Voranschlag über 500 Livres gemacht, während Schmidt sich weigerte, unter 824 Livres zu gehen. Doch der deutsche Klavierbauer trägt den Sieg davon: Zum einen hatte er seine Fähigkeiten mit der Herstellung des Prototyps bereits unter Beweis gestellt, und zum anderen wechselt die Verwaltung nur ungern ihre Lieferanten. Das Patent aber wird Schmidt verweigert. Am 24. Juli 1792 übersendet ihm der Innenminister folgende aufschlußreiche Antwort: «Es verstößt gegen das Gebot der Menschlichkeit, für eine derartige Entdeckung ein Patent zu verleihen. Das wäre denn doch ein Übermaß an Barbarei. Wenn Monsieur Schmidt eine nützliche Erfindung in Todesdingen gemacht hat, so kann sie nur der Urteilsvollstreckung dienen, und diese obliegt der Regierung.»[34]

Man könnte sich keine stärkere Abwertung vorstellen. Auf dem Weg bis zu ihrer tatsächlichen Anwendung ist die Enthauptungsapparatur jeder Wertschätzung verlustig gegangen. Kaum gebaut, verliert die Erfindung ihren humanitären Anspruch und wird zu einem Instrument degradiert, das nur noch das abschätzige Demonstrativpronomen («derartig») verdient, denn man verbindet mit ihm «Barbarei» und «Todesdinge».

Wertlos ist die Maschine deswegen noch nicht: Mitten in seiner negativen Beurteilung gibt der Minister bereits das Stichwort für eine kaum ein Jahr später erfolgende neuerliche Aufwertung der Guillotine: Indem er vorschlägt, sich mit dem Patentgesuch an die Regierung zu wenden, unterstellt der Minister, daß es sich bei der Guillotine um eine Maschine der Regierung handelt. Wir werden sehen, wie wichtig dieser Aspekt unter der Schreckensherrschaft werden sollte. Die Guillotine erhält eine neue Bedeutung, nicht als Instrument der Menschlichkeit, sondern als Symbol einer revolutionären Regierung, welche die Republik errichten und die Freiheit in ihre Rechte einsetzen will.

3 Die Einweihung durch Sanson

«Heute soll die Maschine in Gebrauch genommen werden, die erfunden wurde, um den zum Tode verurteilten Verbrechern den Kopf abzuschlagen. Die Enthauptung mittels dieser Maschine wird gegenüber den bisherigen Hinrichtungsarten mehrere Vorteile aufweisen: der Anblick wird weniger schockierend sein, denn keines Menschen Hände werden mehr mit dem Blut seines Nächsten befleckt; und der Verurteilte wird nur noch die Marter der Todesangst ertragen müssen, die schlimmer sein wird, als der Schlag selbst, durch den er aus dem Leben scheidet.

Der Verbrecher, welcher heute als erster die Wirkung der neuen Maschine erfahren wird, ist Nicolas Jacques Pelletier, der bereits vorbestraft ist und in letzter Instanz am 24. Januar vom dritten provisorischen Kriminalgerichtshof für schuldig befunden wurde, in Komplizenschaft mit einem Unbekannten am 14. Oktober 1791, gegen Mitternacht, in der Rue Bourbon-Villeneuve einen Privatmann überfallen und ihm nach mehreren Stockschlägen seine Brieftasche geraubt zu haben, in der sich 800 Livres in Assignaten befanden.

Zur Wiedergutmachung dieser Schuld hat ihn das Gericht dazu verurteilt, in einem roten Hemd auf den Grève-Platz geführt zu werden, wo ihm gemäß den Bestimmungen des Strafgesetzbuches der Kopf abgeschlagen werden soll.»[35]

Das Ereignis stellt ohne Zweifel eine Sensation dar, denn zu dem natürlichen Interesse, das alles Neue weckt, kommt hinzu, daß die Revolution hier «mit einem Schlag» jahrhundertealten Praktiken und Gepflogenheiten ein Ende macht. Mit der Hinrichtung des Nicolas Jacques Pelletier beweist die Nationalversammlung öffentlich und unmißverständlich ihre Entschlossenheit, dem «Alten Regime» ein Ende zu machen. Denn die Einführung der Guillotine folgte auf zwei weitere bedeutende Änderungen: Am 5. April war die Sorbonne geschlossen worden, und am 6. April wurden alle religiösen Orden abgeschafft. Am 22. März hatte außerdem Abbé Chappe der Nationalversammlung seine Erfindung des Telegraphen zum Geschenk gemacht. Die Enthauptungsmaschine fügt sich in die Reihe jener Maßnahmen ein, die den durch die Revolution erreichten zivilisatorischen und sozialen Fortschritt illustrieren sollten. Hinzu kommt, daß die Nationalversammlung mit der öffentlichen Hinrichtung den parlamentarischen Raum verläßt, denn die Enthauptung wird vor den Augen des Volkes – dem bevorzugten Zeugen für die Errungenschaften eines fortschrittlichen Systems – vollzogen.

Die Behörden sind sich über die Bedeutung des Ereignisses im klaren. Unklar ist nur, wie das Volk auf diese Neuheit reagieren wird. Man trifft daher außergewöhnliche Vorsichtsmaßnahmen. Wiederum ist es Roederer, der das Nötige veranlaßt. Diesmal wendet er sich an La Fayette, den Kommandanten der Nationalgarde: «Die neue Hinrichtungsweise der Enthauptung, Herr General-Commandant, wird sicherlich eine ungeheure Menschenmenge auf dem Grèveplatz versammeln, und ist es wichtig, Maßregeln zum Schutz der Maschine zu treffen. Ich halte demnach für nothwendig, daß Sie den zum Dienst commandirten Gensd'armen befehlen, in starker Anzahl, nach vollzogener Hinrichtung, den Platz und die dahin einmündenten Straßen besetzt zu halten, um daß das Fortschaffen der Maschine und das Abbrechen des Schaffots keine Störung erleiden.»[36]

Die Reaktionen des Volkes konnten offensichtlich in ihrer archaischen Heftigkeit noch sehr weit von der aufgeklärten Betrachtungsweise entfernt sein, deren Produkt die Maschine ist, und die Regierung ist sich bewußt, eine soziale Praxis zu revolutionieren, bei der es um mehr geht als um schlichte Vernunft. Vor allem aber soll nun die Maschine geschützt werden und nicht mehr der Henker. Man versteht Roederers Besorgnis, wenn man an die Schwierigkeiten und Kosten denkt, die der Bau der Guillotine verursachte. Doch zweifelsohne verbirgt sich hinter dieser Sorge auch bereits der Gedanke, ein Arbeitsinstrument funktionstüchtig zu halten, um seine Wirtschaftlichkeit zu gewährleisten. Man hat den Eindruck, die Einführung der Guillotine falle mit dem Aufkommen eines unternehmerischen Denkens zusammen, das auf die Verfügbarkeit der Instrumente bedacht ist. Auf dem Höhepunkt der Schreckensherrschaft beschäftigt man sich dann mit dem Arbeitstakt der Maschine, wobei der Arbeiter (der Henker) für sein Tempo bewundert wird, man sich bisweilen aber auch eine bessere Leistungsfähigkeit der Maschine wünscht. Als Produkt der Aufklärung ist die Guillotine eine der ersten Maschinen, an der sich ein Rentabilitätsdenken in bezug auf die Arbeitszeit entwickelt.

Die Einweihung war in der Tat eine Sensation und führte zu überraschenden Kommentaren in der Presse. Einige Zeitungen sprechen von einer großen Enttäuschung des Publikums; das Volk scheine «Herrn Sanson um die Rückkehr zum Alten Regime anzuflehen und ihm zu sagen: Wir wollen unseren Galgen wiederhaben, wir wollen unseren Galgen wiederhaben [...].»[37]

Sicherlich sind diese Zeitungen nicht unparteiisch, denn sie lassen damit eine Rückkehr zum Ancien Régime als wünschenswert erscheinen. Doch außer Zweifel steht auch, daß die Guillotinierung, bei der das alte Hinrichtungsritual nicht mehr eingehalten wird, im Frühjahr 1792 noch nicht ihre eigene Form gefunden hat. In der Folge wird ein ebenso streng geregeltes und ebenso bedeutsames Ritual wie bei den alten Hinrichtungsformen entstehen. Zwei Veränderungen lassen sich jedoch gleich zu Anfang beobachten:

– Die Enthauptungsmaschine stellt eine außerordentliche Neuheit dar und ist gewissermaßen das Emblem der philosophischen Prinzipien, die den Gerechtigkeitsbegriff der Revolution prägen. Nun wird sie aber mittels eines ganz gewöhnlichen Verbrechers eingeweiht, dessen Name nur überliefert ist, weil er die Ehre hatte, die Guillotine zu entjungfern. Die Maschine wird dadurch von Anfang an banalisiert: Als simples Schwert einer für alle gleichen Gerechtigkeit erfüllt sie unbestritten die ihr vom Gesetz zugedachte Aufgabe. Dabei überträgt sich aber ihr banaler Charakter auf die Enthauptung selbst. Ohne daß man sich dessen bewußt war, stellte der 25. April 1792 in gewisser Weise ein Pendant zum 4. August 1789 dar, als das feudalistische System und dessen Privilegien in der Begeisterung ebenfalls über Nacht beseitigt worden waren.

Der beim Tod Pelletiers konstatierte Bedeutungsschwund wurde jedoch wieder wettgemacht, wie man aus dem Aufwand schließen kann, der anläßlich der ersten politischen Guillotinierung betrieben wird: Louis David Collenot d'Angremont wurde vom außerordentlichen Straftribunal, das für die Verbrechen vom 10. August eingerichtet worden war, verurteilt und am 21. August 1792 hingerichtet. Die Guillotine wird hierzu von der Place de Grève auf die Place du Carrousel gebracht. «Da dies der Schauplatz des Verbrechens war, sollte er auch der Ort der Sühne sein.»[38] Schauplatz und Sühne. Die gerechte Sache der Politik gibt der Hinrichtung ihren sakralen Charakter zurück. Das Schafott aber wird nach der Zeremonie nicht wieder abgebaut. Am 23. August verfügt die Kommune per Dekret, daß es bis auf weiteres stehenbleiben soll. Die Politik hat also ihre ständige Bühne. Während der Schreckensherrschaft wird man hier die beiden Hauptmerkmale der Guillotinierung zu nutzen wissen: das Prestige eines Zeremoniells und die Banalität eines immergleichen Schauspiels.

– In den Berichten von der Einweihung der Maschine wird die Person des Verurteilten und die des Henkers mit keinem Wort erwähnt: Der Akzent hat sich von den Beteiligten auf die Maschine verlagert.[39] Es hat eine Umbesetzung stattgefunden, welche die Aufgabe des Scharfrichters von Grund auf verändert: Er muß unbemerkt im Hintergrund bleiben, und wenn er einmal die Aufmerksamkeit auf sich zieht, so aufgrund eines Zwischenfalls. Die Maschine degradiert den ehemaligen *Maître ès arts* zu einem ausführenden Organ. Der Henker ist nur mehr schlicht und einfach – um eine Camille Desmoulins zugeschriebene Bezeichnung aufzugreifen – ein «Vertreter der Exekutivgewalt».

Ein Text zeigt besonders deutlich, wie gründlich sich hiermit die Situation verändert hat: die Klageschrift des Scharfrichters für politische Verbrecher (vgl. Anhang, Text 3), die 1789 in Paris veröffentlicht worden war. Der Scharfrichter führt hierin über diejenigen Beschwerde, die sich im Revolutionsjahr als Henker versuchten, ohne etwas von diesem Handwerk zu verstehen. Anlaß dieses Schreibens sind die Vorkommnisse im Juli 1789, als der Gouverneur der Bastille, De Launay, und drei Vertreter der königlichen Macht förmlich massakriert worden waren: am 14. Juli Jacques de Flesselles, der Vorsteher der Kaufleute; am 22. Juli Joseph François Foullon, der Contrôleur Général des Finances, und sein Schwager Louis Bénigne Bertier de Sauvigny, der Intendant von Paris.[40] Der durch diese dreifache Greueltat hervorgerufene Schock ist so groß, daß Camille Desmoulins eine eigene Rede zu diesem Thema verfaßt: den *Discours de la Lanterne aux Parisiens* (die Laterne als bevorzugter Ort, an dem das Volk die Aristokraten aufknüpfte; A. d. Ü.). Er warnt, diese Art von Volksjustiz sei vorschnell und laufe den Absichten der «aufgeklärten» Revolutionäre zuwider.

Die wohl aus royalistischer Feder stammende Klageschrift des Scharfrichters verurteilt bereits im voraus eine Nation, die «Gefahr läuft, in ganz Europa als ein Volk von Henkern zu gelten». Interessant an diesem Pamphlet ist, daß es in seiner schauerlichen Beredsamkeit eine Satire auf den Henker als Folterknecht darstellen könnte, würde nicht dessen unmenschliche Barbarei durch ein angebliches Verlangen des Volkes gerechtfertigt. Dieses Dokument verdeutlicht, was sich hinter der knappen Formulierung verbirgt, mit der Chateaubriand seine Schilderung der Ereignisse in diesen Julitagen beschließt: «Ich empfand Abscheu vor solchen kannibalischen Festen.»[41]

All den Mißständen sollte nun die Guillotine ein Ende machen. Sie verändert die Rolle des Henkers und gibt dem Volk seine Würde zurück, da es sich nicht mehr «kannibalisch» gebärden kann. Wir werden sehen, daß es der Guillotine außerdem gelingen wird, das Opfer selbst an der wiedergewonnenen Würde teilhaben zu lassen, indem sie ihm eine angemessene Rolle auf der Richtbühne bietet.

Eines steht bereits von Anfang an fest: die Effizienz der Maschine. Sie funktioniert schon beim erstenmal einwandfrei und technisch perfekt.[42] Zu perfekt vielleicht. Denn die außerordentliche Schnelligkeit, mit der die Hinrichtung erfolgt, wird zum Problem: Aus Menschlichkeit vom Gesetz gewünscht, führt der «kurze Prozeß» doch in der Praxis zu einem Mangel an «Sichtbarem»: Ein Augenblick genügt dem Auge nicht. Durch die vernunftdiktierte Einführung der Enthauptungsmaschine wird unversehens die Beziehung zwischen der Wahrnehmung und der Hinrichtung gestört. Man wird am Höhepunkt der Schreckensherrschaft u. a. diese Überstürztheit bemängeln und gewisse Tricks bei der Anwendung der Guillotine finden, um (allerdings nur in Ausnahmefällen) die Dauer des Schauspiels zu verlängern.

Wenn die Augenblicklichkeit der Guillotinierung auch ganz im Sinn des Erfinders ist – «der Kopf rollt zu Boden, der Mensch ist nicht mehr...» – so hat die Schnelligkeit der Enthauptung doch eine schreckliche Konsequenz: Die traditionelle Hinrichtung war so etwas wie ein Gnadengesuch an Gott gewesen. Durch die schreckliche Marter konnte man für seine Verfehlung Buße tun, so daß sie als ein Flehen um die göttliche Barmherzigkeit angesehen werden konnte.[43] Die Guillotine macht mit der Abschaffung der Pein auch jede Sühne durch körperliches Leiden unmöglich. Blitzschnell, kennt sie keinen Gnadenappell, sie ist selbst schon die Antwort: die profane Antwort des Gesetzes auf das Verbrechen.

Diese Profanierung des öffentlichen Sterbens wirft eine Reihe von Fragen auf, die zum Zeitpunkt ihrer Entstehung untersucht werden sollen, sowie in einer späteren Phase, als sie sich im Jahr 1793 in ihrer ganzen Schärfe stellten.

Der Tod eines Menschen impliziert für viele eine sakrale Beziehung zwischen dem Sterbenden und seiner Seele sowie zwischen dieser Seele und Gott. Wenn die Schnelligkeit des Hinrichtungsverfahrens auch diesen geheiligten Moment vor den Blicken der Öffentlichkeit schützt, so rührt es an die Substanz des Sakralen, daß der Übergang vom Leben zum Tod, jene *hora mortis,* während derer der Sterbende noch sein Heil erlangen konnte, «eh man sich versieht» vorbei ist. Der Begriff des Sterbens selbst verliert mit der Guillotinierung seinen Sinn, denn der Lebende ist mit einemmal tot. Die hiermit verbundenen Fragen sind so grundsätzlich und komplex, daß sie, wie wir sehen werden, zahlreiche Diskussionen auslösen sollten.

Für den Anfang bleibt festzuhalten, wie gänzlich anders sich die Wirkung der Guillotine in der Praxis erwies, als man es sich vorgestellt hatte.

Schon vor 1792 war ein Kupferstich angefertigt worden, um die interessante Neuerung, die Guillotin vorgeschlagen hatte, der Öffentlichkeit vorzustellen. Da hier etwas noch nicht Existentes sichtbar gemacht wird, ist dieser Stich ein wichtiges Dokument dafür, wie man sich die Maschine und ihr Funktionieren vorgestellt hatte. (Vgl. Abb. 5) Im unteren Bildteil wird der Gebrauch der Guillotine erläutert: «Die Hinrichtungen werden außerhalb der Stadt, an einem eigens für diesen Zweck bestimmten Ort vollzogen. Die Maschine ist von Absperrungen umgeben, damit das Volk nicht zu nah herankommen kann. Diese Absperrungen werden im Inneren von Soldaten bewacht, die ihre Gewehre bei Fuß tragen. Der Beichtvater gibt dem Henker im Moment der Absolution das Zeichen zur Hinrichtung, worauf dieser die Augen abwendend mit einem Säbelstreich das Seil durchschneiden wird, an dessen Ende eine mit einem Beil versehene Ramme hängt.»[44]

Diese Versuchsanordnung zielt ganz offensichtlich darauf ab, die geheiligte Intimität eines Todes zu wahren, der im übrigen noch einen individuellen, besonderen Charakter hat. Allein der Beichtvater bestimmt, wann der letzte Augenblick gekommen ist, wodurch die vollkommene Gleichzeitigkeit der physischen Dissolution und der religiösen Absolution gewährleistet ist, was die notwendige Voraussetzung für das Heil der Seele darstellt.[45]

Die Einweihung der Guillotine 1792 muß ohne Zweifel eine Enttäuschung gewesen sein, ja sie muß selbst diejenigen schockiert haben, die die Zeremonie erdacht hatten. Schlagartig tut sich eine tiefe Kluft zwischen dem auf, was man erwartet und sich vorgestellt hatte, und dem, was man nun zu sehen bekommt und praktizieren muß: Die Enthauptungsmaschine führt zu einer Profanierung ungeahnten Ausmaßes.

Wenn die Maschine jedoch auf einen an sich einzigartigen und privilegierten, da unverletzlichen und geheiligten Körper angewandt wird, wie am 21. Januar 1793 bei der Hinrichtung des Königs, so steigert ihre mechanische Banalität die Wirkung der Enthauptung: Die Maschine erfüllt eine politische Mission.

II
DIE MASCHINISIERUNG

«Eine ähnliche Maschine diente zur Hinrichtung von Titus Manlius, dem Römer.» Diese der Illustration des Guillotinschen Vorschlags hinzugefügte Anmerkung entspricht nicht den Tatsachen. Die Hinrichtung des Titus Manlius wird im achten Buch der Römischen Geschichte *Ab urbe condita* von Titus Livius eingehend beschrieben: Auf Befehl des Vaters hingerichtet, weil er außerhalb der geschlossenen Reihen gegen den Feind gekämpft hatte, wird Titus Manlius mit dem Beil enthauptet.

Dennoch ist die historische Reminiszenz nicht so unmotiviert, wie es den Anschein hat. Der Illustrator des Guillotinschen Vorschlags konnte sich auf mehrere Bildquellen berufen. Es gibt zwei deutsche Versionen von Manlius' Hinrichtung, die im 18. Jahrhundert bekannt waren und auf denen der junge Römer mittels einer Maschine enthauptet wird, die dem 1789 erdachten Mechanismus sehr ähnlich ist, ja, diesem sehr wahrscheinlich als Vorbild diente. Diese beiden Stiche waren im 16. Jahrhundert von Pencz und Aldegrever gefertigt worden. Der Grund für die eigentümliche Bildidee dürfte das Ansehen gewesen sein, das die Enthauptungsmaschine in der Renaissance genoß, galt sie doch als Erfindung der Antike. Achille Bocchi bedient sich ihrer in seiner 1551 erschienenen Schrift *Emblemata,* um die Tapferkeit der Spartaner zu illustrieren, welche lächelnd in den Tod gingen: «Dignissimum Sparta virum!» Ob Titus Manlius oder die Spartaner, es sind immer Männer mit außergewöhnlichem Mut, denen die Ehre der Enthauptungsmaschine zuteil wird. Das Prestige der soldatischen Tugenden trägt im Verein mit dem Anrecht des Höhergestellten auf Enthauptung dazu bei, daß diese Hinrichtungsform gewissermaßen den Wert eines Statussymbols erhält, wobei die Anwesenheit eines Beichtvaters dem Vorgang ein sakrales Gepräge gibt.

Im April 1792 ließ es sich also keineswegs vorhersehen, daß die Maschine, welche aus den Grundsätzen der Menschlichkeit und der Vernunft nun endlich auch in Frankreich eingeführt wurde, innerhalb von wenigen Monaten zur «schrecklichen Guillotine, diesem gräßlichen Spiele, diesem abscheulichen Zeitvertreib der Henker und des Pöbels» (Sömmering) werden sollte, zu einem «bluttriefenden Schwert», dem «verabscheuungswürdigen Instrument so vieler Grausamkeiten» (Sédillot le Jeune). Niemand konnte damals ahnen, daß die Guillotine den Verurteilten zu einem «ekelerregenden Objekt» degradieren würde, und daß der mit ihr verbundene Aufwand, d. h. all die Vorbereitungen, «den Menschen vor dem Köpfen entwürdigen [...], ihn vor den Augen des Mobs erniedrigen» (Oelsner).

Bei dem schwerwiegenden Prestigeverlust, den die Maschine zwischen 1789 und 1795 erleidet, spielen die Ereignisse während der Schreckensherrschaft eine entscheidende Rolle: Zwei Jahre lang macht die Revolution einen mechanischen, gewissermaßen fließbandähnlichen Gebrauch von der Guillotine und nutzt sie auf eine Art und Weise für politische Zwecke, die sicherlich nicht im Sinn ihrer Erfinder war. Oder wie es Cabanis ausdrückt, der immerhin auch bei den Versuchen in Bicêtre dabeigewesen war und aus medizinischer Sicht nichts gegen die Maschine einzuwenden hatte: die Guillotine ist zum «Banner der Tyrannei»[46] geworden. Ja, man macht die «Todesmaschine» sogar für die Schreckensherrschaft verantwortlich, denn ohne sie hätten – Chateaubriand zufolge – die zahllosen Urteile gar nicht vollstreckt werden können. Ihre Erfindung sei nur durch eine Intervention des Schicksals zu erklären: «Die Erfindung dieser Mordmaschine im gleichen Augenblick, da das Verbrechen ihrer bedurfte, ist ein denkwürdiger Beweis des verborgenen Wirkens der göttlichen Vorsehung, wenn diese das Antlitz der Weltreiche verändern will.»[47]

Die Ablehnung der Guillotine hat ihre Ursache nicht allein in der Reaktion des Thermidor. Zahlreiche Quellen bezeugen, daß es für das Unbehagen nicht nur politische, sondern auch philosophische Gründe gab.

Ein großer Teil dieser Texte stammt von Medizinern, was nicht verwunderlich ist. Mediziner hatten die Maschine erdacht, und die Wissenschaft der Medizin war es auch, die sich durch ihren ständigen Kontakt mit dem Sterben für berufen hielt, über den Tod und die Anzeichen dafür Auskunft zu geben – und damit auch über die Beziehungen zwischen Körper und Bewußtsein, Körper und Ich, ja selbst über das Verhältnis von Körper und Seele. So hatte Dr. Louis 1752 Briefe über die Zuverlässigkeit der Todesanzeichen veröffentlicht, die die Bürger – unter Zuhilfenahme von Beobachtungen und Experimenten an Ertrunkenen – hinsichtlich der Gefahr, lebendig begraben zu werden, beruhigen sollten. Die Frage des Scheintods wird im 18. Jahrhundert überhaupt heftig debattiert. Es ist somit kein Zufall, daß Dr. Louis ein Instrument vervollkommnet, das einen sicheren Tod garantiert. Doch die Einbildungskraft forderte alsbald ihr Recht: Es entsteht der Verdacht, dieser Tod könne möglicherweise nicht sofort eintreten. Es gäbe Anzeichen dafür, daß der abgetrennte Kopf nicht tot sei, sondern sich erst im Sterben befinde... Und wieder sind Ärzte die anerkannten Spezialisten, denen die Interpretation dieser Phänomene obliegt.

Ja, die Macht der Ärzte reicht noch weiter: Eine Persönlichkeit wie

Cabanis, der gleichzeitig Arzt, den «Ideologen» verbundener Philosoph und Mitglied des Rats der Fünfhundert war, zeigt, welch große Bedeutung der Metapher vom «politischen Körper» und seiner Vertretung durch gewählte und institutionalisierte «Körperschaften» beigemessen werden muß. In der politischen und sozialen Krise, welche die Revolution darstellt, ist der Arzt anerkannter Vermittler eines Wissens, das alle wichtigen Aspekte des Umbruchs umfaßt.

Die Guillotine aber, die den individuellen Körper mit der Macht des politischen Körpers konfrontiert, wirft zahlreiche Fragen auf, die nicht nur die Medizin im engeren Sinn betreffen, sondern ebenso ins Politische wie ins Metaphysische reichen.

1 Der Tod des Singulären

Der schreckliche Augenblick

«Wo Galgen und Guillotine nun schon miteinander verglichen werden, erlauben wir uns, dem noch eine Bemerkung hinzuzufügen. Auch wenn die letzten Zuckungen der Gehenkten in den düstersten Farben ausgemalt werden können, so muß man doch sehen, daß das Hängen dem Zuschauer Ströme von Blut erspart, und diese Hinrichtung nicht so erschreckend schnell vonstatten geht.»[48]

Der Vergleich mag gerade noch angehen; nur fragt man sich, warum die Schnelligkeit der Guillotine, ihre wichtigste Qualität, nun mit einemmal «so erschreckend» ist. Dank ihres unfehlbaren Mechanismus konnten die entsetzlich langen Todesqualen radikal verkürzt werden. Die «augenblickliche Guillotinierung» galt in mehrfacher Hinsicht als eine große Errungenschaft, wurde doch dem Verurteilten das lange Leiden und den Zuschauern ein grauenerregender Anblick erspart. Wie konnte dieser «kurze Prozeß» plötzlich zu etwas Schrecklichem werden?

Ein Grund für diese Umwertung scheint darin zu bestehen, daß das niedersausende Fallbeil paradoxerweise nicht wahrgenommen werden kann. Zwar ist der Akt der Guillotinierung von einem beeindruckenden Aufwand begleitet, doch die entscheidende Phase dauert nur einen winzigen Augenblick. Alles ist im Nu vorbei – eh man sich's versieht.[49] Das Schauspiel der Hinrichtung kulminiert damit in einem unsichtbaren Augenblick.[50] Cabanis' Meinung nach führt diese Blitzesschnelle sogar dazu, daß die Höchststrafe ihren exemplarischen Charakter verliert: «Die Zuschauer sehen nichts; sie bekommen nicht das Gefühl, daß etwas Tragisches geschieht, sie haben gar nicht die Zeit, erschüttert zu sein.»[51]

Die Unsichtbarkeit ist alles andere als belanglos: Auf dem Höhepunkt der Hinrichtung erweist sich das «Fenster» der Guillotine, wie das vom Chassis eingerahmte Feld im Fachjargon bezeichnet wird, nämlich als blinder Fleck, um den herum schreckeinflößende Sichtbarkeit herrscht.

Am Ende seiner *Réflexions historiques et physiologiques sur le supplice de la guillotine* (Historische und physiologische Betrachtungen zur Hinrichtung durch die Guillotine) zeichnet Dr. Sédillot ein «herzzerreißendes Bild der ungeheuerlichen Verbrechen» [52], die während der Schreckensherrschaft mit jenem Todeswerkzeug begangen wurden. Den Augenblick, wo das Beil niedergeht, den wichtigsten Moment des von ihm beschriebenen Geschehens, spart er jedoch aus und setzt statt dessen einen «.». Durch dieses minimale, äußerst lakonische Zeichen läßt er den Satz ohne jede weitere Erklärung genau am *punctum temporis* des niedergehenden Beils abbrechen. So soll das Unbeschreibliche des Augenblicks der Guillotinierung ausgedrückt werden, jenes Augenblicks, auf den die gesamte «Tragödie der Hinrichtung» zuläuft. Erst dem Genie eines Chateaubriand wird es gelingen, diesen Moment zu beschreiben, indem er das Unsichtbare durch das Hörbare ersetzt: «Es kehrt tiefe Stille ein: ‹Sohn des Heiligen Ludwig, geh in den Himmel ein!› ruft der fromme Geistliche dem Monarchen ins Ohr. Man hört die Schneide hinabstürzen.»[53]

Wenn das Funktionieren der Guillotine selbst nicht zu sehen ist, so führt diese doch etwas anderes vor, was ungeahnte, unvorstellbare und schreckliche Auswirkungen haben wird. Die Pforte, durch die das Messer hinabstürzt, wird zum Sinnbild für etwas Unerträgliches: Denn in jenem blind machenden Augenblick zwischen dem letzten Herzschlag und dem unmittelbar folgenden «Danach» des Enthauptetseins greift etwas Raum, das man weder sehen kann noch darf, geschweige denn sich vorstellen will, etwas Unbekanntes, genauer: ein Tabu.

Die unfaßbare Schnelligkeit der Guillotine führt die unsichtbare Macht des Todes – ohne daß dieser zu erkennen wäre – im Moment des Sterbens vor Augen. Diese Zurschaustellung des sakralen und intimen Augenblicks des Dahinscheidens sollte schon bald als monströse Obszönität empfunden werden, als eine Herabwürdigung des Individuums im entscheidenden Moment seines Lebens, dann, wenn es dem Tod gegenübertritt.

Ihrer unglaublichen Geschwindigkeit ist es übrigens auch zu verdanken, daß die Guillotine alsbald, selbst wenn sie stillsteht, als «erschreckend» empfunden wird. Gastellier bemerkt mit Recht, daß das Beil so schnell wie der Blitz niederfährt, so daß die Entfernung zwischen dem Ausgangs- und dem Endpunkt hinfällig wird, beide zusammenfallen und nicht mehr voneinander zu trennen sind: «Das Fallbeil geht nieder, der Patient ist nicht mehr.»[54]

An der Guillotine manifestiert sich ein Paradox, die «Nichtigkeit der Entfernung». Der *in der Zeit* unteilbare Punkt, den man «Moment der Guillotine» nennen könnte, mißt *im Raum* 14 Fuß Höhe. Auf seinen Pfeilern thronend macht das Fallbeil die zeitlich nicht genauer vorstellbare Dimension des Augenblicks räumlich sichtbar, es ist gewissermaßen die räumliche Verkörperung des Augenblicks. Wahrscheinlich ist die Guillotine unter allen Maschinen die einzige, die in dieser Kraßheit das zerstörerische, zerreißende und zerstückende Potential jedes Augenblicks verdeutlicht.[55] In ihren furchterregenden Aufbauten wird die ursprüngliche Bedeutung «instantaner Macht» manifest: *instans*, darüberstehend – bevorstehend – drohend. Dabei erscheint die Maschine um so bedrohlicher, als sie gerade durch ihre absolute Zuverlässigkeit die Zielgerichtetheit der Zeit und die Unausweichlichkeit des Todes symbolisiert: Die Guillotine erweist sich als die mechanisierte und unfehlbare Nachfolgerin der saturnischen Sichel.

Das sterbende Haupt

Aus der Augenblickswirkung der Guillotine ergeben sich weitere Konsequenzen. Der Moment der Hinrichtung wird bald als entsetzlich lang empfunden: «Mehrere französische und ausländische Beobachter sind mit mir überzeugt, daß die Enthauptung eine der abscheulichsten und schrecklichsten Todesarten in Ansehung ihrer Dauer ist.»[56]

Sue äußert diese Meinung nicht etwa aus Freude am Paradox. Der Chirurg greift vielmehr mit vollem Ernst in eine Debatte ein, welche die medizinische Welt von 1795 an heftig bewegte. Der Deutsche Sömmering hatte, unterstützt von dem Franzosen Oelsner, folgendes Problem aufgeworfen: Fällt der Exitus tatsächlich mit dem Moment der abrupten Enthauptung zusammen? Verliert der abgetrennte Kopf sofort jegliches Bewußtsein?

Diese Fragen werden solange hartnäckig überleben, wie es die Guillotine gibt. Im 18. Jahrhundert waren sie besonders brisant, weil damals die Angst weit verbreitet war, der Scheintod könne mit dem tatsächlichen Tod verwechselt werden. Sorgfältig wird in der *Encyclopédie* zwischen zwei Formen des Todes unterschieden: dem unvollständigen Tod und dem absoluten Tod, wobei eine Unterscheidung nur treffen kann, wer die «Zeichen des Todes» richtig zu lesen versteht. Diese Differenzierung aber führt zu einer verblüffenden Schlußfolgerung: «Es ist ein allgemein akzeptierter Grundsatz, daß der Tod nicht rückgängig zu machen sei. Wir wagen jedoch zu behaupten [...], daß dies sehr wohl möglich ist.»[57] Zwar räumt der Verfasser des Artikels «Tod» ein, daß es «völlig abwegig wäre, einen Menschen wieder lebendig machen zu wollen, dem man den Kopf abgehauen hat», doch davon waren nicht alle so überzeugt.

Ein gewisser Auberive, Autor einer Schrift mit dem Titel *Anecdotes sur les décapités* (Anekdoten über die Enthaupteten), die im Jahr V in Paris veröffentlicht wurde, referiert zahlreiche Fälle, wo abgetrennte Häupter gesprochen hätten. Natürlich verwirft er diese «glänzenden Lügen der Poesie», doch er berichtet dafür des langen und breiten von einem zu Beginn des 18. Jahrhunderts angestellten Experiment, bei dem es gelungen sei, einen Enthaupteten «ins Leben zurückzurufen». Und um dieses Ergebnis glaubhaft zu machen, führt er die berühmte Anekdote an, der zufolge Maria Stuarts enthaupteter Kopf sprechen zu können schien.[58] Somit konnte selbst ein angeblich «aufgeklärter» Geist annehmen, daß das abgetrennte Haupt noch eine Weile am Leben und bei Bewußtsein ist.

Die Frage des Todeszeitpunkts gewinnt mit der allgemeinen Einführung der Guillotine eine tragische Aktualität. Mindestens in einem Fall schien die Fortdauer des Bewußtseins erwiesen: Charlotte Cordays Kopf sei, so hieß es, als er vom Henkersgehilfen vor den Augen des Publikums geohrfeigt wurde, rot angelaufen vor Entrüstung über diese Beleidigung. Es gab einen großen Skandal, die Ohrfeige erregte den Zorn des Volkes und zog Maßnahmen auf höchster Ebene nach sich. Schließlich ging es um den Respekt und die Menschlichkeit, die man dem Opfer schuldete. Vor allem aber erschütterte dieses Vorkommnis nachhaltig das Vertrauen in die humane Effizienz der Maschine.

Das Thema des bereits enthaupteten, aber erst noch sterbenden Kopfes sollte zur Inspirationsquelle für die phantastische Literatur des folgenden Jahrhunderts werden. Das berühmteste Beispiel ist Villiers de L'Isle-Adams Erzählung *Das Geheimnis um das Schafott*: Dr. Velpeau bittet seinen Kollegen Le Pommerais, der kurz vor der Hinrichtung steht, um seine Unterstützung. Velpeau will «ergründen, ob nach dem Abtrennen des Kopfes im Gehirn des Menschen ein Schimmer von Gedächtnis, von Überlegung, von wirklicher Empfindung verbleibt». Das Experiment, das er ihm vorschlägt, ist ganz einfach: unmittelbar nach der Enthauptung wird Dr. Velpeau den Kopf seines Kollegen in die Hand nehmen und ihn «ganz deutlich» auffordern, durch ein dreifaches Zwinkern mit dem rechten Auge zu antworten, während das andere Auge unbeirrt weit offen bleiben soll.[59] Die Antwort wird natürlich nicht eindeutig sein und das Zeichen schwer zu interpretieren...

Villiers de L'Isle-Adam wählt zwei Mediziner als Protagonisten – und zwar einfach deshalb, weil er sich auf Texte über die Guillotine stützt, die in der Revolutionszeit von Ärzten verfaßt wurden.[60]

Die Anhänger der «Überlebensthese», die einzigen, die uns für den Augenblick interessieren, betonen den Unterschied zwischen der objektiven Dauer eines Ereignisses und der vom Beteiligten subjektiv empfundenen Dauer.[61] Die sofortige Wirkung der Guillotine erscheine aber fragwürdig, falls der Guillotinierte, und sei es nur kurz, noch bei vollem Bewußtsein sein sollte.

Da Sömmering der Überzeugung ist: «daß 1. der Sitz des Empfindungsvermögens sich im Gehirn befindet und 2. Empfindungen statthaben können, selbst wenn die Versorgung des Gehirns mit Blut suspendiert oder nur schwach ist, bzw. nur partiellen Charakter hat», kommt er zu der Schlußfolgerung, daß «in einem durch diese Hinrichtungsform vom Rumpf abgetrennten Kopf die Empfindungsfähigkeit, die Persönlichkeit, das Ichbewußtsein noch einige Zeit lebendig bleiben und der am Hals erlittene Schmerz noch nachwirkt»[62].

Der Chirurg Sue geht noch weiter, indem er eine leichte, aber folgenschwere Bedeutungsverschiebung vornimmt: Aus dem Nachwirken wird ein Nachwissen, und das Bild des Grauens ist perfekt: «Kann es eine schrecklichere Lage geben, als die Vorstellung von seiner Hinrichtung im Momente derselben, und sogar die Nacherinnerung nach ihrem Vollzug zu haben!»[63]

Schrecklich daran ist vor allem die aus der sofortigen Wirkung der Guillotine resultierende «Ungleichzeitigkeit»: Abrupt und unwiderruflich wird die Physis zerstört, während das Bewußtsein noch fortbesteht. Diese Gefährdung der Einheit von Leib und Seele genügt, um die todsichere Pünktlichkeit des niedersausenden Fallbeils eine fragwürdige Errungenschaft werden zu lassen. Die sofortige Wirkung der Guillotine wird zu einer Ungeheuerlichkeit in philosophischer Hinsicht: Sie zwingt dazu, das Ende des physischen Lebens von dem des psychischen Lebens zu unterscheiden. Dies aber bedeutet eine zeitliche Diskrepanz, bei der die Einheit des Subjekts in Stücke geht.

Die maschinelle Zerstückung des Subjektbegriffs sollte in der Folge eine schrittweise Neubestimmung der Grenzen zwischen Leben und Tod nach sich ziehen:

Durch ihre mechanische Funktionsweise macht die Guillotine etwas Undenkbares denkbar, genauer: Sie verletzt ein Tabu. Mit seinem «Nachwissen» weiß das Subjekt um seinen eigenen Tod. Dieser ist aber das unserem Wissen Entzogene schlechthin. Wenn die Hingerichteten «alles das, was sie fühlten» (Sue) nicht mitteilen könnten, so habe dies rein physiologische Gründe: Die Luft der Lungen gelangt nicht mehr zum Kehlkopf.

Sömmering versteigt sich in diesem Zusammenhang zu einer Hypothese, welche die phantastische Literatur inspirieren sollte: «Ich bin überzeugt, daß, wenn die Stimmorgane noch regelmäßig mit Luft versorgt würden und nicht beschädigt wären, diese Köpfe sprechen könnten.»[64] Eine bemerkenswert phantastische Schlußfolgerung für einen Mediziner und Wissenschaftler: zwei Möglichkeitsformen in einem Irrealis als Grundlage des «Überzeugt»seins…

Es geht um mehr als bloße Physiologie. Der Gedankengang führt ins Reich des Tabuisierten und Sakralen. Die Aussage nämlich, zu der die Guillotine dem Enthaupteten Anlaß gäbe, wenn er nur sprechen könnte, und die sich sonst stets nur metaphorisch treffen läßt, wäre: «Ich bin tot». Auf dunklen Wegen gebiert die Guillotine somit das Gespenst eines abgetrennten Kopfes, der sich tatsächlich (und nicht nur in der Einbildung) seines eigenen Todes bewußt ist.

Die Dauer der traditionellen Hinrichtungsarten konstituierte die Bewährungsprobe der *hora mortis*; mit dem Eintreten des Todes waren auch die Qualen des Sterbens beendet. Wenn aber, wie Sömmering meint, «der Guillotinierte so lange bei Bewußtsein ist, wie das Gehirn seine Lebenskraft bewahrt», dann muß der Enthauptete die ganze Zeit das Gefühl ertragen, gestorben zu sein. Die sofortige Wirkung der Guillotine führt somit zu etwas Monströsem: einem fühlenden Kopf ohne Körper, der nur eines denken kann: «Ich denke, aber ich bin nicht mehr.» Die Guillotine, diese «Totenmanufaktur» (Gastellier), stellt das beruhigende kartesianische Cogito in Frage und bedeutet für den Hingerichteten das Unding eines erlebten Totseins.

Durch diesen denkenden Kopf macht die Enthauptungsmaschine den Guillotinierten erneut zu einem Sterbenden. Sie stellt damit partiell – für einen verstümmelten Teil des Subjekts und für relativ kurze Zeit – die Dauer der Marter wieder her. Ein unerträgliches Paradox: Die Mechanik führt gerade durch ihre abrupte Wirkung das wieder ein, was mit ihrer Hilfe abgeschafft werden sollte.

Es gibt einen Text, der bezeugt, welch schreckliche und peinigende Vorstellung diese Ungleichzeitigkeit für einen zum Tode Verurteilten war: den bewegenden Brief, den Camille Desmoulins seiner Frau Lucile im Morgengrauen vor seiner Hinrichtung schrieb. Wie ein Leitmotiv kehrt der Gedanke wieder, bereits ein lebender Toter zu sein (wenn auch der Schreiber damit zunächst auf die Gefängnis-Gruft anspielt, in der er eingesperrt und von der Welt abgeschnitten ist). In den letzten Zeilen aber, einer schönen Vorwegnahme des Romanendes von Stendhals *Rot und Schwarz*, beschwört Camille Desmoulins das Einssein mit dem Sterbenden bei dessen letzter Reise. Ein Wunschbild, das um so ergreifender ist, als der Autor sich der Unwiderruflichkeit der Trennung bewußt sein mußte, sich aber durch die Kraft der Fiktion über diese hinwegzusetzen sucht: «Adieu Loulou, adieu mein Herz, meine Seele, meine Gottheit auf Erden! [...] Ich fühle das Gestade des Lebens entschwinden. Ich sehe noch Lucile! Ich sehe sie, meine Vielgeliebte! Meine Lucile! Meine gebundenen Hände umarmen Dich, mein Kopf läßt noch, wenn er vom Rumpf getrennt ist, seine sterbenden Augen auf Dir ruhen!»[65]

Von medizinischer Seite wurden Schätzungen über die Dauer dieses «Sich selbst Überlebens» angestellt: «Experimenten zufolge, die an amputierten Gliedern lebender Menschen vorgenommen wurden [...], ist es wahrscheinlich, daß das Empfindungsvermögen – da der Kopf durch seine Masse und seine runde Form seine Wärme nicht so schnell verliert – noch eine Viertelstunde anhält [...]. Die Sterbenden sehen und hören noch lange, nachdem sie die Fähigkeit zur Muskelkontraktion verloren haben.»[66]

Sömmerings Text ist durch seinen medizinischen Ton weniger ergreifend als Desmoulins'. Dennoch spürt man bei beiden die gleiche Angstvorstellung, wenn auch der Arzt sein Entsetzen verbirgt, der Verurteilte es dagegen heraufbeschwört: die Angst vor dem Andauern des Bewußtseins in einem «bereits toten» Kopf.

Mit einer Frage, die er zwar aufwirft, aber unbeantwortet läßt, deutet Sömmering an, welche furchterregenden Perspektiven die Guillotine eröffnet: «Ungeklärt bleibt, ob die kurze Dauer des Leidens einen Ausgleich für dessen schreckliche Intensität darstellen kann. Was mögen die schrecklichen Qualen bedeuten, denen die Unglücklichen sozusagen nach dem Tode ausgesetzt werden?»[57] Auch ohne eine Antwort ist ersichtlich, worauf der Autor anspielt: Was anderes als die Pein der Hölle können diese «schrecklichen Qualen», die man «nach dem Tode» erleidet, in der abendländischen Vorstellungswelt bedeuten?

Eben die Qualen also, welche die aufgeklärte Philosophie und der neue Geist als mittelalterlichen und religiösen Obskurantismus abtun wollten.

Zuverlässig und wissenschaftlich abgesichert produziert die von den Aufklärern erdachte Maschine «ex machina» eine neue Hölle. So ist die Guillotine selbst höllischer Natur: im unsichtbaren Augenblick, dem Produkt ihrer unfaßbaren Schnelligkeit, schafft sie einen Moment, in dem sich die Hölle der Menschen bemächtigt, eine Zeitspanne, in der alles Licht der Aufklärung verlischt und die Dunkelheit triumphiert.

Das maschinisierte Bewußtsein

Die von Sömmering, Oelsner und Sue ausgelöste Diskussion stellt zunächst weniger in naturwissenschaftlicher als in philosophischer Hinsicht eine Herausforderung dar. Die Aufklärer müssen unverzüglich eine Antwort auf die aufgeworfenen Fragen finden, um die Autorität ihrer Philosophie wiederherzustellen – und sei es um den Preis einer Verurteilung der Guillotine. Jener Gedankengang aber, mit dessen Hilfe die aufgeklärte Medizin der Vernunft wieder zu ihrem Recht verhilft, konfrontiert die Medizin selbst mit neuen Widersprüchen.[68]

Man tut die Idee eines fortdauernden Bewußtseins als einen «bizarren» Einfall unwissenschaftlichen Ursprungs ab, als einen «rein metaphysischen Gedanken», als «bloßes Hirngespinst»[69]. Die aufgeklärten Mediziner deuten die expressive Mimik in den Gesichtern der Enthaupteten mechanistisch: Es handle sich nicht um den Ausdruck einer Empfindung, sondern um eine mechanische Reizbarkeit, um automatische Reflexe. Diese «Zuckungen» seien nur ein «letzter Mechanismus, ohne den Schatten einer Wahrnehmung» (Gastellier). Dadurch, daß sie diese Regungen dem Arbeiten der Körpermaschine zuschreiben, suchen die Ärzte die Wirkungsweise der Enthauptungsmaschine vor Tadel zu bewahren und das Prestige der mechanistischen Denkweise zu erhalten.

Zudem sucht man dem Phänomen der geohrfeigten Charlotte Corday durch diese Erklärungen seinen Schrecken zu nehmen.[70] Man zitiert das denkwürdige Beispiel eines Mannes, dessen Zwerchfellnerv durch einen Säbelstich getroffen wird. Sein Gesicht verzerrt sich zu einem Lächeln, das man «risus sardonicus» nennt. «Er stirbt lachend oder vielmehr mit dem Anschein eines Lachens, und dennoch weiß man, daß er alles andere als fröhlich ist. Hierbei handelt es sich um eine rein mechanische Zuckung, und der Kranke scheidet aus dem Leben, ohne sich dessen, was mit ihm vorgeht, bewußt zu sein, obwohl sein Gehirn noch völlig intakt ist.»[71]

Die Bezeichnung «der Kranke» stellt in diesem Zusammenhang eine unzulässige Verharmlosung des Todes durch die Sprache der Mediziner dar. Vor allem aber steht die im letzten Satz aufgestellte Schlußfolgerung auf schwachen Füßen, denn wenn das sardonische Lachen des Sterbenden kein willentlicher Ausdruck der Freude, sondern eine unwillkürliche Zuckung ist, so kann man daraus noch nicht folgern, daß der Betreffende nichts von seinem Zustand merkt. Gastellier täuscht Gewißheit vor, um den Leser zu überzeugen. Dieser Taschenspielertrick zeigt, daß es für die Medizin der Aufklärung tabu ist, selbst dem intakten Gehirn irgendeine vom Körper unabhängige Sensibilität zuzugestehen, geschweige denn dem abgetrennten Haupt.

Einiges steht hier auf dem Spiel: Über die Frage einer «Nacherinnerung» hinaus geht es vor allem darum, ob sich das Bewußtsein an einer bestimmten Stelle im Körper lokalisieren läßt. Die bei der Guillotinierung entstehende Ungleichzeitigkeit zwingt dazu, sich die Frage zu stellen: «Was ist der Sitz der Seele?» (Sédillot) Eine entscheidende Frage, denn Descartes hatte die *anima rationalis* über dem Hirnstamm in der Zirbeldrüse angesiedelt, dem Zentralpunkt aller Nervenenden. Die Todesmechanik sprengt erneut ihre funktionalen Grenzen, läßt den Dualismus von Leib und Seele virulent werden und rührt an Sakrales: Der Beichtvater stände neben dem Kopf des Verurteilten gerade richtig... Die Maschine leistet Vorstellungen Vorschub, die der Bildwelt des ausgehenden Mittelalters würdiger wären als dem Zeitalter der Aufklärung.

Sue war der Meinung gewesen, daß der Mensch das einzige organische Wesen sei, in dem sich dreierlei Arten von Leben vereinigten: ein moralisches, ein intellektuelles und ein animalisches, wobei jede dieser drei Lebenskräfte einen besonderen Sitz hätte, «wo sie sich vorzüglich äußert»[72].

Cabanis hält dem nun entgegen, daß das Lebensprinzip «gar keinen ausschliessenden, besondern Sitz» habe, und auch für Sédillot hat die Seele keinen bestimmten Platz. Das Bewußtsein des Subjekts erkläre sich aus dem Zusammenwirken aller Organe[73], und das Ich – weit davon entfernt, im Gehirn ansässig zu sein – existiere nur «im allgemeinen Leben», wobei das Rückenmark eine wesentliche Vermittlungsfunktion wahrnehme.[74] Vom Körper und insbesondere vom Rückenmark abgetrennt, ist das Gehirn also nicht mehr komplett; «es hat keine Verbindung mehr mit dem verlängerten Mark» (Sédillot). Damit aber sei die Einheit des Ichbewußtseins aufgelöst.

Dadurch, daß die aufgeklärte Medizin dem mentalen Leben keinen besonderen Platz mehr im Körper einräumt und sich weigert, «Metaphysik» zu betreiben, wie es Cabanis im Vorwort zu seinem Werk *Über die Verbindung des Physischen und Moralischen in den Menschen* ausdrückt, sieht sie im Gehirn auch nicht mehr jene «Werkstätte des denkenden Prinzips», für die sich noch Sue begeisterte. Das Gehirn ist nur noch ein Anhängsel, und «das Laboratorium des Lebens befindet sich im gesamten Rumpf», was eine beruhigende Schlußfolgerung ermöglicht: «Theorie und Erfahrung scheinen also hinlänglich zu beweisen, daß das Hirn seine Lebenskraft nicht länger nach dem Augenblicke seiner Trennung vom Rumpfe behält, daß ferner und eben deswegen keine schmerzhafte Nachempfindung von dem Leiden des Halses in ihm zurückbleibt, und daß endlich sein Empfindungsvermögen, das geistige Prinzip seiner Thätigkeit, das Ich in ihm, zugleich mit seinem animalischen Leben erlischt.»[75]

Der Schrecken des «sterbenden Hauptes» wird um den Preis einer Abwertung des Gehirns gebannt. Es ist das Verdienst der Guillotine, eine Debatte unumgänglich gemacht zu haben, bei der sich die aufgeklärte Medizin von den traditionellen Auffassungen einer klassifizierenden, hierarchisch denkenden Medizin freimachte und dieser ein modernes Verständnis des Körpers als organisches Ganzes entgegensetzte. Wir werden sehen, welch genaue Entsprechung das neue Gedankenmodell und die Vorstellung von einem verzweigten Nervensystem in der neuen Idee vom politischen Körper findet, den die Republik propagiert. Zunächst genügt es festzuhalten, daß die Funktionsweise der Guillotine dazu beigetragen hat, eine neue Vorstellung vom Sensorium des Körpers und den Beziehungen zwischen dem Physischen und dem Mentalen zu formulieren bzw. zu verbreiten. Es ist sicherlich kein Zufall, daß eines der Hauptwerke von Cabanis, die *Verbindung des Physischen und Moralischen in den Menschen,* eine beachtliche Skizze zu dem enthält, was man aus der Sicht der heutigen Medizin als «somatische», körperorientierte Betrachtung der Krankheiten und des Seelenlebens bezeichnen würde.

Der Gedanke, die «Lebenskraft» sei über den ganzen Körper verteilt, konnte auch zu einer ganz anderen Schlußfolgerung verleiten, die absurd klingen mag, sich aber nur ihrerseits den «Augenblick der Guillotine» zunutze macht: Der Guillotinierte wird bereits getötet, bevor er überhaupt enthauptet wird, und zwar «in jenem nicht genauer zu bestimmenden Moment, in dem das Messer mit einem stumpfen Schlag auf das verlängerte Mark auftrifft, bevor es dieses durchschneidet [...]»[76].

Die medizinische Argumentation mußte nachgezeichnet werden, um die innere Logik dieser absurden Schlußfolgerung aufzuzeigen und die Paradoxie begreiflich zu machen, zu der man sich verstieg, weil der Schrecken der «Nacherinnerung» um jeden Preis gebannt werden sollte.

Das fortdauernde Bewußtsein bewies nämlich einen hartnäckigen Überlebenswillen: «Der genaue Moment, in dem sich beide Prinzipien [Materie und Geist] verbinden, und der Moment, in dem sie sich trennen, ist uns gleichermaßen unbekannt [...]. Vielleicht wird mir ein geschickter Anatom [...] die Unmöglichkeit willentlicher Bewegungen beweisen können, und er wird alle von mir angeführten Tatsachen widerlegen, selbst den Fall von Maria Stuart. Und trotzdem wird er mir damit nicht bewiesen haben, daß kein Denken mehr möglich ist; er wird mir nicht bewiesen haben, daß das Empfindungsvermögen ausgelöscht ist; er wird mir nicht bewiesen haben, daß derselbe Schlag, welcher die Körperteile voneinander trennt, auch gleichzeitig den geheimnisvollen Knoten durchschneidet, der die beiden Prinzipien miteinander verbindet.»[77] Auberive ist gewiß kein überzeugter Anhänger der Aufklärung[78], seine beharrliche Weigerung aber, sich von den anatomischen Beweisen überzeugen zu lassen, ist mehr als bloß eine spiritualistische Gegenreaktion angesichts des bisweilen expliziten Materialismus der Physiologie im ausgehenden 18. Jahrhundert. Vielmehr spricht aus dieser Weigerung ein allgemeines Aufbegehren zugunsten der Subjektivität und Einzigartigkeit des Individuums, um sich den einebnenden Tendenzen der Wissenschaft zu widersetzen.

Die Versicherungen der Aufklärer über die Harmlosigkeit der Maschine konnten den verführerischen Schauder nicht vertreiben, den die Vorstellung einer «Nacherinnerung» auslöste. Noch ein Jahrhundert später geistert das vom Messer verschonte Bewußtsein durch das abgetrennte Haupt: *Das Geheimnis um das Schafott* bleibt weiterhin, «ob es das Ich dieses Mannes sein kann oder nicht, das nach Aufhören der Hämatose noch die Muskeln seines blutleeren Kopfes erregte»[79]. Dr. Velpeau antwortet mit Cabanis: «Das Ich existiert nur im Ganzen.» Aber der Trick an Villiers de L'Isle-Adams Erzählung ist gerade, daß die von der Medizin der Aufklärung aufgestellte Hypothese nicht bewiesen werden kann. Und dabei handelt es sich nicht nur um eine fiktionale Entscheidung des Autors: Cabanis persönlich räumte ein, daß «wir über diesen Punkte nur die (unvollkommene) Gewißheit haben, die uns Analogie und Theorie geben kann, aber nicht die (einzig vollkommene) der Erfahrung, die hier nicht möglich ist [...]. Kein Hingerichteter hat je berichten können, was er bei der Enthauptung verspürte».[80]

Auch wenn nur die «Gewißheit» von Hypothesen und Analogieschlüssen erreicht werden kann, so erhitzt die Frage doch die Gemüter. Denn in dem medizinischen Disput des Jahres IV geht es um mehr als nur wissenschaftliche Erkenntnis: Es geht nicht nur um physiologische Fragen, sondern um das dem ausgehenden Jahrhundert eigene Ichverständnis. Die Guillotine revolutioniert dieses in zweierlei Hinsicht: Zum einen schaltet sie die einzelnen Ichs gleich, und zum anderen läßt sie den Verdacht aufkommen, das Bewußtsein sei den Gesetzen der Maschine unterworfen.

Wenn Auberive in seinen *Anecdotes sur les décapités* eine unwahrscheinliche Anekdote an die andere reiht, so bleibt diesen Geschichten das poetische Verdienst, die Einmaligkeit des Individuums und die Einzigartigkeit jedes Todes zu veranschaulichen. Das «Ichempfinden»[81] wird der banalisierenden Wirkung der Guillotine entgegengesetzt, die das Individuum im Augenblick des Todes seiner Persönlichkeit beraubt. Denn sobald der Henker den Verurteilten auf dem Fallbrett befestigt, ist dieser ein fester Bestandteil der Maschine. Dadurch, daß die Guillotine im Sinne des Gesetzes jegliche mit dem «menschlichen Faktor» verbundenen Schwankungen unterbindet, mechanisiert sie den Tod und schafft eine skandalöse Vereinheitlichung der Subjekte angesichts des Todes: «Es wäre schon ein außergewöhnlicher Zufall, wenn all diese Opfer mit der Einförmigkeit der Ähren von der Sense des Schnitters niedergemäht worden wären.»[82]

Auberives spiritualistische Perspektive macht eine der revolutionärsten Dimensionen der Enthauptungsmaschine deutlich. Die Schreckensregierung wird die der Guillotine inhärente Möglichkeit des gleichmacherischen und serienmäßigen Tötens für ihre politischen Ziele zu nutzen wissen – und zwar im Namen des öffentlichen Interesses –, um gegen das vorzugehen, was Robespierre, weit entfernt von

Rousseaus «Ichempfinden», «die Verworfenheit des persönlichen Ichs»[83] nennt.

Indem die Einzigartigkeit des Individuums den Gesetzen der Tötungsmaschine unterworfen wird, könnte die Guillotine zudem in actu illustrieren, daß das Bewußtsein völlig von der Körpermaschine abhängig ist. Damit würde sie den Materialisten einen Beweis für das «maschinisierte Bewußtsein» liefern. Vor dieser letzten Konsequenz schreckt man jedoch zurück, wie Cabanis' Verhalten zeigt. Während er im Vorwort zu seinem Werk *Über die Verbindung des Physischen und Moralischen in den Menschen* das Postulat aufstellt, die Kenntnis der lebendigen Maschine sei unerläßlich für jedes Studium der mentalen Vorgänge, nuanciert er diese Position bereits in der diesbezüglichen dritten Denkschrift[84], die er 1795 im Institut National vorträgt, und 1806/07 stellt sich ihm diese Frage in seiner *Lettre sur les causes premières* (Brief über die Endursachen) als offenes Problem dar: «Teilt wohl das moralische System des Menschen [...], als dessen Mittler und Stützpunkt das Ich [...] angesehen werden kann, die Bestimmung des organischen Gefüges, oder überdauert es die Auflösung der sichtbaren Teile, aus denen es zusammengesetzt ist?» Überraschenderweise, wenn man an die früheren Schriften denkt, hält er sich für «weit davon entfernt», die Annahme als eindeutig bewiesen anzusehen, der zufolge «das Ich oder, um es genauer zu sagen, das Ichempfinden im Moment des Todes» zerstört würde.[85]

«Der kurze Prozeß» bei der Enthauptung konfrontiert die Medizin der Aufklärung mit ungelösten methodischen und wissenschaftlichen Fragen. Gerade diese Schwierigkeiten verdeutlichen aber, daß sich hinter der Klarheit der von Cabanis in seinen *Notes sur le supplice...* (Bemerkungen ... über die Enthauptung) gegebenen Antworten ein fachfremdes Anliegen verbarg. Es hat in der Tat ganz den Anschein, als sei die medizinische Debatte des Jahres IV durchdrungen, ja geprägt von politischem Gedankengut, als sei mit der Frage nach der Beziehung zwischen Ich und Physis unauflöslich die Entscheidung zwischen zwei antagonistischen Modellen für die Beziehungen zwischen dem nationalen Bewußtsein und dem sozialen und politischen Körper verbunden.

Als vehementer Verteidiger des Ichs entwickelte Sue, wie wir sahen, eine Theorie dreier menschlicher Lebenskräfte (der moralischen, der intellektuellen und der animalischen), die jeweils an einem bestimmten Ort im Körper zu lokalisieren und im Haupt, dem obersten Organ, alle drei vereint seien.[86] Ähnliche Vorstellungen finden sich bereits in der Physiologie der Renaissance, hier werden sie jedoch in ganz neuer Hinsicht bedeutsam. Sobald man die politischen Implikationen der Idee des (Ober-)Hauptes als Einheit stiftende Kraft bedenkt, erinnert diese Konzeption stark an die des «königlichen Körpers», der die Nation inkarniert, welche in drei hierarchisch angeordnete und der Funktion nach genau unterschiedene Stände gegliedert ist, und die Staatsmacht verkörpert, die in drei verschiedene Gewalten aufgeteilt ist: die Legislative, die Exekutive und die Judikative. Die Analogie zwischen dem Haupt, das die drei «Lebenskräfte» vereinigt, und dem absoluten Herrscher, der die drei Stände und Gewalten vereint, ist auffällig.[87]

Als überzeugter Republikaner konnte Cabanis die politischen Implikationen der Sueschen Theorie nur von sich weisen, was nicht ohne Auswirkungen auf die medizinische Debatte über die Guillotine blieb. Parallel zu dem Gebrauch, den die revolutionäre Regierung von der Maschine machte, entwickelten sich, einander gegenseitig beeinflussend, die medizinischen und politischen Konzepte als Vorstellungen vom physischen und politischen Körper weiter.[88]

Cabanis' Laufbahn sowie seine Arbeiten zeigen, wie eng Medizin und Politik miteinander verknüpft sein konnten: Als renommierter Verfechter der neuen Analysen über die Funktion des Nervensystems[89] nimmt er mit ergebenem Dank am 22. März 1793 seine Ernennung zum Geschworenen des Revolutionstribunals an. Wenn er auch bereits am 23. April «aus gesundheitlichen Gründen» von diesem Amt zurücktritt, so war er doch einer derartigen Funktion für würdig befunden worden und wird auch in der Folge eine wichtige politische Rolle spielen. Als Vertreter der Ideologen kommt ihm im Rat der Fünfhundert eine beachtliche Bedeutung zu, und die lange Rede, die er vor diesem Gremium am 16. Dezember 1799 über das repräsentative System hält, zeigt, welch genaue Entsprechung die neuen staatstheoretischen Vorstellungen in der modernen Auffassung vom Körper und seinem Aufbau finden.

Cabanis vergleicht die gesellschaftliche Organisation mit einer beseelten Maschine, die es gilt, «in all ihren Teilen lebendig» werden zu lassen. Das repräsentative System ist in seinen Augen die wichtigste moderne Entdeckung im Bereich der «Kunst der Gesellschaftsorganisation», denn es stelle einen gesunden Austausch zwischen den Teilen und dem Ganzen sicher. Als «ein Ganzes, in dem alle Teile sich ineinanderfügen», schaffe dieses System eine «wahrhaft nationale und allgemeine Repräsentation» des Volkes, das als Grundlage der Macht angesehen wird.[90] Dieses System garantiere einen ständigen Austausch zwischen dem Volk und seiner Regierung, so daß es keinen Despoten als «absoluten Repräsentanten» geben könne.[91]

Die «reine Demokratie» dagegen sei nichts als eine pervertierte Praxis und einem organischen Delirium, einer Regression vergleichbar.[92] Um «ständige Unruhe und Aufruhr» zu vermeiden, solle das repräsentative System seine dynamische Kohärenz aus der Vormachtstellung, die der Exekutive eingeräumt wird, gewinnen. Da deren Vormacht unter der Kontrolle von Legislative und Judikative nicht zur Tyrannei werden könne, müsse die Exekutive mit der Kraft der «Einheit des Denkens und Handelns» ausgestattet sein.[93]

Robespierre hatte diesen Gedanken der Einheitlichkeit in aller Klarheit als jakobinisches Prinzip formuliert: «Es muß einen Willen geben. Er kann nur republikanisch oder royalistisch sein.»[94] Die Differenz zwischen der monarchistischen und der demokratischen Willenseinheit besteht nun aber gerade in der unterschiedlichen Vorstellung vom politischen Körper, der die Nation repräsentiert: Während in der Theorie des Absolutismus der König die Nation verkörpert, wird sie in der republikanischen Staatsform durch die von der Gesamtheit des Volkes gewählten Abgeordneten vertreten.

Die bedeutende Mittlerrolle von Cabanis zeigt sich darin, daß er nicht zwischen einer medizinischen und einer politischen Sprache unterscheidet. In seinen politischen Reden bedient er sich physiologischer Begriffe, und in seinen medizinischen Ausführungen greift er auf das Modell vom Gesellschaftskörper zurück.[95] Wenn Cabanis nun die Behauptung aufstellt, daß die Entscheidungsinstanz «überall ist, alles regiert», so korrespondiert damit nicht etwa die Vorstellung eines Königs und dessen allgegenwärtigen und allmächtigen Körpers.[96] Die Regierung nach dem Modell des zerebralen Systems ist nicht dem Despotismus eines «absoluten Repräsentanten» vergleichbar, denn das zerebrale System ist keine unabhängige Instanz: «Allein diese Lebensquelle ist keineswegs eine unbedingte und absolute Ursache.» Das gesunde Funktionieren des Körpers setzt den gleichen Austausch voraus, wie er im repräsentativen System erforderlich ist: «Um thätig zu sein und andern Systemen ihre Wirksamkeit fühlen zu lassen, muß sie selbst [die Lebensquelle] auch ihrerseits deren Einfluß empfinden. Alle Verrichtungen hängen wie in einer Kette zusammen und bilden einen ununterbrochenen Kreis.»[97] «Ununterbrochen», das ist das Stichwort, das uns zur Enthauptungsmaschine und deren unvermittelter Zerstörung des physischen Zusammenhangs zurückführt, wobei nun der politischen Bedeutung dieses Phänomens nachgegangen werden soll.

Wenn Cabanis die furchterregende Hypothese des «denkenden Hauptes» zurückweist, so hat er zweifelsohne seine medizinischen Gründe. Hinzu kommt jedoch, daß, wenn man auch nur ein kurzfristiges Fortdauern des Bewußtseins im Gehirn anerkennt oder vermutet, man das Haupt auch gleichzeitig als «unabhängige und absolute Instanz» annehmen würde und das Bewußtsein als «absoluten Repräsentanten». Damit aber würde man Gefahr laufen, auch für den sozialen Körper eine Unterordnung unter eine absolute Entscheidungsinstanz akzeptieren zu müssen.

So wird der Gedanke einer unabhängigen und absoluten Instanz von dem Republikaner Cabanis in einem Zeitschriftenartikel, der politisch zu lesen war, verworfen, in der sein Werk *Über die Verbindung des Physischen und Moralischen in den Menschen* ergänzenden Denkschrift, die Medizinern vorbehalten war, dagegen nuancierter dargestellt. In seiner Rede vor dem Rat der Fünfhundert befürwortet Cabanis dann gar, angesichts der veränderten politischen Lage, die Vormachtstellung einer starken Exekutive. Er plädiert für ein Oberhaupt, für einen führenden Kopf als keinen Widerspruch duldende, lokalisierbare Quelle der Entscheidungen. Cabanis heißt den 18. Brumaire gut, der «die häßlichen Spuren der Revolutionsregierung» beseitigen helfen und gleichzeitig auch garantieren soll, daß «der Royalismus das Haupt nicht mehr erhebt»[98]. Eine durch Bonaparte verstärkte Regierung schien vorübergehend die Ideallösung.

Eine verblüffende Auswirkung der Individualität und Tod uniformierenden Maschine könnte die Begeisterung der Frühromantiker für ein wiedererstandenes und übersteigertes Ichgefühl sein. Vielleicht war es die Guillotine, die den Bruch zwischen dem sanften, kontemplativen Rousseauschen Ich und dem überspannten und wilden Ich der Romantik provozierte. Jedenfalls ist es bemerkenswert, daß Chateaubriand den ersten Band seiner *Essais historiques sur les révolutions anciennes et modernes* (Historische Essays über die alten und neuen Revolutionen) mit Aussagen beschließt, die bereits den *René* ankündigen. «Unter dem Eindruck eines Todesurteils [desjenigen von Ludwig XVI.] geschrieben, gewissermaßen zwischen dem Urteilsspruch und der Hinrichtung», enden diese Essays, wie der Autor selbst gesteht, mit einer Art «schwarzer Orgie eines verletzten Herzens», für das «nur die Unabhängigkeit des Individuums noch zählt»[99]. Diese übersteigerte Bekräftigung des Ichgefühls ist möglicherweise ein Versuch, das «Trauma» der Schreckensherrschaft zu überwinden, während der die Individuen reihenweise und mit der Einförmigkeit von Getreideähren niedergemäht wurden.

Schon 1793 verleiht ein holländischer Stich dem Grab des Königs einen politischen Symbolwert und läßt dabei jene Wiedergeburt des Ich erahnen: Geköpft am Fuß des Denkmals aufgebahrt, findet der königliche Körper glorreich seine Einheit in der auf dem Sockel befindlichen Büste wieder. Im Hintergrund erkennt man die Guillotine: die paradoxe Maschine, das mechanische Instrument, das die Einzigartigkeit des Königskörpers zerstört hat, die Einzigartigkeit des Ichs aber zur Entfaltung bringen wird.

2 Der Tod des Königs

«Wenn ihr auch Götter seid, gleichviel, sterblich seid ihr, allein eure Autorität stirbt nicht [...] Möget ihr als Menschen auch sterben, der König stirbt nie: das Ebenbild Gottes ist unsterblich.»

Bossuet, *Sur les devoirs des rois.*

«Es ist für den Philosophen interessant zu erfahren, wie die Könige zu sterben wissen.»

Le Thermomètre du jour vom 18. Februar 1793, zitiert in Chateaubriand, *Essais historiques.*

«Einen Augenblick aufgehalten, setzte sich der Zug wieder in Bewegung und rückte durch das Schweigen des regungslosen Volkes bis zur Mündung der Königsstraße in den Revolutionsplatz. Da sah man bei einem Strahle der Wintersonne, der den Nebel durchbrach, den Platz mit hunderttausend Köpfen bedeckt, das Schaffot von den Regimentern der Garnison von Paris umringt, die Henker, die auf das Opfer warteten und das Werkzeug der Hinrichtung, das seine blutrothgefärbten Pfosten und Balken über die Menge emporreckte.

Dieses Werkzeug war die Guillotine. In Italien erfunden und durch die Menschlichkeit eines berühmten Arztes in der Versammlung, Namens Guillotin, nach Frankreich verpflanzt, hatte diese Maschine die rohen und scheußlichen Hinrichtungen verdrängt, welche die Revolution hatte abschaffen wollen. Sie hatte überdies in der Meinung der Gesetzgeber der constituierenden Versammlung den Vortheil, das Blut des Menschen nicht durch die Hand und unter dem oft unsichern Streich eines andern Menschen vergießen, sondern den Mord durch ein Werkzeug ohne Seele, unempfindlich wie das Holz, und unfehlbar wie das Eisen, vollführen zu lassen. Auf das Zeichen des Nachrichters fiel das Beil von selbst. Dieses Beil, dessen Schwere durch die unter dem Schaffote angebrachten Gewichte verhundertfacht wurde, gleitete zwischen zwei Rinnen, wie eine Säge in wagrechter und senkrechter Bewegung zugleich [100] hinab und trennte mit der Schnelligkeit des Blitzes den Kopf durch das Gewicht seines Falls vom Rumpfe.» [101]

Der relativ schlichte Stil, in dem Lamartine das Ereignis vom 21. Januar 1793 mehr als ein halbes Jahrhundert später beschreibt, läßt die Gegensätze, die die Hinrichtung Ludwigs XVI. kennzeichneten, nur noch deutlicher spüren. Über der Menge die neue Maschine, deren Herkunft und technische Eigenschaften nüchtern beschrieben werden, wobei als einzige Wertung der «Vortheil» genannt wird, den sie in philosophischer und humanitärer Hinsicht bietet. Auf dem Platz das Gepränge einer feierlichen Zeremonie und die zu einem bedeutenden Anlaß versammelte Menschenmenge – all dies wird in einer Prosa beschrieben, deren Zurückhaltung nur um so stärker die symbolische Bedeutung hervortreten läßt: von der Königsstraße geht es zum Revolutionsplatz; ein Sonnenstrahl (König?) durchbricht die dichten Nebelwolken, dem Haufen der hunderttausend Köpfe vergleichbar, der sich zur Hinrichtung seines Oberhauptes zusammengeballt hat. Die Hinrichtung soll mit Hilfe einer «blutrothgefärbten» Vorrichtung vollzogen werden, die von der Garde in Paradeaufstellung umgeben ist. Im Mittelpunkt dieser grandiosen Szenerie steht die prosaische Guillotine. Dieser Kontrast verleiht dem ungeheuerlichen Akt der Hinrichtung des Königs seine Einmaligkeit; und diese Einmaligkeit des Geschehens verleiht der Guillotine wiederum ihre Symbolkraft.

Wie Albert Sorel bemerkt, war die Hinrichtung mit ihrem Aufwand nicht nur «feierlich», sondern hatte noch als Kontrafaktur einen majestätischen Charakter. Man behandelte Ludwig als Monarchen, und seine Hinrichtung hob ihn aus der Menge der Franzosen heraus.[102] Sorel ist jedoch nicht recht zu geben, wenn er meint, die Konventsmitglieder hätten dieses Zeremoniell «unwillkürlich» so festgelegt. Robespierre spricht es am 3. Dezember 1792 offen aus: «die Bestrafung Ludwigs wird nur insofern sinnvoll sein, als sie den Charakter einer öffentlichen Rache trägt»[103]. Die Guillotine erhält durch die Hinrichtung des Königs ihre Weihe als schreckliches Instrument der Gerechtigkeit des Volks. Weniger durch die erste politische Hinrichtung von Collenot d'Angremont als vielmehr durch die Enthauptung vom 21. Januar 1793 wird die Maschine als Instrument der Politik eingeführt. Ein Verwendungszweck, der sich, wie wir sehen werden, die mechanische Beschaffenheit der Maschine und ihr Erscheinungsbild (Schafott, Pfeiler, Schneide) zunutze macht, um der Guillotine die Bedeutung eines Emblems zu verleihen.

Der Körper des Königs und seine Sakralität

Die Aufklärung hatte das Gottesgnadentum und die übernatürliche Macht, die dem König somit verliehen war, entschlossen in Frage gestellt.[104] Doch das Ansehen und die Sakralität des Monarchen hatten dennoch Bestand. Der Königsmord wurde noch lange Zeit als das Kapitalverbrechen schlechthin angesehen, und die Ausnahmestellung, die der Körper des Königs einnahm, blieb im Gesetz verankert: Durch Art. 2 der Verfassung von 1791 wird nach wie vor die Unverletzlichkeit der Person des Monarchen garantiert. Die Worte, mit denen der Verteidiger des Königs, de Sèze, während des Prozesses auf diesen Passus Bezug nimmt, verdeutlichen, daß der Herrscher nach wie vor sakral und unantastbar war: «Bei unseren heutigen Gleichheitsideen wollen wir in einem König nichts weiter als ein gewöhnliches Individuum sehen, doch ein König ist kein Individuum wie alle anderen, er ist ein bevorrechtigtes Wesen, ein moralisches Wesen, ein Wesen, dem eine Nation zu ihrem eigenen Wohl eine Sonderstellung einräumt und mit dem sie als dem alleinigen Oberhaupt übereinkommt, so wie sie, sagen wir, mit einer ganzen Nation übereinkommen würde.»[105] Ludwig XVI. verbot de Sèze, diese Sätze zu äußern, denn in ihnen wurde genau der Hauptanklagepunkt näher ausgeführt, den Robespierre und Saint-Just im Konvent vorgebracht hatten.

Wir wollen auf dieses Thema genauer eingehen, denn die Frage der Sakralität wurde zum auslösenden Moment des politischen Umbruchs. Die Bergpartei wählte gerade die sakrale Aura, die das Gottesgnadentum dem Körper des Königs verliehen hatte, zum Ziel ihres Angriffs, um die Ausnahmestellung des Königs als Ungeheuerlichkeit erscheinen zu lassen. Wie Grégoire es am 21. September in seiner Rede, die zur Abschaffung des Königtums führte, ausdrückte: «Die Könige sind im Reiche der Moral, was die Mißgeburten im Reiche der Natur.»[106]

Dabei gründet die Revolution gleichzeitig ihre eigene Legitimität und ihren eigenen sakralen Charakter auf die Sakralität des absoluten Königs. Sie interpretiert diese zu ihren Gunsten und bemächtigt sich ihrer, indem sie den König abschafft und sich an seine Stelle setzt.

Die der Hinrichtung vom 21. Januar vorausgehenden Debatten boten den revolutionären Rednern Gelegenheit, jenes außergewöhnliche Wesen in Acht und Bann zu tun.[107] Das Fallbeil wurde zum Instrument der Sühne.

Bereits am 13. November 1792 erklärt Saint-Just die von der Verfassung garantierte Unverletzlichkeit des Königs für hinfällig, da Ludwig XVI., indem er eine freie Nation unterdrückt habe, selbst die Gesetze mit Füßen trat. Zudem könne das Prinzip der Unverletzlichkeit nur für die Bürger untereinander gelten: «Denn zwischen einem Volk und einem König anerkenne ich keine natürliche Wechselbeziehung mehr.»[108] Robespierres Ansicht nach ist der König nur «unverletzlich durch eine Fiktion, die Völker sind es durch das heilige Recht der Natur»[109]. Durch seine fiktive Unverletzlichkeit aber habe sich Ludwig außerhalb der Ordnung der Bürger begeben; er könne daher auch nicht als solcher vor ein Gericht gestellt werden, denn dazu müßte man annehmen, daß allein seine Verbrechen aus ihm einen Staatsbürger gemacht hätten. Er muß vielmehr «wie ein auswärtiger Feind gerichtet werden»[110]. Am 3. Dezember 1792 verbessert Robespierre seine Argumentation: Ludwig muß nicht mehr verurteilt werden, er ist es bereits. «Ludwig war König, nun aber ist die Republik gegründet [...] er bezeichnete das französische Volk als Rebellen [...], aber der Sieg und das französische Volk haben entschieden, daß er allein der Rebell war: Ludwig kann also nicht gerichtet werden; er ist bereits verurteilt; oder aber die Republik kann nicht freigesprochen werden.»[111] Die Volksvertreter hätten «kein Urteil für oder gegen einen Menschen zu fällen, sondern eine Maßnahme im Interesse der Öffentlichkeit zu ergreifen und einen Akt auszuführen, der für das Schicksal der Nation bedeutungsvoll ist»[112].

Die Revolutionäre berufen sich auf ein Naturrecht, das einen Tyrannen aus der natürlichen Ordnung ausschließt. Wie Saint-Just es lakonisch resümierte, «man kann nicht König sein, ohne Schuld auf sich zu laden [...] Jeder König ist ein Rebell und ein Usurpator.» Auch Robespierre ist der Meinung, daß die einzig mögliche Beziehung zwischen einem Volk und einem Tyrannen der Widerstand ist.[113] Die Situation wird für den König immer bedrohlicher, denn sobald er nicht mehr nach dem bürgerlichen Recht, sondern als Feind nach dem Völkerrecht abzuurteilen ist, sobald die Nation in Ludwig XVI. nicht «einen öffentlichen Beamten» zu bestrafen hat, während gleichzeitig die Regierungsform beibehalten wird, sondern mit ihm die «Regierung selbst zerstört» werden soll, läuft dies zwingend auf die Todesstrafe hinaus.[114]

Wenn die Rechtsprechung in seinem Fall eine «grausame Ausnahme» von ihren gewöhnlichen Gesetzen machen muß, dann liegt das daran, daß der König selbst eine ungeheuerliche Ausnahmestellung für sich in Anspruch genommen hatte: Durch seine Existenz sollte er allein der Geburt der Republik im Wege stehen können.[115] Nachdem er sich außerhalb des Naturrechts gestellt hat, kann Ludwig nur noch hingerichtet werden, damit jene Gesellschaft erneuert wird, die er durch seine tyrannische Usurpation der Macht verdorben hat. Varennes hatte zum Massaker vom 10. August geführt – «Das Blut der besten Bürger, das Blut der Frauen und der Kinder wurde für ihn auf dem Altar des Vaterlandes geopfert» –, und der König schien nur mehr eine ungeheure, barbarische Gottheit zu sein, die als kultische Handlung Menschenopfer fordert. Die Opferung dieses Ungeheuers aber gehorcht der «Ordnung der Natur»[116], und dieses heilige Amt ist außerhalb dessen anzusiedeln, was Konventionen des Rechts vorschreiben, die zum Teil aus dem Despotismus stammen. Der heilige Zweck hat gegenüber allen «verfassungsrechtlichen Spitzfindigkeiten» den Vorrang.[117] Robespierre macht sich zum Anwalt des Volkes, das hier nicht als Summe von Einzelwesen, sondern als naturgegebene Einheit auftritt, die den König ausschließt: «Ich habe die Stimme des Volkes Euch drängen hören, jene Mission zu erfüllen, die der Wille der Nation uns auferlegt.»[118]

Am 23. Dezember – nach dem Vorschlag des Girondisten Salle, das Volk zu fragen – formuliert Robespierre die Synthese aus seiner Argumentation, die Ludwig im Namen des geheiligten Naturrechts verurteilt, ohne daß ein Prozeß nötig wäre: «Es gibt eine sakrale Instanz, die nicht des Anwaltstands bedarf.« Der Sachverhalt ist klar: Was den letzten König aufs Schafott bringt, «ist die Notwendigkeit, die Freiheit und die öffentliche Ordnung durch die Bestrafung des Tyrannen zu festigen»[119]. Der Konvent wird zum Altarraum, zu einem Tempel, und die Volksvertreter erfüllen einen heiligen Auftrag. Denn es geht um die Erneuerung des Volkes, das durch die ungeheuerliche Tyrannei des Usurpators seiner unveräußerlichen Souveränität beraubt worden ist.[120] Durch diese Usurpation aber verurteilt Ludwig sich gewissermaßen selbst, er braucht nicht erst vor Gericht gestellt zu werden.[121]

Während dieses ausgiebigen Diskurses über das Staatsrecht zeigt sich immer deutlicher, daß das Urteil über den König bereits gesprochen ist. Das hierbei von Saint-Just und Robespierre gleichermaßen gebrauchte Vokabular verrät, daß die Hinrichtung Ludwigs XVI. wenig mit der des englischen Königs Karl I. gemein hat. Robespierre hatte recht, wenn er sagte, daß sie ohne Beispiel in der Geschichte ist: 1793 wird die Gesellschaft von Grund auf revolutioniert, wobei dieses *re-volvere* als Rückkehr zu den natürlichen und geheiligten Quellen der menschlichen Gemeinschaft dargestellt wird.

Die Wiederaneignung der Volkssouveränität stellt sicherlich die entscheidende Triebkraft der Umwälzung dar. Am Ende dieses Aneignungsprozesses soll dann das Volk selbst mit der sakralen Aura ausgestattet sein, welche die absolutistische Herrschaftstheorie dem König verliehen hatte. Damit zielt die Diskussion über Leben und Tod des Königs auf den Kern der monarchistischen Ideologie ab, die Sakralität. Am 21. Januar findet eine Machtablösung statt, die mit einem Transfer des Sakralen verbunden ist.

Durch die Darbringung des Königs opfert die Revolution aber auch die übernatürlichen Kräfte, mit denen der «Körper des Königs» begabt war. Der Bann, mit dem die Reden den Monarchen belegen, wurde dem König zum Verhängnis, jener Bann, in den der Absolutismus den Körper des Herrschers getan hatte, indem er ihn für unantastbar erklärte («Der Staat bin ich»). Als Ludwig XVI. in seinen Gedanken über das Amt des Königs schrieb: «die Nation stellt in Frankreich keinen eigenen Körper dar, sie wird allein durch den König gebildet», vollzog er damit in der Tat die phantasmagorische Gleichsetzung eines Abstraktums mit seiner Person.[122] Wenn auch der König nicht mehr durch Handauflegen die Skrofeln heilt, vertritt er den Staat doch nicht symbolisch, der König ist der Staat, das heißt, beide sind in der Vorstellung identisch. Der Monarch stellt eine Menschwerdung der Nation dar, und diese Präsenz auf Erden läßt das monarchische Mysterium mit dem der Eucharistie eng verwandt erscheinen.[123]

Durch die Hinrichtung Ludwigs XVI. soll die imaginäre Identifikation des Königs mit seinem Amt rückgängig gemacht werden, die der Absolutismus an die Stelle einer symbolischen Repräsentation hatte treten lassen. Es geht also um weit mehr als die bloße Abschaffung des Königtums oder eine theoretische Diskussion um Grundsätze politischer Philosophie. Jener Gnadenbeweis, welcher die königliche Macht mit einer übernatürlichen Legitimation ausgestattet hatte, legitimiert nun die Zerstörung eines Körpers, der in dem Moment eine ungeheuerliche Dimension erlangt, wo die erneuerte Nation ihn aus ihrer Gemeinschaft verstößt. Als Inkarnation des Teufels übte der König «eine schreckliche Behexung der Seelen»[124] aus. Indem sein unreines Blut den Boden des Richtplatzes tränkt, wird das Vaterland befreit: «Ludwig muß sterben, weil das Vaterland leben muß.»[125]

Nach dem Tod des Königs wird Robespierre die Abgeordneten ermahnen, nur ja nicht von der Verteidigung jenes «wahrhaft göttlichen Glaubens» abzulassen, dessen «Missionare» sie seien: «Mögen sie [die

Volksvertreter] die heiligen Kräfte entfalten, die ihnen die Bestrafung der Könige verleiht.»[126]

Die Formulierung zeigt, daß die Opferung des Königs zugleich gewissermaßen eine «Tauffeier» ist. Der Tod des Königs bedeutet mehr als die bloße Abschaffung der Monarchie, es handelt sich hierbei um ein feierliches Opfer, dessen religiöse Dimension dadurch bestätigt wird, daß sich Republikaner und Royalisten in dieser Interpretation des Ereignisses einig sind. Lange bevor Albert Sorel konstatierte, das Schafott habe dem König einen «Heiligenschein» verliehen und sein Tod eine «Verklärung» bewirkt, machten die royalistische Propaganda bzw. die Äußerungen der Königstreuen aus dem Monarchen einen fast Christus vergleichbaren Märtyrer.[127] Am 17. Juni 1793 segnet Papst Pius VI. diese Sicht der Dinge ab, indem er selbst die für den Opfertod üblichen Wendungen gebraucht: «O glorreicher Tag für Ludwig, dem Gott die Kraft gab, Verfolgung und Martyrium geduldig zu durchleiden. Voller Vertrauen wissen wir, daß er die zerbrechliche Krone der königlichen Herrschaft und die Vergänglichkeit der weltlichen Lilien gegen die Lilienkrone der Ewigkeit eingetauscht hat, die Engel ihm wanden.»[128]

Es ist bezeichnend, daß Madame de Staël in ihrer Beschreibung der Staatsfeierlichkeiten des 14. Juli 1792 diesen Tag mit dem 21. Januar 1793 in Verbindung bringt, als habe das damalige Erscheinen des Königs bereits im Zeichen der folgenden Katastrophe gestanden: «Der König begab sich zu Fuß von dem Gezelt, unter dem er sich befand, bis zu dem am andern Ende des Marsfeldes errichteten Altar. [...] Als er die Stufen des Altars hinanstieg, glaubte man, das geweihte Schlachtopfer zu sehen, das sich freiwillig zum Opfer darbietet. [...] nach diesem Tage hat ihn das Volk nur auf dem Blutgerüste wieder gesehen.»[129]

Die Guillotine und ihre Sakralität

Die in den Konventsreden vorgebrachten Argumente – jener «Schwall von Worten, den jeder unter solchen Umständen verschwendete» und der Madame de Staël so schockierte – waren in unserem Zusammenhang von Interesse, weil sie zeigten, wie die Revolutionäre durch ihre Rhetorik die Voraussetzungen für den Tod des Königs schufen. Auch wird vor diesem Hintergrund verständlich, weshalb die Guillotine der Hinrichtung einen spezifisch revolutionären Charakter verlieh, vor allem aber, wieso die Enthauptungsmaschine bei dieser Gelegenheit neue, für ihr späteres Prestige wichtige Bedeutungsdimensionen gewinnen konnte. Denn die Sakralität des Königs, um die es bei der Urteilsfindung und der Hinrichtung ging, übertrug sich auf die Guillotine. Die Desakralisierung des Königs durch seine Hinrichtung bewirkte die Sakralisierung der Republik durch diesen Gründungsakt. Vor allem aber ist es das Instrument in Form eines Tores – durch das der König abtritt und die neuen Machthaber ihren Einzug halten –, welches bei jenem Anlaß seine symbolische Weihe erhielt.

Durch die maschinelle Köpfung Ludwigs XVI. wird ein Exempel statuiert, das die Ausnahmestellung des Monarchen demonstrativ negiert. Die Inszenierung des Geschehens ist feierlich, aber der Prozeß selbst und das Instrument sind gewöhnlich. Sicherlich wird das Schafott gemäß der Regel, eine politische Hinrichtung bedürfe auch eines politischen Ortes, von seinem ehemaligen Standort auf der Place du Carrousel zum symbolträchtigen Revolutionsplatz verlegt.[130] Die Maschine jedoch bleibt die alte, Planken, Bohlen und Schneide sind bereits gebraucht. Beinahe schon zur Banalität geworden, hat die Guillotine nicht einen exklusiven, außergewöhnlichen Charakter wie das Schwert, dessen Tragen das Vorrecht eines bestimmten Standes war und dessen Handhabung – besonders bei einer derartigen Gelegenheit – eine «souveräne», dem König gewissermaßen würdige Meisterschaft verlangt hätte. Durch die Guillotine wird Ludwig dem allgemeinen Gesetz unterworfen, wobei nicht so sehr der Tod an sich als vielmehr der Tod durch die Maschine den Bürger Capet mit den anderen gleichstellt: Das Hinrichtungsinstrument beweist hier seine ganze Macht, indem es die Person des Henkers in den Hintergrund drängt und selbst die Rolle eines anonymen Protagonisten übernimmt.

Dieser Effekt entsprach den ursprünglichen Absichten. Am 21. Januar 1793 fällt die Vormachtstellung der Maschine jedoch besonders ins Gewicht, da es sich bei dem Opfer um den Monarchen handelt: König und Henker verband ein jahrhundertealter Pakt, der ihrer Begegnung auf dem Schafott die Beispiellosigkeit hätte nehmen können.

Joseph de Maistre hat die verblüffende Konvergenz der sakralen Macht von König und Henker anschaulich gemacht, die für das Gottesgnadentum charakteristisch ist: «Und dennoch beruht alle Größe, alle Macht, alle Subordination auf dem Scharfrichter; er ist der Schrecken und das Band der menschlichen Gesellschaft. Nehmen Sie der Welt dieses unbegreifliche Mittel; in dem nämlichen Augenblicke weicht die Ordnung dem Chaos; die Thronen sinken, und die Gesellschaft verschwindet. Gott, der der Urheber der Souveränität ist, ist also auch der Urheber der Strafe: auf diese beiden Pole hat er unsre Erde gegründet.»[131] Sicherlich hätte bei der Annäherung der beiden Pole auf dem Schafott das Chaos hereinbrechen können, doch wäre dies gewissermaßen einer Naturkatastrophe gleichgekommen: Eine Welt hätte sich selbst zerstört. Das meinte Robespierre mit seiner Behauptung, der Urteilsspruch über Ludwig habe keinerlei Vorläufer und sei vor allem nicht mit der Hinrichtung von Englands König Karl I. zu vergleichen, weil damals nur ein Tyrann einen anderen Tyrannen mit Hilfe eines Henkers hatte richten lassen. Das Volk aber gehorche in seiner Allmacht keinem anderen Gesetz als dem der Gerechtigkeit und der Vernunft. Die Verdrängung des Henkers durch die Maschine versinnbildlicht, daß nun das alte System und die bisherige Gedankenwelt von etwas völlig Neuem abgelöst werden. Die Revolution beseitigt die spektakuläre Konvergenz der beiden Pole monarchistischer Justiz und ersetzt diese durch das Schauspiel der Gesetz gewordenen Vernunft und Gerechtigkeit.

Die Symbolkraft der Guillotine wird durch ihr äußeres Erscheinungsbild begünstigt. Angesichts der «Allmacht» des Volkes erweckt der Rückgriff auf einen technischen Mechanismus den Eindruck, die Wahrnehmung dieser Macht werde allein von der Vernunft bestimmt, weshalb man die Unsicherheiten und Unwägbarkeiten des «menschlichen Faktors» vermeide. Vor allem aber macht die Guillotine bereits durch ihr Aussehen das Gerechtigkeitsprinzip deutlich, welches sie vertritt: Menschlichkeit – aber mit der Unerbittlichkeit eines universell gültigen Axioms. Die klaren Linien ihres Umrisses sind bezeichnend: Mit einem Rechteck, einem Kreis und einem Dreieck als Bestandteilen, die aus einem Quadrat entwickelt sind (vgl. Abb. 11), bleibt sie auf die drei fundamentalen Formen der Geometrie beschränkt. Im Unterschied zu Folterinstrumenten, deren Formen oft kompliziert waren und genau ausgeklügelt sein mußten, damit man an den jeweiligen Körperteil herankam und dort den gewünschten Grad von Schmerzen erzeugen konnte, präsentiert sich die Guillotine in der Reduktion einer Aufrißzeichnung. Die Klarheit ihrer Form macht die universelle Gültigkeit der Gesetze der Geometrie und Schwerkraft augenfällig. Durch die Enthauptungsmaschine wird bei der öffentlichen Hinrichtung die Gültigkeit der Gesetze von Mechanik und Geometrie zelebriert und damit der Triumph zweier «gerechter» und «vernünftiger» Denksysteme versinnbildlicht.

Die Brüder Goncourt wollen diesen Eindruck vermitteln, wenn sie die Maschine wie folgt beschreiben: «In der Guillotine sieht die Wissenschaft eine horizontale Fläche einige Fuß oberhalb des Bodens, auf der man zwei Senkrechten errichtet hat, zwischen denen sich ein rechtwinkliges Dreieck befindet, welches durch einen Kreis auf eine Kugelform trifft, die dadurch mit einer Sekanten versehen wird [...].»[132]

Die visuelle Botschaft der Guillotine geht über die bloße Geometrie hinaus. Indem die Maschine im Moment des «größten Akts gesellschaftlicher Macht» (Cabanis) allein mit den drei fundamentalen geometrischen Figuren operiert, beweist sie die universale Geltung eines abstrakten Gesetzes, das eine regelmäßige und regelgemäße Gesellschaftsordnung garantiert. Am 21. Januar 1793 ist dieser Effekt um so wirkungsvoller, als der dem Verfahren unterzogene Körper außergewöhnlich und den gemeinhin geltenden Regeln und Normen enthoben war: Bis zu dem Moment, wo die Guillotine eingreift, genoß der königliche Körper das maßlose Privileg der Sakralität und Unberührbarkeit. Im Augenblick der Hinrichtung bemächtigt sich die Maschine dieses Prestiges. Und während sie den aufgrund einer Ungeheuerlichkeit sakralen Körper auf das Normale und Rationale einer universalen Ordnung reduziert, vereinnahmt die Maschine dessen Sakralität für sich selbst.

Die Reden der Konventsmitglieder, die für die Verurteilung stimmten, zeigen, wie wichtig die von der Guillotine repräsentierte Allgemeingültigkeit des Gesetzes war. Die Abgeordneten rechtfertigen ihre Entscheidung für den «Königsmord» in Anlehnung an die Argumentation Robespierres; trotz ihres spürbaren Zögerns entscheiden sie sich für das Prinzip des universalen Gesetzes.[133] Ludwigs Tod durfte bestenfalls insofern etwas Besonderes sein, als er vor den Augen aller das Gesetz des Gesetzes demonstrierte. Und dennoch belegt die Weitschweifigkeit gewisser Reden zur Genüge – da «ein wahrer Republikaner wenig spricht» (Lakanal) –, daß keineswegs alles so klar und eindeutig ist. Die Imagination verweigert sich am 21. Januar dieser Gleichheit aus Prinzip, die den Körper des Königs auf die Banalität seiner physischen Person reduziert. Das Ereignis behält einen sakralen Charakter. Die Worte, mit denen selbst ein Marat das Ereignis beschreibt, beweisen es: «Der Kopf des Tyrannen ist soeben unter dem Schwert des Gesetzes in den Staub gerollt [...]. Das Volk schien von einer andächtigen Freude erfüllt; man hätte meinen können, es wohne einer religiösen Feier bei [...].»[134]

Diese Feierlichkeit deutet auf etwas ganz anderes hin als die schlichte Anwendung eines für alle gleichen Gesetzes. An jenem 21. Januar vollzieht sich gewissermaßen im Augenblick der Guillotinierung ein Transfer des Sakralen: In ihrer Eigenschaft als Instrument der Volksjustiz beansprucht die Guillotine den Hoheitsanspruch, den sie dem König durch ihr Niedergehen entzieht, nunmehr für sich. Ihre Wirkung ist um so nachhaltiger, als die Machtablösung in einem dem Auge verborgenen Augenblick vollzogen wird, was die Wahrung des Geheimnisses garantiert, das alles Sakrale umgibt.

Die Berichterstattung

Es ist nun aber der ehemalige Souverän, den die Guillotine in einem unsichtbaren Augenblick richtet. Ein historisches Ereignis, das denkwürdige und erzählenswerte Geschehen schlechthin. An der Fülle von Berichten – die im Gegensatz zu dem Lakonismus des nicht wahrnehmbaren Momentes steht – ist zu ersehen, welch tiefen Eindruck die Weihung der Guillotine hinterließ.

Zwei von angeblichen Augenzeugen verfaßte Texte stecken das stilistische Feld ab, innerhalb dessen sich die Berichterstattung über den Königstod bewegt: Bei dem ersten Text handelt es sich um eine sachliche Version, bei dem zweiten um eine mystifizierende:

«Ist es wirklich der gleiche Mann, den ich hier sehe, wie er von vier Henkersknechten gestoßen und mit Gewalt entkleidet wird, dessen Stimme im Gerassel der Trommeln erstickt, und der auf das Brett gefesselt sich immer noch wehrt, bis ihn schließlich das Fallbeil so schlecht trifft, daß es ihm nicht den Hals, sondern den Hinterkopf und den Kiefer scheußlich durchschneidet?»

«Ohne mich von der Stelle zu rühren, hatte ich unverwandt mit angesehen, wie einer der Henker dem erlauchten Opfer die Haare abschnitt; doch das Haupt meines Königs sah ich nicht mehr unter dem Beile zu Boden fallen. Ein Lichtstrahl blendete mich und verwandelte den Augenblick des Opfers in eine himmlische Erscheinung. Ich hörte weder, was der Henker sagte, während er dem Volk den Kopf zeigte, noch den unseligen Schrei des Triumphes, der, wie man mir versicherte, unwillkürlich das andächtige und bedrückte Schweigen zerriß.»[135]

Die mystifizierende Tendenz des Textes von Ballanche erklärt sich dadurch, daß dieses «Zeugnis» Teil einer Erzählung mit dem Titel

L'Homme sans nom (Der Mann ohne Namen) ist, die von einem reuigen Königsmörder unter den Abgeordneten handelt. Der unsichtbare letzte Augenblick wird durch eine übernatürliche Vision ersetzt, um die moralische Dimension der Reue zu zeigen. Mercier dagegen formuliert nüchtern, doch in Form einer Frage, was verdeutlichen soll, daß der objektive Beobachter ob der Vorfälle seinen Augen nicht traut.[136]

Alle Berichte lassen sich einer der beiden Erzählweisen zuordnen, wobei ein typischer Unterschied in der Bewertung des Königs zu beobachten ist. Für die Royalisten bietet sich der gesalbte König selbst als Sühneopfer dar. Für die Republikaner spiegelt sich dagegen in den zahlreichen Zwischenfällen die Unsicherheit des Königs wider, der nicht wußte, wie er sich am besten verhalten sollte, weil er noch auf dem Schafott glaubte, von seinen Anhängern gerettet zu werden. In seinem Benehmen wird hier der Beweis für ein Komplott der Aristokraten gesehen. Zwischen diesen beiden Extremen finden sich eine Vielzahl von unterschiedlichen Versionen des Ereignisses. Zeugenberichte unterscheiden sich bekanntermaßen immer sehr stark voneinander. Nicht ihre Verschiedenheit selbst verdient unsere Aufmerksamkeit, sondern die Logik, mit der sich eine Variante aus der anderen entwickelt, sowie die Art und Weise, wie das Geschehen immer weiter ausgeschmückt wird. Es lohnt sich, diesen Prozeß im einzelnen nachzuvollziehen, um die Entstehungsbedingungen von «Geschichtsschreibung» zu erkennen.

Die Zeitgenossen waren sich über die historische Bedeutung ihrer Berichterstattung durchaus im klaren. Bereits am 22. Januar rief der Redakteur des *Républicain* aus: «Berühmter Tag! Für immer denkwürdiger Tag! Könntest du der Nachwelt unverfälscht überliefert werden! Möge die Verleumdung sich deiner nie bemächtigen! Historiker, zeigt euch der Epoche würdig! Schreibt die Wahrheit, nichts als die Wahrheit. Nie war sie heiliger, nie schöner zu sagen!»

Das Ereignis vom 21. Januar bedarf der Schilderung, es verlangt nach Niederschrift. Doch an seinem Höhepunkt trat ein Instrument in Aktion, dessen mechanische Wirkungsweise die Peripetien nicht zuläßt, die für einen farbigen Bericht unerläßlich sind. Was der Lakonismus der Maschine dem Erzähler an dramatischen Spannungseffekten nimmt, sucht dieser daher auszugleichen, indem er den Akzent auf die begleitenden Umstände verlagert. Die in erzählerischer Hinsicht unergiebige Plötzlichkeit der Guillotinierung führt dazu, daß die Berichterstatter den Schwerpunkt auf das Vorher und Nachher legen. Da der mechanische Moment nicht weiter geschildert werden kann, bedient sich der «Guillotinierungsbericht» aller nur erdenklichen Mittel narrativer Ausschmückung – und dies im Namen der historischen Wahrheit.

Die unmögliche Objektivität

Innerhalb des Korpus nehmen zwei Texte eine Sonderstellung ein, da sie von Zeugen stammen, die aufgrund ihres Amtes das Ereignis aus unmittelbarer Nähe mitverfolgen konnten. Trotz der gleichen Ausgangslage unterscheiden sich beide Darstellungen jedoch stark voneinander. Dies liegt vor allem daran, daß die beiden Zeugnisse unterschiedlichen Textarten zuzurechnen sind: bei der ersten Quelle handelt es sich um das Protokoll der Hinrichtung, das hiermit betraute Kommissare der Kommune verfaßten; bei der zweiten Quelle um einen Brief Sansons, des Scharfrichters, der eine ihm unterschobene Schilderung richtigstellt.

Nachdem die Funktionäre wie vorgeschrieben die administrativen Modalitäten festgehalten haben, die bei der Abfassung des Protokolls beachtet wurden, erklären sie: «Und um die gleiche Zeit [genau um Viertel nach zehn Uhr morgens] kam der von Santerre, dem Befehlshaber der Nationalgarde, angeführte Zug über die Revolutionsstraße auf dem Platz gleichen Namens an. Louis Capet wurde in einem vierrädrigen Wagen an das Schafott herangefahren, das auf besagtem Platz zwischen dem Sockel der ehemaligen Bildsäule Ludwigs XV. und der Allee der Champs-Elysées errichtet worden war. Um zwanzig Minuten nach zehn stieg Louis Capet am Fuß des Schafotts aus dem Wagen, und um zweiundzwanzig Minuten nach zehn aufs Schafott. Die Hinrichtung wurde augenblicklich vollzogen und der Kopf dem Volk gezeigt, worauf wir unterzeichneten.»[137] Die Sprache ist neutral, wie es sich für ein Protokoll gehört, in dem eine knappe, verwaltungstechnische Beschreibung des Ereignisses gegeben wird, deren Genauigkeit durch die exakten Zeitangaben garantiert werden soll.

Doch trotz seines «konstatierenden» Tones gewichtet der Rechenschaftsbericht bereits. Der Brief, mit dem Sanson auf die im *Thermomètre du jour* vom 13. Februar erschienene Darstellung antwortet, beweist, daß die Funktionäre zweierlei aussparten: Sie verschwiegen nicht nur, was in jenen zwei Minuten geschah, die am Fuß des Schafotts verstrichen und die zu so vielen verschiedenen Erklärungen Anlaß geben sollten, sondern sie umgingen auch durch ihre schlichte Zeitangabe «augenblicklich» die Schafottszene und damit den dramatischen Höhepunkt des Ereignisses.

«Hier nun, wie versprochen, die genaue Wahrheit, was geschehen ist. Als er zur Hinrichtung aus dem Wagen stieg, sagte man ihm, er müsse seinen Rock ablegen; er machte einige Einwände und meinte, man könne ihn doch so hinrichten, wie er war. Als man ihm begreiflich machte, daß dies unmöglich sei, hat er selbst geholfen, seinen Rock abzustreifen. Er machte wieder die gleichen Einwände, als es darum ging, ihm die Hände zu binden, streckte sie aber aus freiem Willen hin, als die Person, die ihn begleitete, ihm sagte, es sei ein letztes Opfer. Dann erkundigte er sich, ob die Trommeln die ganze Zeit geschlagen würden, worauf er die Antwort erhielt, man wisse es nicht. Und das war die Wahrheit. Er stieg aufs Schafott und wollte nach vorne drängen, wie um zu reden. Doch man machte ihm begreiflich, daß auch dies unmöglich sei. Darauf ließ er sich zu dem Ort führen, wo man ihn festband und wo er sehr laut ausrief: ‹Volk, ich sterbe unschuldig.› Dann sagte er zu uns gewandt: ‹Meine Herren, ich bin all dessen nicht schuldig, was man mir vorwirft. Ich wünsche, daß mein Blut das Glück der Franzosen besiegeln möge.› Das, Bürger, waren in Wahrheit seine letzten Worte.

In dem kurzen Wortwechsel am Fuß des Schafotts ging es darum, daß es ihm nicht nötig erschien, seinen Rock abzulegen und sich die Hände binden zu lassen. Er machte auch den Vorschlag, sich selbst die Haare abzuschneiden.

Und um der Wahrheit die Ehre zu geben, er hat es alles mit einem Gleichmut und einer Stärke getragen, die uns alle erstaunt hat. Ich bin fest davon überzeugt, daß er diese Stärke aus den Grundsätzen der Religion gewonnen hatte, von der niemand sich so durchdrungen und überzeugt zeigte wie er.

Ihr könnt, Bürger, versichert sein, daß dies die Wahrheit in ihrer ganzen Klarheit ist.

Ich habe die Ehre, Bürger, zu verbleiben als Euer Mitbürger, Sanson.»[138]

Für seine Zeitgenossen war dieser Brief von großer Bedeutung, hatte ihn doch derjenige verfaßt, der die Ereignisse aus nächster Nähe mitverfolgte. Er enthielt die letzten Worte des Hingerichteten sowie die beiden Spannungsmomente, welche die Geschichtsschreibung zum Thema machen konnte. So schien dieser Brief endlich die ganze Wahrheit zu garantieren.

Alsbald jedoch sieht Baron Hyde de Neuville – nachdem ihn zunächst der Gedanke mit Schaudern erfüllt hatte, «dieses Papier [zu berühren], über welches die blutbefleckte Hand Sansons gefahren war» – in ebendiesem Brief «den letzten Glanz für die Krone des Märtyrerkönigs»[139]. Diese überraschende Neubewertung, wonach der Henker (von Engeln inspiriert?) dem König eine Krone für die Ewigkeit windet, hat ihren Grund. In der literarischen Produktion, die sich um den Tod des Königs rankt, nimmt der Brief Sansons weniger durch seinen Zeugnischarakter eine bevorzugte Stellung ein als vielmehr durch den Gebrauch, der sich von ihm machen läßt: Den Monarchisten kommt der Schluß des Textes für ihre mystifizierende Interpretation so gelegen, daß dieses Dokument zu einem Kernstück der royalistischen Hagiographie wird. Sansons Antwort gibt sogar zu dem Gerücht Anlaß, er selbst sei ein begeisterter Anhänger des Königs gewesen[140], und der Brief wird zum Zeichen dafür, daß die Vorsehung diesen Königstreuen zum Zeugen der Hinrichtung bestimmte: «Inmitten der von Entsetzen gelähmten Menge war ein einziger Zeuge möglich, ein einziger glaubwürdig! Die Vorsehung sorgte dafür, daß derjenige, der das Blut vergossen hatte, die Erinnerung des Opfers bewahrte.»[141]

Sanson, der Henker, als von der Vorsehung auserkorener Geschichtsschreiber: das Ausmaß dieser Verwandlung zeigt, daß die Instanzen untersucht werden müssen, welche die Niederschrift und die Interpretation des Ereignisses durchliefen. Wenn man Sanson auch als Berichterstatter anerkennen mochte, so war er doch bei weitem nicht der einzige. Als sein Brief am 21. Februar im *Thermomètre du jour* erscheint, existieren bereits vierzehn verschiedene Zeugenberichte, die sich auf die beiden Lager verteilen – das heißt, es liegen bereits so gut wie alle Berichte vor. Daß Sanson in dieser Situation zum wichtigsten Zeugen avanciert, liegt an der Rolle, die er spielte, aber auch daran, daß die Royalisten sich keinen besseren Anwalt ihrer Interessen denken konnten als den Henker in Person.

Es soll nun weniger darum gehen herauszufinden, was sich im einzelnen an der Guillotine zugetragen hat, als vielmehr darum, dem Erzählten Gehör zu schenken und zwischen den Zeilen zu lesen.

Das Volk spielte an jenem 21. Januar eine entscheidende Rolle. In seinem Namen war der König verurteilt worden, und es selbst wurde durch die Hinrichtung zum neuen Souverän. Die Reaktion des Volkes wird daher aufmerksam beobachtet und, wie man sich denken kann, äußerst unterschiedlich bewertet.

Die Berichte stimmen jedoch in einem überein: der Stille. Schweigen habe den König auf seinem Weg begleitet, und eine tiefe Ruhe sei eingekehrt nach der ersten Euphorie über die Hinrichtung. Diese Stille erfährt jedoch unterschiedliche Deutungen: Der mystischen Version ist sie Ausdruck eines religiösen Schreckens; der «objekiven» Version, die sich hier als die der Republikaner zu erkennen gibt, Ausdruck der Gleichgültigkeit oder der «dem Volke würdigen» Gelassenheit.

Das Fehlen einer heftigen Reaktion, das zu Deutungen herausfordert, wird von den Royalisten anfangs psychologisch erklärt[142], alsdann jedoch als religiöse Ehrfurcht interpretiert. «Mit Ausnahme einiger gedungener Gewalttäter, welche, das Schlachtlied der Marseiller singend, durch die Straßen ziehen, herrscht überall düsteres Schweigen: ein Schweigen, das der Grabesstille gleicht.»[143] Den Republikanern zufolge ist die Ruhe «beeindruckend» (*Le Patriote français*, 22. Januar), und die Gemütsverfassung des Volkes schwankt zwischen stiller Genugtuung und antikem Pathos.[144] Ein Text aber verdient besondere Beachtung, da er die republikanische Deutung der Stille als Gleichmut übernimmt, nach sozialen Schichten differenziert und – um die gegnerische Version nicht unberücksichtigt zu lassen – für die dort beschriebene Stimmung die Empfindsamkeit der Frauen verantwortlich macht:

«Die Arbeit ruhte einen Moment lang, wurde aber alsbald wieder aufgenommen, als sei nichts geschehen [...].

Abends verbrüderten sich die Bürger noch in größerer Zahl als zuvor. In den Straßen, in den Cafés, allerorten gaben sie sich die Hand und bekräftigten durch einen Händedruck, daß sie geeinter denn je miteinander leben wollten, wo dem nun nichts mehr im Wege stand [...].

Die Frauen, von denen wir vernünftigerweise nicht verlangen dürfen, daß sie sich den politischen Ereignissen sofort gewachsen zeigen, waren im allgemeinen recht betrübt, was nicht wenig zu dem traurigen Eindruck beitrug, den Paris an diesem Tage vermittelte. Es ist möglich, daß auch hier und da ein paar Tränen flossen, doch man weiß, daß die Frauen es an ihnen nie fehlen lassen. Auch manch ein Vorwurf und selbst Beschimpfungen wurden laut. All dies muß man dem schwachen und zarten Geschlecht nachsehen, welches den Hof noch in seinem letzten, prächtigen Glanze hatte strahlen sehen [...].»[145]

Eine Unterscheidung des Volkes nach dem Geschlecht, die zeigt, wie paternalistisch sich die «revolutionäre Vernunft» gebärden konnte. Der Autor des Textes, der städtische Beamte Baudrais, hatte sich an ein kühnes rhetorisches Unternehmen herangewagt, um den Widerspruch zwischen der freudigen und der traurigen Version vom 21. Januar aufzulösen. Angesichts der Unvereinbarkeit der beiden Versionen greift Baudrais auf die bequeme, stereotype Unterscheidung der politischen Grundeinstellung nach dem Geschlecht zurück.

Hinter dem unauflösbaren Gegensatz in der Interpretation des Volksverhaltens verbirgt sich eine grundlegende politische Frage. Denn mit der Abschaffung der Monarchie durch die Hinrichtung des Königs gewinnt eine neue Gedankenkategorie und bildliche Vorstellung an Bedeutung, die für die republikanische Ideologie von vitaler Bedeutung ist: das Volksganze. Im Namen des Volkes hatten die Abgeordneten für den Tod des Königs gestimmt, dieses war bei der Hinrichtung in großer Zahl vertreten gewesen, und seine Reaktion ist es nun, die das Bild entweder glaubhaft macht oder entkräftet, das jene Redner von ihm entworfen hatten, die sich als Stimme des Volkes ausgaben. Das Verhalten des Volkes entscheidet also über den Wahrheitsanspruch von Theorie und Rhetorik der Bergpartei.[146] Wenn sich zum Schauspiel der Hinrichtung eine Menschenmenge versammelt, die Zeuge der Enthauptung des Tyrannen sein will, so soll die Hinrichtungsform der Guillotinierung dazu beitragen, das Vorurteil von der Menge als Meute von Kannibalen aus der Welt zu schaffen und dessen großartige und würdevolle Einheit beweisen. Durch die Guillotine sollte eine Wandlung vollzogen werden, bei der das Volk durch seine majestätische Ruhe beweist, daß es den Rang des Souveräns zu Recht einnimmt.

Es bedurfte einer «entschiedenen Antwort auf die verabscheuungswürdigen Unterstellungen», die «Verleumdungen» (Baudrais), zu denen das Verhalten der Pariser Bevölkerung am Fuß des Schafotts Anlaß gegeben hatte. Denn in der ersten Euphorie bei der Geburt des Volkes als Souverän war es zu Szenen gekommen, denen die republikanische Geschichtsschreibung «im Namen des Volkes» Rechnung tragen mußte.

Dem revolutionären Diskurs zufolge hätte das Blut des Königs «das Dekret besiegeln, welches Frankreich zur Republik erklärt»[147], und «die Freiheit begründen» sollen. Als dieser Gründungsakt wurde die Hinrichtung auch noch am 26. Januar in den *Révolutions de Paris* bejubelt: «Das Blut Capets, das durch das Schwert des Gesetzes am 21. Januar vergossen wurde, wäscht uns von einer dreizehnhundert Jahre alten Schmach rein. Erst seit Montag, dem 21., sind wir Republikaner, und erst mit diesem Tag haben wir das Recht erworben, uns ein Vorbild für unsere Nachbarstaaten zu nennen.»

Doch der Unterschied zwischen einer Metapher wie «Schwert des Gesetzes» und der faktischen Realität des Fallbeils ist groß. Die vielen Texte beweisen dies: Der Konvent und der Revolutionsplatz sind zwei verschiedene Erfahrungs- und Gefühlswelten. Es bedarf der Kunst der Fiktion, um sie zu einer Einheit zu verschmelzen. Denn in dem Moment, wo das Blut des Tyrannen tatsächlich vergossen wird und nicht mehr nur metaphorisch die Flur, sondern ganz konkret den Boden des Richtplatzes tränkt, ändert es seine Natur.

Da es das neu geborene Volk tauft bzw. bezeugt, daß die Seele des Königs «von ihrer sterblichen Hülle befreit in das Reich des höchsten Wesens eingegangen ist»[148], wird das Blut des Monarchen ebenso wie die Locken oder die Kleider des Königs zum Gegenstand eines Reliquienkults, mit dem die Vernunft nicht gerechnet hatte. Nach den Rufen «Es lebe die Republik!», die das Niedersausen des Fallbeils begleiten, drängen die Zuschauer nach vorne, um Hände, Piken oder Stofffetzen in das Blut zu tauchen. Umgehend wird das Haar, das man dem König am Fuß der Blutbühne abgeschnitten hatte, feilgeboten sowie Stücke seines Rocks, den man zu diesem Zweck zerschnitten hatte. Dieses Verhalten konnte schlecht als Beweis der Würde eines Volkes gelten, in dem man ein vernunftgelenktes Wesen sehen wollte. Hébert beeilt sich, in seiner *Oraison funèbre de Louis Capet* (Grabrede für Louis Capet) dieses Treiben den Priestern und alten Vetteln anzulasten.[149] Diese Rechtfertigung vereinfacht die Dinge jedoch zu sehr, als daß sie zur offiziellen republikanischen Version hätte werden können.

Was die Texte der Königstreuen angeht, so sind sie zunächst äußerst zurückhaltend und hüten sich, in das Triumphgeschrei auszubrechen, das man hätte erwarten müssen, wäre das beschriebene Verhalten eindeutig als Verehrung des Königs durch das Volk zu bewerten gewesen.[150] Bald jedoch werden die royalistischen Berichterstatter von der erzählerischen Dynamik des Themas erfaßt und nehmen die Vorfälle als Beweis für die Barbarei des Volkes.[151] Gleichzeitig bot jener Fetischismus den Monarchisten auch Gelegenheit, eine Unterscheidung nach der Art der Reliquie vorzunehmen – Blut für die Besessenen, Haarlokken für die ehrbaren Männer[152] –, wobei man gleichzeitig die Möglichkeit offenließ, daß in dem einen oder anderen Fall dieser Blutkult der Verehrung eines Märtyrers gleichkam: «Mehrere Leute schnitten ein Stück Stoff aus den Kleidern des seligen Monarchen; andere bemühten sich um eine Locke; Rasende tauchten ihren Säbel in sein Blut, während sie verkündeten, dieser neuartige Glücksbringer werde sie über alle Aristokraten und Tyrannen dieser Erde siegen lassen. Auch ein Engländer hielt sein Taschentuch in dieses Blut, jedoch mit einer anderen Absicht: er sandte es nach London, wo man es einige Tage später als Wimpel auf dem Turm dieser Stadt wehen sah.»[153]

Diese wunderliche Erscheinung eines englischen Edelmannes, der das Königsblut verehrt, stellt die endgültige, grandiose Fassung einer bereits am 22. Januar erstmals berichteten und in der Folge ständig weiterentwickelten Episode dar: «Man bemerkte zwei gut gekleidete junge Männer. Der eine von ihnen, der wie ein Fremder, wie ein Engländer, aussah, gab einem Kind fünfzehn Franc und bat es, ein sehr schönes Taschentuch mit dem letzten Blut zu tränken.»[154]

Die Republikaner haben größere Schwierigkeiten, die Begeisterung für das Königsblut in ihre Version zu integrieren.[155] Allein durch die religiöse Idee einer erneuernden Taufe gelingt es, dem Geschehen eine zufriedenstellende Bedeutung zu verleihen. In diesem Zusammenhang verdient eine ganze Seite aus Baudrais' Schilderung zitiert zu werden. Seine Kritik am lakonischen Stil der offiziellen Berichterstattung verrät das Bedürfnis nach einer dem souveränen Volk würdigen Darstellung. Das unwahrscheinliche Detail am Ende des Zitats zeigt, daß sich die Phantasie das Recht herausnimmt, in den Bericht einzugreifen und die dramatischen Möglichkeiten zu nutzen, die das Hinrichtungsinstrument bietet.

«Jacques Roux, einer der beiden Munizipale und Priester, die von der

Kommune kommissarisch beauftragt wurden, der Hinrichtung Louis Capets beizuwohnen, sagt, daß die Bürger ihre Taschentücher mit dem Blut des Königs tränkten. Das ist wahr, aber Jacques Roux [...] hätte in seinem Bericht an den Generalrat der Kommune hinzufügen müssen, daß auch zahlreiche Freiwillige sich beeilten, das Eisen ihrer Piken, das Bajonett ihrer Gewehre oder die Klinge ihrer Säbel in das Blut des Tyrannen zu tauchen. Die Gendarme standen ihnen in nichts nach. Auch viele Offiziere des Marseiller Bataillons und andere Föderierte durchnäßten Briefumschläge mit diesem Blut, die sie ‹Seht das Tyrannenblut!› rufend auf ihren Schwertspitzen herumtrugen.

Ein Bürger kletterte sogar auf die Guillotine und tauchte seinen ganzen entblößten Arm in Capets Blut, das sich dort reichlich angesammelt hatte. Er nahm dreimal aufs neue eine Handvoll Blut und sprengte es auf die Köpfe der Anwesenden, die sich am Fuß des Schafotts drängten, um jeder einen Tropfen auf die Stirn zu bekommen. ‹Brüder›, sagte der Bürger, während er sie besprengte, ‹Brüder, man hat uns damit gedroht, daß Ludwigs Blut über uns kommen würde. Soll es doch seine Spur hinterlassen! Ludwig Capet hat seine Hände so oft in unserem Blut gewaschen! Republikaner, das Blut des Königs bringt Glück.›»[156]

Baudrais nimmt die sakralen Konnotationen der im Konvent gehaltenen Reden zu wörtlich, andererseits verleiht seine Version den Ereignissen – nach damaligem Verständnis[157] – einen wahrhaft erhebenden Charakter. Das Erhabene ist nun aber, wie wir sehen werden, ein wichtiges Ziel bei der Guillotinierung. Baudrais' Text ist insofern interessant, als er ein sehr frühes, beredtes Beispiel einer Inszenierung des Erhabenen darstellt.

Die republikanische Geschichtsschreibung sah sich durch den Gang der Ereignisse gezwungen, die alten Vorstellungen von Heiligenverehrung aufzugreifen und ihnen eine neue, revolutionäre Deutung zu geben. Baudrais versucht so an anderer Stelle, den Fetischismus des Volkes folgendermaßen zu rechtfertigen: «Die Priester und ihre Frommen, die bereits auf ihren Kalendern nach einem Platz für Ludwig XVI. zwischen den Märtyrern suchen, haben die Hinrichtung des Königs mit der Kreuzigung ihres Christus verglichen. Das Pariser Volk hat in der Tat nach dem Vorbild der Juden in Jerusalem den Gehrock des Louis Capet entzweigerissen, ‹scinderunt vestimenta sua›, und jeder wollte ein Stück Stoff mit nach Hause nehmen – doch dies geschah aus rein republikanischem Geist. ‹Siehst du dieses Stoffstück›, werden die Großväter zu ihren Enkeln sagen, ‹der letzte unserer Tyrannen trug diesen Rock an jenem Tag, als er aufs Schafott stieg, um eines Verrätertodes zu sterben.›»[158]

Um also den Gedanken, das Volk könne an seinen König geglaubt haben, im Keim zu ersticken, bedient sich die republikanische Version der royalistischen Fiktion – der Metapher der Kreuzigung – und macht sich so die sakrale Aura zunutze, mit der die königstreuen Berichterstatter die gesamte Hinrichtung umgeben haben. Ja, die Republikaner übertreffen die Monarchisten sogar: Die Gleichsetzung des Königsbluts mit dem Blut Christi war in den royalistischen Texten nirgendwo zu finden. Die Blutstropfen blieben den Besessenen vorbehalten, die tugendhaften Männer begnügten sich mit den Locken. Am Endpunkt der paradoxen Fortentwicklung der Dramatik bieten die Royalisten eine englische Variation über das Thema des Königsbluts: das blutgetränkte Taschentuch wird zur Trauerflagge auf dem Tower. Vielleicht wurden die monarchistischen Schreiber zu dieser Inszenierung des Blutes von den republikanischen Zeitungen angeregt.

An der Komplexität dieser Wechselbeziehungen lassen sich mindestens zwei unvorhergesehene Wirkungen der Enthauptungsmaschine ablesen: Aus der Sicht der Gründer der Republik muß verhindert werden, daß sich das Volk dem Vorwurf aussetzt, von der Guillotine wiederum in eine Meute von Kannibalen verwandelt worden zu sein. Diese Befürchtung hatte Verninac de Saint-Maur bereits 1789 geäußert[159], und die Bezeichnung «Kannibalen» wird nach dem Thermidor dann häufig verwandt werden, um das Publikum der Hinrichtungen zu beschreiben.[160] Interessanterweise ist diese «kannibalisierende» Wirkung aber bereits seit dem 21. Januar 1793 virtuell präsent, obwohl damals nur ein einziger Körper hingerichtet wurde. Der kannibalische Charakter des Publikums hat also weniger mit der industriellen Dimension zu tun, welche die Hinrichtungen in der Zeit der großen Fuhren annehmen, als vielmehr mit der Natur des gebotenen Schauspiels.

Das Manöver, das die Republikaner unternehmen müssen, um die Episode vom Königsblut in ihre Sicht der Dinge zu integrieren, zeigt, daß sich das Volk in seiner realen Präsenz keineswegs nach den Vorstellungen richtet, die seine Wortführer von ihm vermitteln wollen, oder daß es zumindest zum damaligen Zeitpunkt noch anders reagierte. Die republikanischen Texte nach dem 21. Januar machen deutlich, wie schwer sich die Verfasser mit der noch jungen Idee eines souveränen Volkes tun. Der Einsatz der Maschine zu unmittelbar politischen Zwecken wird es dann ermöglichen, diese Idee eine konkrete Gestalt annehmen zu lassen.

Die Schafottszene

Im Unterschied zur Königsblutepisode, bei der alle Berichterstatter in den Grunddaten übereinstimmen und wo nur die Ausschmückung mit erzählerischen Details variiert, wird die Schafottszene – obwohl weniger Personen an ihr beteiligt und diese gut zu sehen sind – zum Gegenstand von Schilderungen, in denen die Autoren ihrer Erfindungsgabe scheinbar freien Lauf lassen.

Der zitierte Brief Sansons enthält bereits alle Zwischenfälle, die sich in jenen von den Protokollanten gemessenen zwei Minuten ereignet haben: Am Fuß des Schafotts soll sich der König gewünscht haben, nicht für die Hinrichtung «hergerichtet» zu werden (Ausziehen des Rocks, Abschneiden der Haare, Fesseln der Hände); auf dem Schafott selbst habe er zum Volk sprechen wollen und trat auch zum «Proszenium» vor, doch man drängte ihn zurück, und er konnte schließlich nur noch von dem Brett aus sprechen, auf das man ihn band.

Innerhalb der Berichterstattung sind auch bei der Schafottszene wieder zwei Versionen zu unterscheiden, die der Royalisten und die der Republikaner. Der Unterschied zwischen beiden betrifft diesmal die Setzung der Schwerpunkte, und sie läßt interessante Aufschlüsse über die Bedeutung zu, die dem letzten königlichen Akt beigemessen werden soll.

Die republikanische Berichterstattung legt den Akzent auf die Peripetien: Die Republikaner sind mehr als bloße Zuschauer, an diesem Tag greifen sie in den Lauf der Geschichte ein. Ihre Version muß die historische Dimension des Geschehens verdeutlichen und zeigen, wie leicht dieses einen anderen Ausgang hätte nehmen können.

Die royalistische Beschreibung ist dagegen faktenarm, die Peripetien fehlen bisweilen ganz. An ihre Stelle tritt ein reiches sprachliches Blendwerk, dessen Bezugsrahmen nicht die Historie ist.

Die republikanische Version

Die ersten republikanischen Berichte sind bewußt schlicht und knapp gehalten, um die würdevolle Größe des Volkes zur Geltung zu bringen: «Eine äußerst beeindruckende Stille herrschte auf dem Platz und in der ganzen Stadt. Ludwig bewies auf dem Schafott mehr Stärke als auf dem Thron. Er sagte einige Worte, beteuerte seine Unschuld, versicherte, seinen Feinden zu verzeihen und beschwor das Unglück, welches auf seinen Tod folgen würde» (*Le Patriote français* vom 22. Januar).

Doch von Mal zu Mal wird die Rolle der Beteiligten genauer ausformuliert. Während das Volk seinen würdevollen Gleichmut behält, wird die Rede des Königs immer länger.[161] Die «letzten Worte» des letzten Königs werden zum Mittelpunkt der Szene, weil sich hier nach Ansicht der Republikaner der Konflikt zwischen den Wünschen des Königs und dem Willen des Volks herauskristallisiert. Baudrais' Bericht vom 26. Januar weist erstmals in die Richtung größerer Ausführlichkeit. Sein langer Bericht nutzt ausgiebig die erzählerischen Möglichkeiten, welche die Schafottszene bietet: «Alsbald wurde er dem Henker übergeben: Er legte selbst seinen Rock und seine Halsbinde ab und behielt nur ein einfaches weißes Kamisol an. Er wollte nicht, daß man ihm die Haare abschnitt und schon gar nicht, daß man ihm die Hände zusammenband, doch einige Worte seines Beichtvaters stimmten ihn sogleich um. Er stieg aufs Schafott, ging mit rot angelaufenem Gesicht nach links hinüber, betrachtete einen Moment lang die ihn umgebenden Gegenstände und fragte, ob das Trommelschlagen nicht aufhören würde. Er wollte nach vorne treten, um eine Rede zu halten, doch mehrere Stimmen wurden laut, die Henker, die vier an der Zahl waren, sollten ihre Pflicht erfüllen. Dennoch gelang es ihm, während man ihn festband, deutlich hörbar zu erklären: ‹Ich sterbe als ein Unschuldiger, ich vergebe meinen Feinden und ich wünsche, daß mein Blut den Franzosen zu Nutzen gereicht und Gottes Zorn beschwichtigt.› Um zehn Minuten nach zehn Uhr wurde sein Kopf vom Rumpf getrennt.» (*Révolutions de Paris* vom 26. Januar)

Am 20. Februar wird der Brief Sansons im *Thermomètre du jour* veröffentlicht. Doch sein Erscheinen kann der Anreicherung des Ereignisses mit immer neuen Details keinen Einhalt mehr gebieten. Die Rede des Königs auf der Blutbühne wird nun als ein letzter Verrat interpretiert, da seine letzten Worte auf ein Komplott hindeuten. Der Bericht von Rouy l'Aîné, der 1794 im *Magicien républicain* veröffentlicht wurde, verdient es, ganz zitiert zu werden, denn er ist nicht nur in Hinblick auf die politische Auslegung der Szene interessant, er steigert auch beträchtlich die Dramatik und erwähnt zudem vor der Rede des Königs die Worte des Beichtvaters am Fuß des Schafottes, deren weitreichende Bedeutung wir anhand der royalistischen Version werden ermessen können.

«Als er jenen schrecklichen Ort erreicht hatte, wurde Louis Capet den Scharfrichtern für die Hinrichtung der Kriminellen übergeben, welche sich seiner bemächtigten, ihm die Haare abschnitten, ihm den Rock auszogen und ihm die Hände auf dem Rücken zusammenbanden; dann fragten sie ihn dreimal aufs neue, ob er noch etwas zu sagen oder seinem Beichtvater zu bekennen habe. Nachdem der König beharrlich mit Nein geantwortet hatte, umarmte ihn sein Beichtiger und sagte zum Abschied: ‹Geh nun, Sohn des Heiligen Ludwig, der Himmel erwartet dich.› Man hieß ihn aufs Schafott steigen, wo er, statt geradewegs zum Brett zu gehen, dem Henker zu seiner Linken einen Stoß mit dem Ellbogen versetzte und ihn genügend aus dem Gleichgewicht brachte, um bis zur Vorderkante des Schafotts gelangen und seinem Wunsch Ausdruck geben zu können, er wolle den anwesenden Bürgern eine Rede halten – wahrscheinlich in der Hoffnung, er vermöchte durch seine Stimme ihr Mitleid erregen und seine Begnadigung durchsetzen; oder vielmehr, weil man ihm eingeredet und ihn überzeugt hatte, daß seine Freunde in großer Zahl anwesend seien, um ihm zu Hilfe zu kommen, und daß sie bereit waren, zu diesem Zweck das Blutbad vom 10. August zu wiederholen [...]. Er wollte seine Rede beginnen und gebot den ununterbrochen trommelnden Tambouren Einhalt, damit man ihn hören könne. Da es mindestens sechzig Mann waren, gab es einige unter ihnen, die bereits innegehalten hatten, als plötzlich die bewaffneten Bürger unruhig wurden. Die einen verlangten, man solle den König reden lassen, die anderen, die bereits verärgert waren über die Langwierigkeit der Prozedur, äußerten ihr Mißfallen. Diese Unterschiedlichkeit der Meinungen ließ die Unruhe noch anwachsen, und man fürchtete bereits einen Aufstand, der nur ein schlimmes, blutiges Ende hätte nehmen können, als der Oberkommandant Santerre in kluger und weiser Voraussicht den Tambouren befahl, weiter die Trommel zu schlagen, und den Henkern, ihre Pflicht zu erfüllen, denn der Kriminelle hätte am Fuß des Schafotts erklärt, er habe nichts mehr zu sagen. Alle taten wie ihnen befohlen: die Henker ergriffen Capet und zerrten ihn zu dem verhängnsivollen Brett, auf dem er, während man ihn festband, laut und deutlich erklärte: ‹Ich bin verloren, ich sterbe als ein Unschuldiger; ich vergebe meinen Feinden meinen Tod, aber sie werden für ihn büßen müssen.› Kaum hat er dies gesagt, geht das Schwert der Rache auf seinen schuldigen Kopf nieder und trennt ihn vom Rumpf.» (Beaucourt, I, S. 379–381)

Es ist erstaunlich, daß all diese Zwischenfälle in den zwei Minuten Platz gehabt haben sollen, die das Aussteigen aus der Kutsche vom Niedergehen des Fallbeils trennten. Wichtig aber ist, daß in allen republikanischen Versionen die königliche Rede bis zu Ende geführt wird oder, genauer gesagt, bis ans Ende einer ihrer Sätze. Die Royalisten ziehen es hingegen vor, Ludwigs Rede unvermittelt abbrechen zu lassen: Auslassungspunkte zeigen an, daß die Guillotine dem König auch das Wort abschneidet, wodurch ein Rest von Unausgesprochenem bleibt, das seine Suggestionskraft entfalten kann. Der Unterschied mag klein erscheinen, doch er ist aufschlußreich: Für die Republikaner tritt die Guillotine nach Abschluß einer Rede in Aktion, die für ausreichend erachtet wird, den Sprecher als Verräter zu entlarven. So gelingt es Ludwig XVI. bei Rouy l'Aîné durch seine «Zungenfertigkeit», eine Meinungsverschiedenheit aufkommen zu lassen, die großartige republikanische Eintracht des Volkes zu zerstören und die Bildung gegnerischer Parteien zu bewirken. Die Guillotine erscheint dann als das rettende Instrument, um der «schrecklichen Behexung» ein Ende zu machen, welche das königliche Wort über die Gemüter ausübt.

Es ist vor diesem Hintergrund beinahe logisch, daß Mercier die königliche Rede in einem «fürchterlichen Schrei» kulminieren läßt, mit dem das Ungeheuer zugrunde geht, das sich gerade noch wie wild gewehrt hatte, um nicht sterben zu müssen: «‹Ich sterbe unschuldig; ich vergebe meinen Feinden.› Bei diesen Worten schwingt Santerre seinen Säbel und die Trommeln, die sich in der Mitte befanden, ließen einen Wirbel ertönen, daß man sein eigenes Wort nicht mehr verstand. Louis stampfte mit dem Fuß auf und befahl ihnen aufzuhören. Die Adjutanten des Generals drängen den Henker, seine Pflicht zu tun. Richard, einer von ihnen, greift nach einer Pistole und bringt sie in Anschlag. Der Henker und seine Gehilfen haben Louis unterdessen zum Brett geschleppt und binden ihn fest. Er spricht ohne Unterlaß, und in dem Moment, wo das Brett kippt und sich die verhängnisvolle Lünette um seinen Hals schließt, stößt er einen fürchterlichen Schrei aus, den das Niedergehen des Messers ersterben läßt, wie es den Kopf mit sich reißt.»[162]

Der Regieeinfall eines fürchterlichen Schreis zeigt, wie sehr sich durch die epischen Ausschmückungen das Interesse vom Volk, das in den ersten Berichten noch der Motor der Geschichte gewesen war, auf den König verlagert hat. Nach und nach ist dieser wieder zu dem Ungeheuer der Konventsreden geworden, das sich ein letztes Mal aufbäumt.

Dieses Phänomen läßt sich nicht hinreichend durch die propagandistische Absicht erklären. Vielmehr ist es der Bühne der Guillotine zuzuschreiben, daß sich die Aufmerksamkeit auf eine Person, den Hauptakteur, konzentriert: Das Opfer spielt eine so wichtige Rolle, daß es die Berichterstattung und die politische Interpretation der Ereignisse um seine Person herum zu organisieren vermag.

In der royalistischen Version spielen die dramatischen Zwischenfälle eine ausgesprochen geringe Rolle. Man könnte den Grund hierfür darin sehen, daß wahrscheinlich die meisten Royalisten bei der Hinrichtung ihres Königs nicht hatten dabeisein wollen (und deshalb die Einzelheiten nicht kannten). Doch es gibt tieferliegende Motive: Für die Königstreuen sind die einzelnen Fakten nicht so wichtig wie die mystische Dimension des Geschehens.

Dies wird an der Richtigstellung deutlich, welche die *Annales de la République française* in ihrer Nummer vom 25. Januar zu den in ihrem Bericht vom 22. Januar enthaltenen Fehlern geben.

Aus den Irrtümern ist ersichtlich, daß der Redakteur, der offensichtlich nicht am Schauplatz des Geschehens gewesen war, davor zurückschreckte, den Körper seines Königs von Henkershand berühren zu lassen. Die Präzisierungen, die nun im Namen der «Wahrheit» nachgeliefert werden, gehen Hand in Hand mit einer Mystifizierung des Geschehens.[163] Marie-Thérèse de France zufolge soll der Monarch persönlich Malesherbes den Plan ausgeredet haben, ihn zu retten. Denn, wie er es in Anlehnung an die Formulierung Bossuets ausdrückte: «In Frankreich stirbt der König nicht.»[164]

Vom royalistischen Standpunkt aus bewegen sich die verschiedenen Zwischenfälle am Schafott nur auf dem Niveau der unbedeutenden Anekdote, weshalb sie auch in dem ersten Bericht keine Erwähnung finden.[165] Auf Dauer können sich die Monarchisten jedoch nicht mit einer derart lakonischen Darstellung begnügen. Sie gliche zu sehr einem teilnahmslosen Bericht, was dem Ereignis nicht die gewünschte mystische Aura verleihen würde. Bereits am 22. Januar findet sich die erste farbigere Schilderung im *Journal de Perlet*:

«Mit entschlossener Miene stieg er aus seiner Kutsche. Er trug einen rotbraunen Gehrock, ein weißes Kamisol, graue Beinkleider und weiße Strümpfe. Seine Frisur war tadellos, sein Teint wie gewohnt. Nun besteigt er die Blutbühne, der Henker schneidet ihm die Haare ab, wobei der König leicht schaudert. Dann wendet der Monarch sich dem Volk zu oder vielmehr den bewaffneten Streitkräften, die den ganzen Platz füllten, und sagt mit sehr fester Stimme folgende Worte: ‹Franzosen, ich sterbe als ein Unschuldiger, diese Wahrheit verkünde ich euch vom Schafott aus, bereit, vor Gott hinzutreten. Ich vergebe meinen Feinden, ich möchte, daß Frankreich ...›

An dieser Stelle wurde er vom Lärm der Trommeln unterbrochen, welchen einige Stimmen übertönten, die seine Begnadigung verlangten. Er nimmt selbst die Halsbinde ab und geht in den Tod. Als der Kopf fällt, ist es Viertel nach zehn.» (Beaucourt, I, S. 342)

Von der abbrechenden Rede werden sich alle folgenden Berichte inspirieren lassen, und bezeichnenderweise bestehen die eingefügten Passagen vorwiegend wiederum aus wörtlicher Rede. Es hat ganz den Anschein, als stelle die Sprache, das heißt das Wort des Königs in seiner unverfälschten Wiedergabe, die wertvollste aller Reliquien dar, wobei ihr Wert durch den fragmentarischen Charakter nur noch erhöht wird und die Auslassungspunkte eine Aura des Erhabenen schaffen.

Der in den *Semaines parisiennes* erschienene Bericht ist am ausführlichsten, ja beinahe geschwätzig.[166] Sogar eine eigene Broschüre wurde dem letzten Wort des Märtyrers gewidmet: *Testament de Louis XVI, dernier roi des Français, ses dernières paroles sur l'échafaud et le procès-verbal des commissaires* [...] (Testament Ludwigs XVI., des letzten Königs der Franzosen, seine letzten Worte auf dem Schafott nebst dem Rechenschaftsbericht der Kommissare [...]). In dieser begnügt man sich nicht mit der Stille des letzten Moments, sondern fügt als Anmerkung hinzu: «Nota. Die Zuschauer, die dem Schafott am nächsten standen, haben Ludwig nach links vortretend mit fester Stimme sagen hören: ‹Franzosen, ich sterbe unschuldig, ich vergebe allen meinen Feinden. Ich wünsche, daß mein Tod dem Volk zu Nutzen gereicht...› Und während er sich unter das verhängnisvolle Fallbeil legte: ‹Ich gebe meine Seele in die Hand Gottes.›»

Nichts erinnert an den «fürchterlichen Schrei», den Mercier gehört haben will. Die royalistische Version stellt der republikanischen Erhabenheit, die sich auf den Schrecken gründet, ihre eigene Sublimität entgegen. Die außergewöhnliche Zusammenziehung, welche *Le Véridique ou l'antidote des journaux* im Februar 1793 vornimmt, bringt die mystische Dimension des Erhabenen in den royalistischen Darstellungen zur Geltung: Jede Bezugnahme auf die unterbrochene Rede vermeidend – was dem Tod etwas zu Dramatisches gäbe –, bringt der Redakteur das ebenfalls erhabene Wort des Beichtvaters mit dem Niedergehen des Fallbeils zur Deckung: «Kaum hatte der ehrwürdige Firmont seine letzten Worte zu dem erlauchten Opfer gesprochen: ‹Steigt hinauf, Sohn des Heiligen Ludwig, der Himmel steht Euch offen›, als auch schon das Fallbeil, schnell wie der Blitz, auf das geweihte Haupt niederging.»[167] Indem der Autor somit die Zeitspanne ausspart, in der sich das historische Drama abspielt, schafft er einen Augenblick von großer Intensität: Auf des Messers Schneide fallen die Verheißung und der Tod mit der sofortigen Aufnahme in das Reich Gottes zusammen. Der royalistischen Version gelingt es so, die sofortige Wirkung der Mechanik für sich zu nutzen und die Sakralität der *hora mortis* wiederherzustellen.

Die Geschichtsillustration

Man ist zunächst verwundert über die beiden Abänderungen, die der anonyme Bericht *Détails authentiques sur les derniers moments de Louis XVI* (Authentische Details über die letzten Augenblicke Ludwigs XVI.) am Höhepunkt des Geschehens vornimmt: «Vom Schafott herunter richtete er folgende Worte an das Volk: ‹Ich sterbe als ein Unschuldiger, ich vergebe meinen Feinden und ich möchte, daß Frankreich...› Hier wurde er von Trommelwirbeln unterbrochen [...], und der fürchterliche Santerre verlangte vom Scharfrichter, er solle seine Pflicht tun. Man band den König auf dem Brett fest, und als dieses bereits gekippt war, hob er noch ein letztes Mal den Kopf und sah die Menge mit unverwandtem Blick an. Daraufhin beugte sich sein Beichtvater über sein Antlitz und sagte mit fester Stimme: ‹Kind des Heiligen Ludwig, geh in den Himmel ein.› Genau in diesem Moment wurde das dünne Seil mit einem Säbelstreich durchtrennt; der Kopf hielt noch, da drückte man auf das Eisen, und er fiel.»[168]

Die verschiedenen Elemente der royalistischen Vulgata finden sich hier wieder. Anders jedoch als in den übrigen Texten dieser Gruppe, wo die Maschine nur eine untergeordnete Rolle spielt, wird die Guillotine hier mit einemmal zu einer wirkungsvollen Theatermaschine, welche die royalistische Erhabenheit der geweihten *hora mortis* und die republikanische Sublimität des Schrecklichen gleichzeitig zu erzeugen weiß. Der Beichtvater spricht im Moment der Enthauptung ins Ohr des Königs; wie im *Véridique* fällt somit der rhetorische Höhepunkt mit dem Todesstrahl zusammen. Doch da das Geschehen bei gekipptem Brett noch einmal angehalten wird, ist der beklemmende Moment zwischen dem Festbinden und der Enthauptung doppelt so lang und intensiv. Beim Tod Ludwigs XVI. entfaltet die Augenblicklichkeit der Hinrichtung ihren ganzen Schrecken. Der Autor dieses Textes, Louis Claude Bigot de Sainte-Croix, bietet damit eine Version, die zu beeindrucken versteht, indem sie eine Synthese aller Eigenschaften der Guillotine bietet, die geeignet sind, die Gemüter zu bewegen.

Dieser Text ist aber auch noch in anderer Hinsicht interessant. Indem er den Beichtvater auf dem Schafott unmittelbar neben dem König plaziert, nimmt Bigot de Sainte-Croix eine begründete Bereicherung vor, denn er kann sich auf die Aussage des Beichtvaters selbst berufen. Abbé Edgeworth de Firmont erklärt in der Tat, den König aufs Schafott begleitet zu haben[169], was Bigot de Sainte-Croix dazu autorisiert, den Beichtvater ins Ohr des Königs sprechen zu lassen. Die Formulierung jedoch, die er an dieser Stelle gebraucht, und seine ungenaue Beschreibung des Mechanismus der Guillotine verraten seine wahre Inspirationsquelle: den bereits erwähnten Stich, der Guillotins Vorschlag noch vor dem Bau der Maschine illustrieren sollte. (Abb. 5)

In der Bildlegende hatte es geheißen: «[...] das Zeichen zur Hinrichtung wird dem Henker durch den Beichtvater im Moment der Absolution gegeben. Daraufhin durchtrennt der Henker mit abgewandtem Gesicht das Seil mit einem Säbelstreich.» Abgesehen von einigen situationsbedingten Abweichungen und insbesondere der Einführung des Bretts, das wiederum ganz genau auf einem weit verbreiteten englischen Stich mit dem Tod des Königs zu sehen war, stützt sich Bigot de Sainte-Croix bei der Abfassung seines Textes auf die bereits vor 1792 erschienene Illustration und deren Bildlegende. Dies deutet nicht nur darauf hin, daß er die Maschine in der Zeit vom April bis zum August 1792, während der er noch in Paris war, bevor er nach London ging, nie zu Gesicht bekommen hatte – die Empfindsamen mieden ein derartiges Schauspiel –, es zeigt vor allem, daß die szenischen Effekte auch deshalb in so starkem Maß den historischen Bericht bestimmen, weil dieser sich oft auf Bilder als Quellen gründet.

Das gleiche Phänomen ist auch auf republikanischer Seite zu beobachten. So beschreibt Rouy l'Aîné im *Magicien républicain* die Freude, die sich des Volks nach der Hinrichtung bemächtigte, mit folgenden Worten: «Die Bürger, die nicht wußten, wie sie ihrer Freude, für immer von der Geißel des Königtums befreit zu sein, Ausdruck geben sollten, umarmten sich alle im Überschwang des süßesten Einsseins und der glücklichsten Brüderlichkeit; wonach sie Freiheitshymnen sangen und um das Schafott herum und auf dem ganzen Revolutions-Platz Reigen bildeten.»[170] Er ist der einzige, der dieses immerhin bemerkenswerte Detail erwähnt, und dies läßt vermuten, daß auch er sich hierbei von einem Stich inspirieren ließ, der in der Tat einen Tanz um das Schafott zeigt. Die Skizze dazu ist von solcher Qualität, daß sie wie ein – möglicherweise aus der Werkstatt von David stammender – Gemäldeentwurf wirkt.[171] Dabei ist es wahrscheinlicher, daß sich Rouys Bericht von dem Bildgedanken inspirieren ließ als umgekehrt, weil in der graphischen Darstellung der Tanz die ausdrucksstärkste Gebärde ist, um Freude sichtbar zu machen, während die Erzählung nur davon berichten kann.

In unserem Zusammenhang interessiert weniger die für Historiker und Kunstgeschichtler relevante entstehungsgeschichtliche Frage. Entscheidend ist die gegenseitige Beeinflussung von bildlicher Darstellung und historischem Bericht, die abermals bestätigt, daß die «Wahrheit», welche die Historiker nach dem 21. Januar niederschrieben, vor allem «heilig» und «schön» zu sagen sein sollte, wie es der Redakteur des *Républicain* formulierte. Weniger um Faktentreue und die im einzelnen zu diskutierenden Peripetien ging es, als vielmehr darum, im Sinne einer Jahrhunderte alten rhetorischen Tradition, die moralische, politische und geistige Lektion herauszuarbeiten, die das Ereignis erteilte.

3 Die politische Maschine

«Das, was das Gemeinwohl hervorbringt, ist immer schrecklich.»

Saint-Just, *Fragments.*

«Um Frankreich republikanisch zu machen, glücklich und blühend, hätte man nur ein wenig Tinte und eine einzige Guillotine benötigt.»

C. Desmoulins, *Le Vieux Cordelier,* Nr. 3.

«Die Französische Revolution ist also eine politische, die in der Art einer religiösen Revolution zu Werke gegangen ist und gewissermaßen das Aussehen einer solchen angenommen hat.»[172] Die Analyse Tocquevilles ist bekannt, und auch in unserem Zusammenhang wurde deutlich, daß der Tod des Königs ein sakrales Gepräge besaß als Gründungsakt der Republik. Die Schreckensherrschaft stellte dann die rituelle Wiederholung dieser ersten Opferfeier dar, wobei der Guillotine, dem «Mahnmal so vieler Blutbäder» (Cabanis), die Funktion eines Altars zukam, auf dem die neue Religion zelebriert wurde.

Schärfer noch als die geläufige, dem Konventsmitglied Amar zugeschriebene Formel von der «roten Messe», die auf dem Revolutionsplatz abgehalten werde, erfaßt Camille Desmoulins' beißende Ironie im *Vieux Cordelier* diesen «irgendwie» religiösen Charakter der täglichen Zusammenkünfte um das Schafott: «Ich glaube, es war gut, den Schrecken auf die Tagesordnung zu setzen und das Rezept des Heiligen Geistes anzuwenden, daß ‹die Furcht vor dem Herrn der Anfang der Weisheit ist›; das Rezept des guten alten Sansculotten Jesus, der sagte: ‹Halb aus freien Stücken, halb gezwungen, Hauptsache sie werden bekehrt, *compelle eos intrare*.›»[173]

Saint-Just und Robespierre sind von dem Bewußtsein durchdrungen, eine Umwälzung ungekannten Ausmaßes zu vollziehen, und ihre Überzeugung, einem «heiligen» Gesetz zum Durchbruch zu verhelfen, das alle Völker der Erde retten kann, nimmt bisweilen missionarische Züge an.[174] Chaumette – bei dem die Guillotine die «Kluft der Ewigkeit» bezeichnet – preist den Geist der Revolution in biblischen Tönen: «Und du für ewige Zeiten auf den Blättern der Geschichte verherrlichter Berg, sei du der Sinai der Franzosen. Schleudere unter Donner und Blitz die Dekrete der Gerechtigkeit und des Volkswillens! Heiliger Berg, werde zum Vulkan, dessen Lava unsere Feinde verschlinge! Keine Gnade, keine Barmherzigkeit mehr für die Verräther! Laßt uns zwischen sie und uns die Kluft der Ewigkeit werfen!»[175]

Dieser Messianismus der Bergpartei verlieh der Guillotine einen besonderen Nimbus. Die philosophische Maschine wird zum Gegenstand eines Kultes, dessen Formeln und teilweise auch äußere Formen bewußt dem Ritual entnommen sind, das im Ancien Régime der Religion vorbehalten war.

Wahrscheinlich ist der Ausdruck «Heilige Guillotine» von Hébert ursprünglich provokativ gemeint, als er in seinem «großen Zorn» gegen die Hamsterer schreibt, daß die «Heilige Guillotine sie bekehrt zu haben schien»[176]. Nichtsdestoweniger wird diese Bezeichnung gewissermaßen zum festen Bestandteil der jakobinischen Verwaltungssprache: das Revolutionskomitee von Angers gebraucht seinem Abgeordneten im Konvent gegenüber 1793 die Formulierung *sacram sanctam Guillotinam*, und Bürger Gateau bestätigt in einem Brief vom 27. Brumaire II, daß sich in Straßburg die Heilige Guillotine in der glänzendsten Aktivität befindet.[177] Auch im Volk ist diese Vorstellung verbreitet, wofür unter anderem ein Polizeibericht vom 26. Ventôse II einen Anhalt bietet. Demzufolge soll das Volk in Paris auf die Ankündigung eines neuen Komplotts gegen die Republik hin geäußert haben: «Man sagt mit Recht, fügte es mit einem Blick auf die Guillotine hinzu, daß nur diese Heilige uns retten kann.»[178]

Mit der Kanonisierung der Guillotine entstehen die entsprechenden Litaneien und religiösen Gesänge:

> Heilige Guillotine, Beschützerin der Patrioten, bitte für uns;
> Heilige Guillotine, Schrecken der Aristokraten, beschütze uns.
> Geliebte Maschine, erbarme Dich unser.
> Verehrte Maschine, erbarme Dich unser.
> Heilige Guillotine, befreie uns von allem Übel.

> (Auf die Melodie der *Marseillaise*)
> O himmlische Guillotine,
> du göttliche Maschine,
> die du die Herrscher verkürzt,
> gibst uns unser Recht zurück,
> gibst uns unser Recht zurück.
> Schütze du das Vaterland,

die du hast das Recht erkannt.
Richte deinen ganzen Zorn,
gegen wen du auserkorn.
Diesen Pitt und seine Mannen,
in den Sack mit den Tyrannen![179]

Der Kult, der mit der Maschine getrieben wird, hat jedoch nicht nur religiöse Implikationen. Das Ansehen, das die Maschine während der Schreckensherrschaft genießt, steht in einem ursächlichen Zusammenhang mit der politischen Theorie der Revolutionsregierung – ein beunruhigender Aspekt aus heutiger Perspektive.

Daß die Guillotine zum alltäglichen Instrument des außerordentlichen Straftribunals wird – das die Bezeichnung «Revolutionstribunal» schon trägt, bevor es offiziell dazu erklärt wurde –, verleiht der Maschine ein zusätzliches Prestige, nämlich, die alleinige Vertreterin der wahren revolutionären Rechtsprechung zu sein: Das Revolutionstribunal war eingerichtet worden, um die Volksjustiz abzulösen und zu verhindern, daß Massaker wie die Septembermorde von 1792 sich wiederholten – «jene blutigen Tage [...], vor denen jeder gute Bürger gezittert hat», wie Danton während der Sitzung am 10. März 1793 erklärte. «Seien wir schrecklich, damit das Volk es nicht zu sein braucht! Laßt uns einen Gerichtshof zusammenstellen [...], auf daß das Volk wisse, daß das Schwert des Gesetzes über den Häuptern aller seiner Feinde schwebt.»[180] Zum offiziellen «Schwert des Gesetzes» ernannt, tritt die Guillotine an die Stelle der unmittelbaren Volksjustiz; sie läßt die Rechtsprechung des Volkes eine vernünftige Form annehmen mittels des Instrumentes, welches die Vernunft erdacht hat. So wie die Revolutionsregierung dem Willen des Volkes, das sie vertritt, eine Gestalt gibt, so verkörpert die Guillotine das revolutionäre Gesetz: Das Volk verfügt mit ihr über ein Instrument, das es im Strafvollzug würdig repräsentiert.[181]

Die Guillotine erlangt damit einen moralischen Stellenwert, weshalb auch ihre Dignität durch die Niedrigkeit des Hingerichteten beschmutzt werden kann. Camille Desmoulins bringt diese Empfindung sehr klar zum Ausdruck, als er sich empört, die Guillotine werde entwürdigt, wenn man sie jene Bretonen enthaupten läßt, die dem Kommissar der Republik gegenüber erklären: «Laßt mich doch recht schnell guillotinieren, damit ich nach drei Tagen wieder auferstehe.»[182] Man könnte meinen, Desmoulins habe einige Zeit später seinen Respekt vor der Maschine verloren, als ihm der Vorschlag, einen Begnadigungsausschuß einzurichten, das Schafott einbrachte. Doch dies ist nicht der Fall; er erachtet die Guillotinierung im Gegenteil als eine Hinrichtungsform, die dem zu Unrecht Verurteilten zum Ruhm gereicht: «Was ist die Guillotine anderes als der glorreichste aller Säbelstreiche für einen Abgeordneten, der das Opfer seines Muts und seines Republikanertums geworden ist?»[183] Die Guillotine ist nicht mehr nur ein Hilfsmittel der Justiz, sie ist aufgrund ihrer moralischen Dignität und der politischen Prinzipien, die sie verkörpert, zum Inbegriff der Gerechtigkeit geworden.

In ihren Betrachtungen über die Französische Revolution weist Madame de Staël auf die innere Verwandtschaft zwischen der Schrekkensregierung und der Guillotine hin: «Die Maschine des Schreckens, deren Federn durch die Ereignisse angespannt worden, übte allein die Allgewalt aus. Die Regierung glich dem schrecklichen Werkzeuge, das den Tod gab; man sah eher das Beil, als die Hand, die es in Bewegung setzte.»[184]

Eine glänzende Parallelisierung, die nicht nur bildlich zu verstehen ist: Die Funktionsweise der Maschine ist den Entscheidungsmechanismen des Jakobinismus analog. Indem sie diese Mechanismen veranschaulicht, erfüllt die Guillotine gewissermaßen eine didaktische Aufgabe im Dienst der Politik.

Die Machtmaschine

Für einige Zeitgenossen steht die politische Notwendigkeit der Guillotine außer Zweifel. Bereits im Jahr V betont der anonym bleibende Autor der Broschüre *Des causes de la Révolution et de ses résultats* (Von den Ursachen der Revolution und ihren Ergebnissen), daß jede Revolution in ihrem Verlauf der Verstärkung durch den Terror bedarf.[185]

Tatsächlich beschließt der Konvent am 5. September 1793, der Schrecken sei bis zum Frieden «an der Tagesordnung». Vom Frimaire II (November/Dezember 1793) an steigt die Zahl der Verurteilten dann auch so stetig, daß sie schließlich im Ventôse (Februar/März 1794) die Zahl der Freisprüche hinter sich zu lassen beginnt. Die Guillotine ist nicht mehr nur Instrument einer egalitären Justiz, sondern auch einer egalitären Politik. Ihr ständiges Eingreifen ist, Saint-Just zufolge, Ausdruck «des Eifers einer unbestechlichen Regierung», die «die Gleichheit festigen» möchte.[186]

Die Goncourts vereinfachen natürlich, wenn sie erklären, die Guillotine sei der «Premierminister» der Revolution.[187] Doch Saint-Just kritisiert andererseits bereits 1793: «Das Ministerium ist eine Welt aus Papier.» Und in seiner Rede «Über die Notwendigkeit, die Regierung bis zum Friedensschluß zur Revolutionsregierung zu erklären» äußert er die Ansicht, daß es die Aufgabe der Regierung sei, «überall das Schwert neben dem Mißbrauch aufzurichten, so daß jeder in der Republik frei ist»[188]. Der ehemalige Bürgermeister von Paris wiederum, Pétion, befand, Verbrechen wie die Septembermassaker seien «verabscheuenswert vom moralischen Standpunkt aus», aber «in politischer Hinsicht nützlich». Im Juni 1794 räumt er dann widerstrebend ein, daß die «gegenwärtigen Gesetzgeber» aus der Guillotine das «Hauptinstrument ihres Regierens» gemacht hätten.[189]

Da die Guillotine und die Regierung nach dem Modell der Maschine gedacht und beinahe synonym gebraucht werden, überträgt sich das Prestige des Politischen auf die Enthauptungsmaschine. Saint-Just geht in dieser Gleichsetzung sehr weit. Für ihn ist der Schrecken nur ein ausnahmsweise eingesetztes Instrument innerhalb des Ganzen der Staatsführung, die langfristig nur durch reguläre Institutionen voll gewährleistet ist: «Der Schrecken kann uns von der Monarchie und der Aristokratie befreien; doch wer befreit uns von der Korruption? Institutionen. Wir sind uns dessen nicht bewußt und glauben, daß alles getan sei, weil wir über eine Maschine zum Regieren verfügen.»[190] Dieses Bild wird keineswegs zufällig gewählt, es ist historisch determiniert: Am Ende des 18. Jahrhunderts genießt das Konzept der Maschine ein derartiges Ansehen, daß es zu einem Denkmuster mit vielerlei Bedeutungen wird.[191] So kann die Guillotine auch für eine Regierungsform stehen: Sie ist eine Maschine, die im Dienst des Schreckens ein Instrument des Regierens darstellt, das bis zum Frieden und bis zur Schaffung regulärer Institutionen das reibungslose Funktionieren der Machtmaschine garantiert.[192]

Die Guillotine verkörpert die Revolutionsregierung somit als Metapher und als Metonym, weshalb ihr auch stellvertretend bei öffentlichen Veranstaltungen Ehrerweisungen bezeigt werden können, wie z. B. bei der Propagandakongregation Schneiders in Straßburg, wo der «Kapuziner von Köln» seine Worte an die Guillotine als Symbol der Revolutionsregierung richtete.[193] Wenn die Maschine eine Stellvertreterfunktion übernehmen kann, so liegt das eben gerade daran, daß sie den Prinzipien der Regierung, wie Robespierre und Saint-Just sie vertraten, voll und ganz entsprach, Prinzipien, die schließlich am 22. Prairial (10. Juni 1794) zur Reorganisation des Revolutionstribunals führten.

Heute, wo die außer Gebrauch gekommene Guillotine nur noch ein Zeichen archaischer Rechtsprechung ist, kann man sich nur schwer vorstellen, wie das jakobinische Denken in ihr das exemplarische Instrument einer demokratischen Justiz, den Inbegriff eines revolutionären Regierens sehen konnte. Aus den Texten von Saint-Just und Robespierre geht diese Einschätzung jedoch eindeutig hervor.

Im Unterschied zu einer konstitutionellen Regierung, welche die Staatsform der Republik beibehält und die bürgerlichen Freiheiten garantiert, ist die Revolutionsregierung eine Kriegsregierung mit dem Ziel, die Republik erst zu begründen. Und in dieser Eigenschaft «ist sie ihren Feinden nur deren Tod schuldig» (Robespierre), denn «zwischen dem Volk und seinen Feinden gibt es [...] keine andere Gemeinsamkeit als das Schwert. Jene, die nicht mittels Gerechtigkeit regiert werden können, müssen mit dem Eisen regiert werden; Tyrannen muß man unterdrücken» (Saint-Just).[194] Weit davon entfernt, «Milde» zu progagieren, tendiert die revolutionäre Rechtsprechung zur «Strenge» (Saint-Just, 26. Februar 1794). «Das Schwert des Gesetzes muß überall sogleich zur Stelle sein» (Saint-Just, 10. Oktober 1793), denn «die Triebkraft einer Volksregierung während der Revolution sind Tugend und Terror zugleich [...]. Der Terror ist nichts anderes als die unverzügliche, strenge und unbeugsame Justiz [...] er hat seinen Ursprung daher in der Tugend» (Robespierre, 5. Februar 1794). Als ein «in den Händen der Freiheitshelden glänzendes Schwert» (ebenda) ist die Guillotine das ideale Instrument der Gerechtigkeit. «Schnell wie der Blitz» kann sie den Regierenden ein Vorbild sein, deren Gesetzgebung «nicht schnell genug vonstatten geht» (ebenda).

Ein weiterer Aspekt kommt hinzu: Was die Guillotine am Körper ihrer Opfer vollbringt, spiegelt nichts anderes wider als den operativen Eingriff, den die Revolutionsregierung am Volkskörper vornimmt, um ihm seine ursprüngliche Vitalität zurückzugeben. Camille Desmoulins faßt die jakobinische Vorstellung, daß die Guillotine den «Reinigungsprozeß» des politischen Körpers zur Vollendung bringt, sehr anschaulich in Worte. Seine physiologisch-medizinische Metaphorik macht deutlich, daß im jakobinischen Denken ein gewissermaßen organischer Zusammenhang besteht zwischen der Guillotine und der Gesundheit des politischen Körpers, den zu regieren sie beiträgt: «Die Volksvertretung läutert sich von Jahr zu Jahr [...]. Sicherlich wird die vierte reinigende Wahl in der Versammlung für eine dauerhafte und unveränderte Mehrheit der Freunde der Freiheit und Gleichheit sorgen [...]. Das Laster war im Blut. Der Aderlaß bei der Emigration von Dumouriez und seinen Gefolgsleuten hat den politischen Körper von Gift gereinigt und schon halbwegs wiederhergestellt; die Eingriffe, die das Revolutionstribunal vornimmt [...], und das Ausspeien der Brissotins wird ihm endgültig zu einer gesunden Verfassung verhelfen.»[195]

Die Bilderfolge ist beeindruckend – und dabei schöpft Desmoulins nur die Möglichkeiten der beinahe schon banal gewordenen Metapher vom Körper der Nation aus: Mit der Schreckensherrschaft ist die Guillotine zum Mittel der Erneuerung des Volkskörpers geworden. Ihre Eingriffe sind, ebenso wie politische Ausschlußverfahren, Teil des Säuberungsprozesses. Das Schafott wird zum Ort eines einzigartigen Zusammentreffens: Hier begegnen sich der individuelle Körper des Schuldigen und der fiktive Körper der Nation. Demaskiert und guillotiniert, gibt sich der Schuldige als einer der zahlreichen Parasiten zu erkennen, deren Entfernung den politischen und sozialen Körper gesunden läßt.

«Zittert, die ihr dem Volk das Blut aussaugen wollt, sein Beil ist erhoben, um auf euch niederzugehen!» Mit diesem Ausruf des Zorns greift der Père Duchesne ein Bild wieder auf[196], das Robespierre bereits im Dezember 1790 in der Nationalversammlung gebraucht hatte[197], und wendet es auf den Revolutionsplatz an. Doch in dem Moment, wo das Blut auf dem Platz tatsächlich vergossen wird, ist es etwas Reales. Mit einer ebenso furchterregenden wie magischen Eindringlichkeit verleiht die Guillotine, indem sie sichtbar die Blutsauger entfernt, die den Körper des Volkes ausbluten lassen wollten, auch der anderen Vorstellung Wirklichkeit: dem Volkskörper. Als Menge um das Schafott versammelt, fühlt sich das Volk von allem Schädlichen befreit, wodurch die Guillotine einen entscheidenden Beitrag zum revolutionären Prozeß der nationalen Erneuerung leistet. Nachdem sie den mystischen Körpers des Königs und dessen monströse Einzigartigkeit vernichtet hat, stellt die Guillotine den fiktiven, kolossalen und gesunden Körper des Volkes wieder her. Dieser Prozeß ist desto wirkungsvoller, als der Körper in Form der Menschenansammlung sichtbar anwesend ist und den Erfolg des operativen Eingriffs, der zu wahrer Existenz und neuer Gesundheit verhilft, jedesmal durch den befreienden Schrei – «Es lebe die Republik! Es lebe die Nation!» – bekräftigt, mit dem das Fallen jedes monströsen Kopfes begrüßt wird. In Analogie zu der Formulierung, Guillotin habe «den Henker zur Hebamme» gehabt, könnte man sagen, das geeinte Volk der Republikaner hätte «die Guillotine zur Hebamme».

Anders läßt sich zum Beispiel die Empörung nur schwer erklären, die der Vorschlag des Redakteurs der *Gazette de Paris*, Durosoy, hervorrief: Als aufgeklärter Philosoph wollte er, wie er wegen der Ereignisse vom 10. August 1792 enthauptet werden sollte, sein Blut für Transfusionsversuche zur Verfügung stellen. Das Angebot wird mit Entsetzen zurückgewiesen, denn dahinter kann sich nur die heimtückische Absicht verbergen, das Blut des Volkes zu infizieren, das durch das Eingreifen der Guillotine gerade gereinigt werden soll. Durosoy erscheint als ein gefährliches Ungeheuer, das sich nicht damit zufrieden gibt, unreines Blut zu haben, sondern es auch noch verbreiten und den Volkskörper verseuchen will.[198]

Weit davon entfernt, von sich aus kannibalisch zu sein, gewinnt das Volk diesen Charakter erst, wenn es von derartigen Ungeheuern angesteckt wird. Der Aderlaß ist daher dringend erforderlich, und die Maschine erfüllt einen revolutionären Auftrag. In der Broschüre über die Ursachen der Revolution und ihre Ergebnisse heißt es dann: «Achtzehn Monate der Schreckensherrschaft genügten, um dem Volk Gepflogenheiten mehrerer Jahrhunderte abzugewöhnen und ihm neue zu geben, die durchzusetzen mehrere Jahrhunderte sonst nicht ausgereicht hätten. Durch ihre Gewalttätigkeit entstand ein neues Volk.»[199]

Saint-Just äußerte ähnliche Gedanken: In seinem Bericht vom 15. April 1794 besteht er auf der Tatsache, daß «man es sich angelegen sein lassen muß, ein kollektives Bewußtsein herauszubilden», indem man Bürgersinn in die Herzen einpflanzt, damit aus ihm jenes kollektive Bewußtsein erwächst, das «aus der Neigung des Volkes zum Gemeinwohl» entsteht. Durch ihre Strenge rettet die jakobinische Justiz die Republik: «Wir haben dem Schwert das Schwert entgegengesetzt und die Freiheit ist begründet. Sie ist aus Gewitterstürmen hervorgegangen, so wie am Anfang der Welt das Chaos war, und der Mensch weint bei seiner Geburt.»[200]

Wir werden noch auf den erhabenen Charakter dieser Rhetorik zurückkommen. Wichtig ist zunächst einmal, daß diese literarischen Bilder durch die Guillotine zu konkreten Vorstellungen werden. Auf dem öffentlichen Platz inszeniert die Republik im Zustand der Revolution die Geburt ihres politischen Körpers.

Die Konsensmaschine

Zur Regierungsmaschine avanciert, soll die Guillotine eine Demokratie durchsetzen helfen, in der das Volk der Souverän ist.

Die politische Tragweite dieser Vorstellung wird erst in ihrem ganzen

Ausmaß deutlich, wenn man bedenkt, daß die auf dem Schafott inszenierte Geburt des souveränen Volkes zwei bedeutsame, unvereinbar erscheinende Momente miteinander verbindet: Vereinzelung und Aneinanderreihung. Aus der Gemeinschaft ausgeschlossen, wird ein «Parasit» als Einzelner beseitigt, ohne dabei einen Einzelfall darzustellen. Erst als Teil einer Serie, deren verschiedene Phasen sich immer wieder identisch wiederholen, erhält seine Hinrichtung ihre volle Bedeutung. Die Aneinanderreihung der abweichlerischen Einzelnen ist es, wie wir sehen werden, welche die Guillotine zu einem Instrument des Regierens werden läßt. Daher sprachen auch wichtige politische Gründe gegen die Idee, schneller arbeitende, die Opfer zu mehreren auf einmal abfertigende Guillotinen zu bauen.

Die einfache Guillotine war angesichts der großen Zahl von Hinrichtungen als zu langsam erachtet worden. Im Februar 1794 heißt es in Pariser Polizeiberichten, daß das Volk eine Beschleunigung des Systems wünsche.[201] Eine erste Verbesserung wäre dadurch denkbar, daß man mehrere Guillotinen gleichzeitig funktionieren läßt, was verschiedene Pariser Sektionen 1794 tatsächlich fordern. Außerdem ließe sich die Maschine technisch vervollkommnen, indem man die Zahl der Fenster und Beile erhöht. So geht hartnäckig das Gerücht, man hätte in Paris eine Maschine mit fünf Fenstern erprobt, woraus alsbald acht, neun und sogar dreißig Fenster werden sollten. Der Bau einer derartigen Maschine war in der Tat technisch möglich, und in Bordeaux wurde auch wirklich im Auftrag des Präsidenten der Militärkommission, die diese Stadt verwaltete, eine Guillotine mit vier Fenstern konstruiert[202] – jedoch nie in Betrieb genommen. Dies mag u. a. daran liegen, daß sie erst im Juli 1794, das heißt im Thermidor und also etwas spät fertig wurde. Doch die ablehnende Haltung, mit der man dem Gedanken einer Guillotine mit mehreren Schneiden begegnete, hatte noch andere Gründe. Wie der Sicherheitsausschuß von Bordeaux im Januar 1795 mit Recht feststellte, steht eine derartige Maschine «zu allen revolutionären Gesetzen im Widerspruch und verstößt gegen die Grundsätze der Gerechtigkeit und der Menschlichkeit»[203]. Die Guillotine kann und darf aus Prinzip nur ein Fenster haben, wobei das Prinzip hierbei das altbekannte der Menschlichkeit ist, aber von nun an auch dasjenige des revolutionären Gesetzes: Die «beschleunigte» Guillotine verstößt gegen die Prämisse der Individualität der Opfer; und deren Respektierung ist nicht nur ein Gebot der «Menschlichkeit», sondern auch eine notwendige Voraussetzung für die jakobinische Justiz.

Als These sei dies hier gleich formuliert: Indem die Guillotine die

«Parasiten» aus dem Volkskörper entfernt, beseitigt sie ebenso viele individualistische Einzelwillen, die sich dem Gemeinwillen des Volkes widersetzen, das sich als politischer Körper konstituiert hat. Dabei ist die Guillotine in dem Sinn revolutionär oder, genauer gesagt, demokratisch, als sie die Funktionsweise der «Volksdemokratie» vorführt, wie sie sich der Wohlfahrtsausschuß vorstellt.

Hierfür gibt es zahlreiche Belege: Sich auf Rousseau berufend, betont Robespierre immer wieder, daß man in einer Volksregierung vom Einzelwillen abstrahieren müsse. Die Tugend sei jenes erhabene Gefühl, welches voraussetze, «daß man das öffentliche Interesse allen privaten Interessen vorzieht»[204]. Die Strenge der Abgeordneten gegen sich selbst gehe dabei Hand in Hand mit dem Vertrauen, das sie in das Volk setzen, denn – und dieser Punkt ist von entscheidender Bedeutung – es besteht ein qualitativer Unterschied zwischen einem Individuum und dem Volk: «Es liegt in der Natur der Dinge, daß jeder einzelne Körper, jedes Individuum einen eigenen Willen hat, der sich vom Gemeinwohl unterscheidet, und daß es versucht, diesen durchzusetzen.»[205] Im Gegensatz dazu benötigt «das Volk, um die Gerechtigkeit und die Gleichheit zu lieben, keine große Tugend [...]; es genügt, daß es sich selber liebt»[206]. Damit es sich aber seiner natürlichen Tugenden wieder bewußt werde, müsse man seinen Gemeinwillen stärken und durch das Niederreißen aller trennenden Schranken, welche die französische Gesellschaft des Ancien Régime zergliedert und aufgespalten hatten, egoistischen Interessen ein Ende machen.[207]

Die Heftigkeit, mit welcher der revolutionäre Diskurs auf die «Faktionen» reagiert, wird vor diesem Hintergrund erklärlich. In den Augen der Revolutionäre handelt es sich dabei ausnahmslos um egoistische Gruppierungen, die sich vom Gemeinwillen, wie er von den versammelten Volksvertretern verkörpert wird, abgespalten haben, und damit gegen diesen gerichtet sind. Daher gibt es auf derartige Parteiungen nur eine Antwort: die Unnachgiebigkeit eines leidenschaftslosen Gesetzes und die Guillotine.[208] Wie gründlich der Egoismus der Einzelinteressen den Republikanern verhaßt ist, zeigt sich daran, daß man auch bei Charlotte Corday, die Robespierre ja nicht nahegestanden hatte, den gleichen heftigen Abscheu findet. So leidenschaftlich wie Robespierre sich, um die Republik zu festigen, für alles begeistert, «was geeignet ist, die Liebe zum Vaterland zu fördern, die Sitten zu reinigen, die Seelen zu erheben und die Leidenschaften des menschlichen Herzens auf das öffentliche Interesse hinzulenken», und den «niedrigen Egoismus»[209] unterdrücken will, so ungeduldig wartet

Charlotte Corday im Gefängnis nur darauf, mit Brutus vereint zu sein, «denn unter den Modernen gibt es nur wenige wirkliche Patrioten, die für ihr Land zu sterben wissen; beinahe alles ist Egoismus. Welch trauriges Volk, um eine Republik zu gründen.»[210] Dieser Konsens der Republikaner prägt die von allen «Helden der Revolution» geteilte Begeisterung für ihr gemeinsames Anliegen: das Volk. So wie sie sich die Revolution vorstellen, ist sie eine moralische Angelegenheit und verlangt als oberste Tugend das Aufgeben der Einzelinteressen zugunsten des Gemeinwillens.

Das Schicksal Camille Desmoulins', des am 5. April 1794 enthaupteten Freundes von Robespierre, ist exemplarisch. Er provozierte sein Ende gerade dadurch, daß er an dem grundlegenden Prinzip der Revolution Verrat übt, indem er zu einem jener Nachgiebigen wird, die die «uneingeschränkte Meinungsfreiheit» billigen, und folglich eine Aufsplitterung des Gemeinwillens. Nicht damit zufrieden, in seinem *Vieux Cordelier* die militärischen Siege zu benutzen, um der Nachsicht das Wort zu reden – wo es sich doch bei diesen noch nicht um jenen Frieden handelt, bis zu dessen Durchsetzung die Regierung zur Revolutionsregierung erklärt worden war –, sieht er außerdem in der Schreckensherrschaft nichts als «eine Gleichheit der Angst, die Einebnung des Mutes, bis schließlich die großmütigsten Seelen ebenso niedrig sind wie die vulgärsten»[211]. Vor allem aber, und das ist ein Kapitalfehler in der damaligen politischen Situation, behauptet Camille Desmoulins, das Recht auf eine Verschiedenheit der Meinungen sei Teil der französischen Geistestradition. Damit aber negiert er schlankweg das Primat des Gemeinwillens, den revolutionären Glaubenssatz schlechthin, der die Unnachgiebigkeit rechtfertigt und die Ausschaltung alles Gegnerischen nötig macht.[212] Vergebens fügt er hinzu, daß «all diese Parteien, all diese kleinen Zirkel immer in dem großen Kreise der guten Bürger aufgehoben sein werden, welche nie die Rückkehr der Tyrannei dulden werden»; oder daß man «Nachsicht sowohl gegenüber den Ultras als auch gegenüber den Citras walten lassen muß, solange sie nicht die Intras und die große Runde von Freunden der einen und unteilbaren Republik stören»[213].

Robespierre hatte im Dezember 1793 festgehalten, daß die «Gründung der französischen Republik» nicht «das Werk von Eigensinn oder Sorglosigkeit [sein darf], auch nicht das zufällige Resultat des Zusammentreffens aller individuellen Forderungen mit allen revolutionären Elementen»[214]. Der wahre Jakobiner kann nur von wildem Haß erfüllt sein gegen die Bevorzugung des Einzelnen gegenüber dem Allgemeinen, ja, gegen jede Form von Partikularismus – selbst regionalem –, der auf Kosten der zentralen Stellung des einen und unteilbaren Willens geht. Tocqueville macht einmal mehr bereits in seiner Terminologie explizit, welches der erklärte Feind ist, gegen den hier die jakobinische Revolution kämpft: der Individualismus (in seiner damaligen, auf das kleine Kollektiv bezogenen Form).[215]

1793 ist dieser antirevolutionär, weil man sich während der Revolution nur mit einem identifizieren darf: dem einen Staat. Diese Forderung wird bei Saint-Just besonders deutlich. Als Gegner des Föderalismus ist er der Ansicht, man müsse verhindern, daß sich irgend jemand faktisch isoliert; in der Beziehung zwischen dem französischen Staat und seinen Nachbarn aber ist die Isolierung dagegen gerade das Ziel, das es zu erreichen gilt: «Die Staaten werden fast nur durch die benachbarten Regierungen beunruhigt. Man sollte sich, um glücklich zu sein, möglichst isolieren.»[216]

Die Verschmelzung des Individuums mit der kollektiven Einheit des Staates ist eine der Triebfedern der revolutionären Bestrebungen; sie ist es auch, und damit schließt sich der Kreis, welche eine strenge Handhabung der Guillotine zur unausweichlichen Folge hat: «Ihr habt nicht nur die Verräter, sondern auch die Gleichgültigen zu bestrafen: ihr habt jeden zu bestrafen, der in der Republik dahinlebt und nichts für sie leistet. Denn seit das französische Volk seinen Willen zum Ausdruck gebracht hat, zählt jeder, der sich dem Volk entgegenstellt, nicht mehr zum Souverän, und jeder, der nicht mehr zum Souverän gerechnet wird, ist ein Feind.»[217]

Die Enthauptungsmaschine erfüllt eine «integrative Funktion», weil sie durch ihr Vorgehen das jakobinische Prinzip anschaulich macht. So bestätigt die Guillotine die Individualität jedes einzelnen ihrer Opfer nur, um sie anschließend zu vernichten oder, genauer gesagt, sie negiert die Individualität durch den technischen Zerstörungsprozeß.

Dadurch, daß die Verurteilten einer nach dem anderen enthauptet werden, wozu man sie einen nach dem anderen aufs Schafott steigen läßt und bei jedem die gleiche Prozedur wiederholt, führt die Guillotine vor, daß der niederzuwerfende Feind niemand anderes als jenes Individuum ist, das seinem Einzelwillen zum Schaden der Allgemeinheit den Vorzug gibt.[218] Der Korb, in den die abgetrennten Köpfe fallen, ist gewissermaßen die Urne, in der – ex negativo – durch reinigende Wahlen die Stimmen für den Gemeinwillen gesammelt werden. Saint-Just zufolge entsteht der Gemeinwille «aus der Majorität der besonderen Willensmeinungen, indem diese ohne fremden Einfluß sich bestimmen und von jedem Individuum abgegeben werden»[219]. In einem umgekehrten, diesem aber genau entsprechenden Wahlverfahren sammelt der Korb der Guillotine die Minderheit der partikulären Willen, die sich dem Willen der Allgemeinheit nicht angeschlossen haben. Durch dieses «demokratische» Vorgehen führt die Guillotine die furchterregende Macht der Mehrheit vor Augen.

Dabei bekräftigt sie die allgemeine Gleichheit desto deutlicher, als ihr Mechanismus die Einzigartigkeit des hinzurichtenden Individuums zunichte macht. Alle nur denkbaren Formen einer individuellen Sterbestunde werden auf die schnelle, mechanische Wiederholung des einen, immergleichen Todes reduziert. Die Geschwindigkeit, mit der dieser erfolgt, führt dabei zu einer Serienbildung, die desto frappierender ist, je berühmter und einzigartiger die reihenweise rollenden Köpfe sind. So zeigte man sich allgemein sehr beeindruckt, daß die einundzwanzig Girondisten «in sechsundzwanzig Minuten erledigt» waren und bewunderte die Virtuosität, mit der die Pariser Henker ihr Pensum bewältigten.[220] Es bedurfte schon eines Zwischenfalls oder eines außergewöhnlichen Anlasses, damit es Unterschiede und Besonderheiten zu sehen gab.[221]

Auch an dem Ausdruck des «guillotinierten Wildbrets», welcher von einem Geschworenen des Revolutionstribunals geprägt wurde, ist etwas Wahres dran: Bei ihrem systematischen Einsatz verwandelt die Enthauptungsmaschine jenen «Patient», von dem der gute Doktor Louis sprach, tatsächlich in ein «Stück Fleisch»; und das Ergebnis eines Tages oder einer Fuhre ähnelt in der Tat einer Art Jagd-Stilleben, dessen moralischen Sinn Dumas, der Präsident des Revolutionstribunals, folgendermaßen beschreibt: «Allein von der Tugend wird der Mensch beseelt; das Verbrechen aber zeigt sich in Kadavern [...]. Wir können ohne Entsetzen das Bild des Verrats betrachten, den wir bestraft haben.»[222]

Die grundsätzliche Verneinung des Besonderen erklärt auch die Praxis der Zusammenziehung, die darin bestand, in ein und demselben Prozeß und bei der gleichen Hinrichtung Individuen zusammenzufassen, die nichts miteinander gemein hatten als eine kollektive Anklage. Die Logik der egalitären Guillotine läuft darauf hinaus, die Anklagepunkte nicht mehr zu spezifizieren, da die Schuld ohnedies darin besteht, ein Volksfeind und / oder ein Aristokrat und / oder ein Agent des Auslands etc. zu sein.[223] Am 10. April machte übrigens der Präsident des Revolutionstribunals in einer Sitzung der Jakobiner die dieser Ineinssetzung zugrundeliegende Theorie explizit: «Alle Verschwörungen haben das gleiche Ziel; sie dienen alle der Knechtung des Volkes [...].

Sie haben den gleichen Charakter [...]. Sie sind gleichen Ursprungs [...]. Ihre Mittel sind überall die gleichen [...]. Machen wir uns einmal bewußt, in welchem Maße Hébert, Vincent, Ronsin und ihre Komplizen, Fabre d'Eglantine, Danton, Lacroix, Chabot und deren Genossen den Interessen des Auslands genutzt haben. Diese Männer verband, wenn sie auch scheinbar uneinig waren, doch alle das gleiche Ziel; ihre Mittel, die extrem verschieden sein konnten, führten doch zu den gleichen Ergebnissen. Wir könnten die ganze Abscheulichkeit ihrer Verbrechen nicht ermessen, wenn wir uns nicht von all ihren Greueltaten ein einziges Bild machten.»[224]

Eine Analyse, die in der Beschleunigung der Hinrichtungen während der neun Monate vor dem Thermidor nur eine Verselbständigung des Terrors oder in diesen «irrtümlich» bei voller Kenntnis des Tatbestandes vollzogenen Hinrichtungen nur einen entsetzlichen Zynismus sieht, greift daher zu kurz. Denn genau zu dem Zeitpunkt, wo durch die militärischen Siege innenpolitische Divergenzen zwischen den Volksvertretern wieder möglich wären, da will es die Logik der Revolutionsregierung, daß das Schwert des Gesetzes mit doppelter Kraft auf alles niedergeht, was den nationalen Konsens zu zerstören oder zu schwächen droht.

Für den offiziellen Diskurs ist das einzig Beunruhigende an der Guillotine, daß sie womöglich nicht effizient genug sein könnte. Im März 1794 macht Fouquier-Tinville den Wohlfahrtsausschuß darauf aufmerksam: «Die Strafsachen vervielfachen sich in einem derartigen Maß, daß es trotz des Diensteifers des Tribunals schwierig, wenn nicht unmöglich ist, auf die dem Gericht übergebenen Verschwörer das Schwert des Gesetzes dergestalt niedergehen zu lassen, wie es alle guten und wahren Republikaner wünschen und wünschen müssen.»[225] Bereits im Januar hatte Fouquier-Tinville im Zusammenhang mit den hundertzehn Bürgern aus Nantes, die Carrier nach Paris hatte schicken lassen, auf die Schwierigkeiten hingewiesen, welche die gleichzeitige Hinrichtung von hundertzehn Personen unweigerlich bereiten würde. Wenn er «Zweifel» habe, so allein in «politischer Hinsicht»: «Soll dem verbrecherischen Leben dieser Schuldigen wirklich durch das gewöhnliche Hinrichtungsinstrument ein Ende bereitet werden, wo sie so viele an der Zahl sind, wir uns mitten in der Revolution befinden und die Verurteilten aus einer rebellischen Gegend kommen?»[226] (Fouquier-Tinville war für standrechtliches Erschießen, weil dies schneller gehe und einem Militärgericht angemessen sei.) Wichtig an den Hinrichtungen ist also der politische Gesichtspunkt.

Der Guillotine ist es somit gelungen, in der Politik ihre industriellen Maßgaben an die Stelle von auf das Individuum bezogenen Erwägungen treten zu lassen. Ursprünglich als Instrument sozialer Gleichheit konzipiert, ist die Maschine zum Werkzeug eines politischen Egalitarismus geworden, der sich in revolutionären Zeiten als serienweises, uniformisierendes Töten manifestiert. Diese Vereinheitlichung des Todes ist mit dem Sturz Robespierres nicht vorbei, doch bezeichnenderweise lautet das Urteil, das eine zu diesem Zweck eingerichtete Militärkommission 1797 über die zu früh heimgekehrten Emigranten verhängt, nicht mehr auf Guillotinierung – wie noch 1795 –, sondern auf Erschießung. Indem das Direktorium wieder verschiedene Hinrichtungsarten für politische Verbrecher einführt, macht es der Symbolik ein Ende, die der Konvent der Bergpartei für die politischen Hinrichtungen entwickelt hatte: Die Guillotine war das Instrument schlechthin, um dem Begriffspaar des Gemeinwillens und der Demokratie auf unheimliche Art und Weise Gestalt zu verleihen. Wie Chateaubriand schreibt: «[...] man kann [den Jakobinern] nicht das schreckliche Verdienst absprechen, in ihren Prinzipien konsequent gewesen zu sein».[227]

Der nachhaltige symbolische Zusammenhang zwischen der Guillotine und der jakobinischen Revolution liegt darin begründet, daß die Enthauptungsmaschine sowohl als Gerechtigkeits- als auch als Konsensmaschine funktioniert.[228] Die Ideologie der Bergpartei verlangt von den Regierenden, nichts als das Instrument und das Produkt eines politischen Mechanismus zu sein, mittels dessen es das Volk selbst ist, das entscheidet: «Robespierre stand in dem Ruf einer hohen demokratischen Tugend, man glaubte ihn einer persönlichen Rücksicht unfähig [...].»[229]

Der Einfluß Robespierres hat darin seinen Ursprung, daß er, nachdem er die «Verworfenheit des persönlichen Ich» in sich zerstört hatte, keinerlei persönliches Interesse mehr zu verteidigen, keinerlei partikulären Willen zu vertreten schien. In ihm findet der Gemeinwillen unmittelbar seinen Ausdruck. Wenn Robespierre beteuert, nur von «jenem Egoismus der unverdorbenen Menschen» erfüllt zu sein, der in einer «zärtlichen, gebieterischen, unwiderstehlichen Leidenschaft [bestehe], jenem tiefen Abscheu vor der Tyrannei [...], jener geheiligten Liebe für das Vaterland, jener noch erhabeneren und noch geheiligteren Liebe zur Menschheit, ohne die eine große Revolution nichts ist als ein eklatantes Verbrechen, das sich an die Stelle eines anderen Verbrechens setzt»[230], dann behauptet er nichts anderes, als die jakobinische Ideologie verinnerlicht zu haben: Er will nur ein Instrument des Volkes sein, in dessen Namen er spricht, nichts als ein Mandatsträger, der noch am Vorabend seiner letzten Konventsrede diese im Jakobinerklub verliest, um sie dem direkten Votum zu unterbreiten.

Der Nationalkonvent konnte nicht nur aus überzeugten Jakobinern bestehen. Erst mit der vierten reinigenden Wahl wurde er zu deren Plattform – wie Desmoulins es gehofft hatte, bevor er sich als «nachgiebig» erwies. Zur Verwirklichung dieses Ziels hatten die Jakobiner einen «Parteiapparat» organisiert, der als eine allmächtige Instanz funktionierte, die den Einheitswillen der Volksvertreter herstellte und kontrollierte. Der politische Wert und die politische Wirksamkeit der Guillotine haben darin ihren Ursprung, daß die Inszenierung des Schafotts die erhabenste Demonstration der Allmacht des Volkes ist. Doch die Auslöschung des individuellen Subjekts zugunsten eines einheitlichen Willens wurde gleichzeitig an der Basis der Machtpyramide des jakobinischen Systems durch die Existenz des Jakobinerklubs und der Sektionen in Frage gestellt, durch die sich das Volk letztlich besser repräsentiert fühlte als durch die Volksvertretung.

1 *Das Schafott für die Hinrichtung des G. A. Petrucci am 11. Dezember 1498.* Aus einer illustrierten neapolitanischen Chronik, Ende 15. Jahrhundert. Pierpont Morgan Library, New York (N. 801; 43 × 28 cm).

4 *Die Maiden* (1564)
Museum von Edinburgh.

1 *Das Schafott für die Hinrichtung des G. A. Petrucci am 11. Dezember 1498.* Aus einer illustrierten neapolitanischen Chronik, Ende 15. Jahrhundert. Pierpont Morgan Library, New York (N. 801; 43 × 28 cm).

2 *Die Hinrichtung des Titus Manlius* von Georg Pencz. Bibliothèque nationale, Paris (11,5 × 7,5 cm).

3 *Das Martyrium des heiligen Matthäus* nach Lucas Cranach. Bibliothèque nationale, Paris (16 × 12,8 cm).

4 *Die Maiden* (1564)
Museum von Edinburgh.

5 *Der Nationalversammlung von Herrn Guillotin vorgeschlagene Maschine zur Enthauptung der Verbrecher.* Musée Carnavalet, Paris (26,8 × 19,3 cm).

6 *Enthauptung mittels der Guillotine.* Anonymer deutscher Stich. Bibliothèque nationale, Paris (18,3 × 31,2 cm).

7 *Frontispiz der allgemeinen Liste aller durch das Revolutionstribunal zum Tode verurteilten Verschwörer.* Anonymer Pariser Holzschnitt, 1794. Musée Carnavalet, Paris (13,2 × 9,3 cm).

8 *Hinrichtung Ludwigs XVI., König von Frankreich, am 21. Januar 1793.* Anonymer deutscher Stich. Bibliothèque nationale, Paris (14,7 × 22,7 cm).

9 *Die Guillotine.* Anonyme englische Radierung. Bibliothèque nationale, Paris (10,8 × 6,7 cm).

10 *Die am 13. August 1792 auf der Place du Carrousel errichtete Guillotine zur Bestrafung der Verschwörer und Feinde des Vaterlandes.* Musée Carnavalet, Paris (15,3 × 21,9 cm).

vant à punir les conspirateurs et ennemis de la Patrie.

11 *Die wahre, gewöhnliche Guillotine*. Anonymer Stich. Musée Carnavalet, Paris (32,9 × 16,8 cm).

12 *Tod Ludwigs, des sechzehnten Kapetingers dieses Namens, am 21. Januar 1793*. Anonymer Stich. Musée Carnavalet, Paris (30,3 × 45,2 cm).

13 *Das Martyrium Ludwigs XVI., König von Frankreich,* von I. Cruikshank. Musée de la Révolution française, Château de Vizille (32 × 19 cm).

14 *Hinrichtung Ludwigs XVI., König von Frankreich, am 21. Januar 1793.* Anonymer deutscher Stich. Musée Carnavalet, Paris (22 × 13,3 cm).

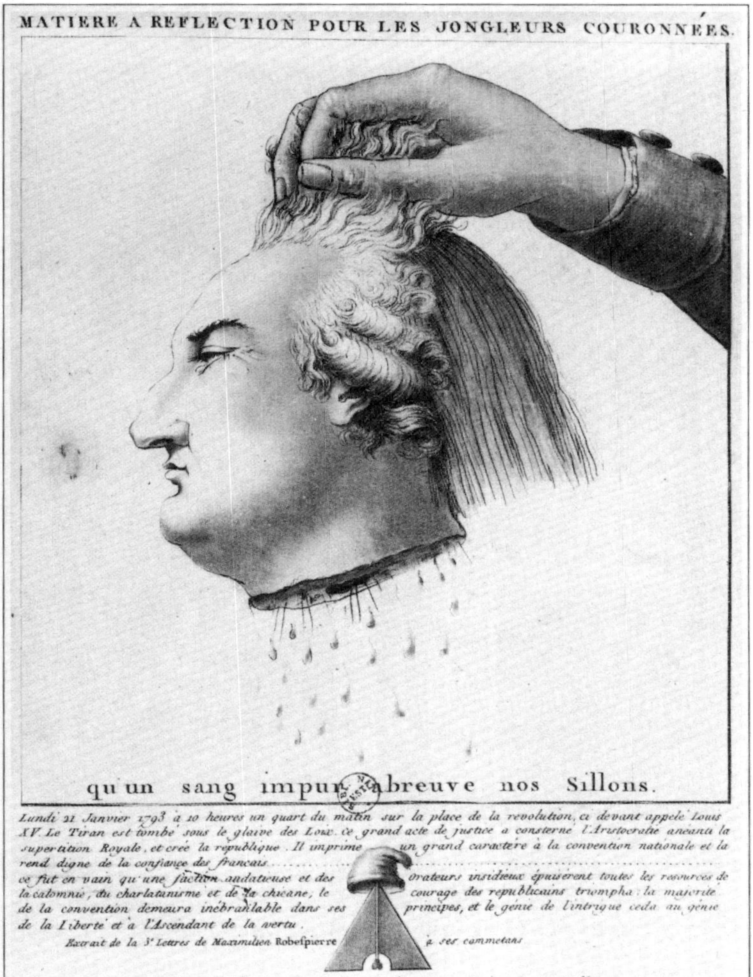

15 *Anschauungsmaterial für die gekrönten Schwindler.* Stich. Musée Carnavalet, Paris (16 × 14,1 cm).

16 *Das Martyrium der Marie-Antoinette, Königin von Frankreich, am 16. Oktober 1793*. Stich von I. Cruikshank. Musée Carnavalet, Paris (22,3 × 18,8 cm).

17 *Akt der Gerechtigkeit am 9. und 10. Thermidor.* Anonymer Stich nach Viller. Musée Carnavalet, Paris (27 × 36,8 cm).

18 *Ecce Custine,* Stich von Villeneuve. Musée Carnavalet, Paris (18,1 × 14 cm).

III
DIE THEATERMASCHINE

«Die Verwandlung der Menge in ein Volk [durch das Theater], welch tiefes Geheimnis!»
Victor Hugo, *Literatur und Philosophie*.

«Sein Tod war wie ein Fest [...]. Karren, Bänke, Gerüste wurden aufgestellt, um dieses angenehme Schauspiel zu erleichtern. Der Platz wurde zum Theater.»
Michelet, *Geschichte der Französischen Revolution*, XVII, 3.

«Zu der Stunde, wo die Sonne die Stadt der Dunkelheit anheimgeben wollte, zu der Stunde der roten Firmamente, beim Klirren der Eisen und dem Galopp der Pferde erreichte den Revolutionsplatz die große Hekatombe.

Auf diesem Platz, rund um die hoch aufragende Guillotine, rund um die gipserne Freiheit, welche in der Blut geschwängerten Luft bronzen ward, wogten tausende von rot bemützten Köpfen wie ein Klatschmohnfeld. All diese Gesichter gafften; Menschentrauben hingen am Sockel der Ludwig-Statue und gafften; von den Tuilerien und den Champs-Elysées her gaffte das Vergnügen; weit geöffnet klafften die Fenster der königlichen Schatzkammer.»[231]

Durch ihre Übertreibungen unterstreichen die Goncourts den von Schaulust geprägten Charakter der Guillotinierungen während der Schreckensherrschaft. Einer Schaulust, die mit einem Inszenierungsdrang verbunden ist, denn die Hinrichtungen unterliegen einer alles genau regelnden Regie, die eine Spielfläche, einige Akteure und ein Publikum benötigt. Die zeitgenössischen Autoren betonen es immer wieder: der Revolutionsplatz ist ein großes Theater.

Ein bewegendes Zeugnis hierfür ist die Schilderung von Dantons Tod aus der Feder des Dramaturgen Antoine Vincent Arnault, der 1791 einen *Marius* geschrieben hatte und 1792 eine *Lucretia*, in der Brutus ein tapferer Republikaner war.

«Danton erschien als letzter auf dieser Bühne, vom Blut all seiner Freunde bespritzt. Die Dämmerung brach herein. Am Fuß der schrecklichen Statue, deren Masse sich als eine kolossale Silhouette gegen den Himmel abzeichnete, sah ich, wie sich dieser Tribun aufrichtete, einem dantesken Schatten gleich, der, halb von der untergehenden Sonne angestrahlt, gleichermaßen aus dem Grab wie in das Grab zu steigen bereit schien. Was gäbe es Kühneres als die Haltung des Athleten der Revolution, was Gewaltigeres als dieses Profil, das dem Beil die Stirn bot, und als den Ausdruck jenes Kopfes, der, bereit zu Boden zu rollen, immer noch die Gesetze zu diktieren schien! Entsetzliches Schattentheater! Die Zeit wird es nie aus meinem Gedächtnis auszulöschen vermögen.»[232]

Von desto denkwürdigeren Worten akzentuiert, als ihr Autor wie es scheint, beharrlich schwieg, war der Tod Dantons sicherlich eine der gelungensten Darbietungen auf dem Revolutionsplatz. Gleichzeitig bildete diese Veranstaltung vom 5. April nur eine von vielen, denn 1794 fanden tagtäglich gut besuchte Vorführungen statt, wobei ihr Erfolg beim Publikum vor allem mit der neuen Rolle zusammenhing, die dieser ersten echten Maschine auf der Bühne zufiel. Wie es in Nummer vier des *Vieux Cordelier* zu lesen ist, mokieren sich die neuen «Theaterfreunde» über jene Vorstellungen, wo die «Abonnenten der Oper und der Tragödie» nichts als «Pappdolche» und Akteure zu sehen bekommen, die den Tod nur spielen.[233] Die einzigartige Qualität des Theaters der Guillotine ist, daß hier wirklich gestorben wird und das Stück von jedem der Helden nur einmal gespielt werden kann. Camille Desmoulins betont, wie sehr diese Revolutionierung der Theaterpraxis das Publikum anzog: «Es war nicht die Liebe zur Republik, die Tag für Tag so viele Leute auf dem Revolutionsplatz versammelte, sondern die Neugier und das neue Stück, von dem es nur eine einzige Aufführung geben konnte.»[234]

Der Erfolg der neuen Maschine ist so groß, daß sie auch zu einem unerläßlichen Requisit des Theaters im herkömmlichen Sinn wurde; Kasperle verwendet sie, um Hanswurst zu guillotinieren[235], ja, sie wird sogar selbst zum Protagonisten eines Stücks, das 1793 auf dem Spielplan des Théâtre du Lycée stand und allein durch seinen Titel ein großes Publikum anlocken sollte: *La Guillotine d'amour* (Die Liebesguillotine).[236]

Erst viel später wird die Maschine in den Hintergrund treten, zunächst einmal bildet sie den Mittelpunkt eines großen Schauspiels, bei dem die Republik sich selbst feiert. So gesehen, sind die Hinrichtungen sogar das meistbesuchte und am häufigsten stattfindende der revolutionären Feste, eine Veranstaltung, um deren Qualität man sich bemüht zeigte. «Ich möchte nicht, daß du diese Schufte von einer Trommel begleiten läßt, sondern von einer Trompete, weil die das Gericht des Volkes würdiger ankündigt. Man muß das Volk für die Schnelligkeit der Guillotine entschädigen, damit es in Wallung kommt, wenn seine Feinde aufs Schafott gebracht werden. Für das Volk muß es ein richtiges Spektakel sein. Durch Tanz und Gesang muß man den Aristokraten beweisen, daß ihre Hinrichtung für das Volk ein Fest bedeutet. Und die Menschenmenge, die die Verurteilten zum Schafott geleitet, muß groß sein.»[237]

Derartige Vorschläge konnten nicht berücksichtigt werden, denn nach Ansicht der Verantwortlichen sollte das Schauspiel wirkungsvoll, vor allem aber erhaben sein. Wenn es tatsächlich angebracht erschien, einen Ausgleich zur prompten Wirkung des Mechanismus zu schaffen, so nur, indem man die Majestät des Gesetzes in dieser Stunde zu erkennen gab. Alle das Funktionieren der Guillotine begleitenden Prozeduren bieten etwas fürs Auge und stellen in ihrer Gesamtheit ein Ritual der richtenden Vernunft dar, das in der Schreckensherrschaft das religiöse Ritual des Ancien Régime ablöst.

Wenn man davon ausgeht, daß Marter und Hinrichtung im Ancien Régime durch drei grundlegende Merkmale charakterisiert sind – Erzeugung einer bestimmten Menge von Schmerzen, juristische Kodifizierung des bewirkten Schmerzes, Integration von Marter und Hinrichtung in eine Liturgie des Strafens[238] –, dann stellt man fest, daß die Guillotine ihrem philosophischen Auftrag genügt, indem sie die zwei erstgenannten Kriterien hinfällig werden läßt. Das dritte Charakteristikum dagegen erlangt in der Schreckensherrschaft mittels der «einfachen Mechanik» in einer verfeinerten Version einen besonderen Stellenwert. Denn die Guillotine erfüllt auf geradezu ideale Weise jene zwei Anforderungen, die Michel Foucault zur Definition seines Begriffs der «Strafliturgie» verwendet: Für das Opfer ist die Guillotinierung brandmarkend und für die Justiz ein Triumph. Die mechanische Enthauptung macht jegliche Differenzierung des Schmerzes nach der sozialen Herkunft des Hinzurichtenden unmöglich, doch das Zeremoniell, von dem der Fall des abgetrennten Kopfes begleitet ist, stellt in der Tat «ein um die Brandmarkung der Opfer und die Kundgebung der strafenden Macht herum organisiertes Ritual [dar] – und keineswegs das Außersichgeraten einer Justiz, die ihre Prinzipien vergessen und jedes Maß verloren hätte. Im ‹Übermaß› der Martern ist eine ganze Ökonomie der Macht investiert.»[239] Ebenso verhält es sich mit der Guillotine der Schreckensherrschaft: ihr «Übermaß» besteht darin, daß sie die definierte Menge individualisierten Schmerzes durch eine unzählbare Menge schmerzloser Tode ersetzt, bei denen die Besonderheit des Individuums und des Einzelwillens negiert wird.

Wir haben bereits gesehen, wie stark diese Ersetzung von der jakobinischen Ideologie geprägt ist. Es gilt nun noch zu zeigen, daß das Niedergehen des Fallbeils im Ritual der Hinrichtung nur Teil einer genau geregelten Abfolge von effektvollen Operationen ist. Die Umformulierung aller bisherigen Gepflogenheiten für die Zwecke der Jakobiner reicht bis zu dem jeder Enthauptung folgenden Ausruf «Es lebe die Republik! Es lebe die Nation!», welcher die säkularisierte Form des «Salve Regina» darstellt, das die Menge im Ancien Régime vor der öffentlichen Folterung anstimmte.

Das Niedergehen des Beiles beschließt den zweiten Abschnitt eines drei Phasen umfassenden Schauspiels. Den ersten Spannungsbogen liefert der Gang vom Ort der Inhaftierung zum Schafott. Auf dieses langsame Präludium folgt eine unvermittelte Beschleunigung des Tempos, was den Eindruck einer serienweisen Abfertigung verstärkt.[240] Im dritten Teil wird dann die moralische und politische Wirkung des Schauspiels aufs höchste gesteigert: Während das Volk «Vive la république! Vive la nation!» ruft, holt der Henker den in den Korb gefallenen Kopf wieder heraus und hält ihn noch einmal in die Höhe, um ihn der Menge zu zeigen. Durch diese Geste wird die Opferung erst konsekriert, sie bildet den krönenden Abschluß des Rituals.

Bisweilen trägt eine theaterwirksame Kulisse zur Versinnbildlichung des Geschehens bei. In Paris werden die Guillotinierungen am Fuß der Freiheitsstatue vollzogen, die an der Stelle des Denkmals für Ludwig XV. errichtet worden war. In Brest konstruiert man vor dem Schafott eine Felsenpyramide aus Pappmaché – das theatralische Emblem der Bergpartei. In Orange dagegen macht die Lage der Stadt ein konstruiertes Dekor überflüssig, wie man aus einem Brief des öffentlichen Anklägers ersieht: «Du weißt ja, wie Orange gelegen ist. Die Guillotine wurde vor dem Berg aufgestellt. Man könnte meinen, alle Köpfe würden ihm, während sie zu Boden sinken, die geziemende Ehre erweisen. Eine erlesene Allegorie für die wahren Freunde der Freiheit.»[241]

Das Schauspiel der jakobinischen Hinrichtungen muß erhebend sein, denn nach Ansicht derer, die es erdachten, ist die Revolution selbst ein erhabenes Unternehmen. Camille Desmoulins erklärt ausdrücklich, «die menschliche Gattung glücklich und frei machen» zu wollen, das ist ein «erhabenes Unterfangen»[242]. Und Robespierre wiederholt es mehrfach in seiner Rede über die Grundsätze der politischen Moral, die den Nationalkonvent bei der inneren Verwaltung der Republik leiten sollen.[243] Nach dem Tod des Königs und den zwei erhabenen Versionen, der republikanischen und der royalistischen, die es von ihm gab, will die Schreckensherrschaft durch die rituelle Wiederholung dieses Gründungsopfers bewirken, daß die Revolution im öffentlichen Bewußtsein dauerhaft mit dem Gefühl der Erhabenheit assoziiert wird. Dabei wohnt der Zuschauer dem Schauspiel mit den gleichen gemischten Gefühlen bei wie Kants Betrachter eines entfesselten Sturms: Die Schrecklichkeit dessen, was er sieht, läßt ihn erschaudern, während er gleichzeitig genießt, sich vor dem geschauten Unglück in Sicherheit zu wissen. Die Revolution ist ein «Donnergrollen über den Köpfen aller Übeltäter», und die Schreckensherrschaft, die «wie ein Gewitter vorüberzieht» (Saint-Just), vermittelt ein Gefühl, das man damals in der Tat als erhebend empfand. In seinen berühmten philosophischen Untersuchungen über den Ursprung des Erhabenen und Schönen schreibt Edmund Burke: «Alles, was irgendwie schrecklich ist oder mit schrecklichen Objekten in Beziehung steht oder in einer dem Schrekken ähnlichen Weise wirkt, ist eine Quelle des Erhabenen [...]. In diesem Falle ist das Gemüt so ausschließlich von einem Objekt erfüllt, daß es weder irgendeinem anderen Zutritt gewähren noch auch in folgerichtiger Weise über jenes, das ihn [sic] beschäftigt, räsonieren kann. Daher kommt die große Macht des Erhabenen: daß es [...] uns mit unwiderstehlicher Kraft fortreißt. Erschauern ist also [...] die höchste Wirkung des Erhabenen; die niederen Wirkungen heißen Bewunderung, Verehrung und Achtung.»[244]

Doch, und dies ist eines der bezeichnendsten Merkmale des Theaters der Guillotine, auf die erhabene Wirkung ist kein Verlaß. In ihrer Konkretheit sind der Tod und das Blut dem erhabenen Staunen hinderlich. Auch ist bei diesem Theater das Volk nicht nur betrachtender Zuschauer, sondern aktiv beteiligt. Die Zuschauer werden ebenfalls zu Mitspielern. Die blutige Wirklichkeit des Schauspiels, welches auf ihr gegeben wird, läßt dieses für viele bald zu einer Entsetzlichkeit werden, mit der kein anständiger Mensch etwas zu tun haben sollte.[245] Schon 1789 hatte man gefürchtet, daß nur die Neuheit der Maschine «die aufgestachelte Neugier des Volkes auf den öffentlichen Platz» lockt.[246] Das delikateste Problem, das sich stellt, will man von der Guillotine einen politischen und theatralischen Gebrauch machen, ist denn auch das Publikum: die Vorstellung eines durch die Katharsis des Schafotts geläuterten, souveränen Volks läßt sich nicht mit dem tatsächlichen Verhalten der Menge in Einklang bringen, die der Hinrichtung nicht nur beiwohnt, sondern sich zu mancherlei unerwünschten Ausschreitungen hinreißen läßt. So sollte es letztlich auch nicht gelingen, mittels der Guillotine dem Idealvolk Gestalt zu verleihen, da die gesellschaftliche Realität der politischen Ideologie zuwiderlief.

Die Menge stellt den entscheidenden Faktor im Wirkungsgefüge des Hinrichtungstheaters dar. Immer anwesend, als Zuschauer und Beteiligte, spielt sie im Verlauf der Hinrichtungsprozedur je nach Art und Ort der Handlung eine unterschiedliche Rolle. Als formlose oder vielgestalte Masse, die von Reaktionen erfaßt wird, welche von Distanziertheit bis zu aktiver Beteiligung reichen, legt es Verhaltensweisen an den Tag, die ebenso «kannibalisch» wie würdevoll erhaben sein können. Ohne Zweifel spielt das Volk, in dessen Namen und zu dessen Ehren das Schauspiel gegeben wird, die Hauptrolle. Gerade deshalb aber ist ihm kein gesondertes Kapitel dieser Untersuchung gewidmet, es ist immer anwesend. In der Folge werden wir vielmehr genauer auf die Stationen des Schauspiels und die Maschine eingehen, um zu zeigen, welche spezifischen, szenischen Effekte man zu erzielen suchte. Der Henker schließlich verdient ein eigenes Kapitel, weil er eine einmalige Position einnimmt: Als von seinen Gehilfen unterstützter Meister ist er ein ebenso singulärer Darsteller wie das Opfer selbst, er aber genießt das Privileg, immer wieder die gleiche Rolle zu spielen, die Tragödie wiederholen zu können.

1 Der Umzug

Wie jede andere Theaterdarbietung braucht das Theater der Guillotine eine Bühne. Der Bühnenraum aber, den die Guillotine für ihr Schauspiel in Anspruch nimmt, ist öffentlich. Und wie ein Bühnenraum nicht unbedingt abgeschlossen sein muß, sondern der Übergang zwischen Spielfläche und Zuschauerraum fließend sein kann, so dehnt sich auch das Theater der Guillotine über die Stadt aus. Die Spieler legen einen weiten Weg zurück, um schließlich das Schafott zu erreichen, wo alles jäh zu einem Halt kommt.

Das Hinrichtungsschauspiel beginnt bereits lange vor dem Schafott – wo nur die letzte, auf Brettern gespielte Szene stattfindet – mit dem Umzug, der vom Gefängnis aus quer durch die Stadt zum Richtplatz führt. Dieser Gang zum Schafott stellt den längsten Teil der Zeremonie dar. Er dauert im Durchschnitt etwa eineinhalb bis zwei Stunden und findet in den Polizeiberichten ausgiebig Erwähnung. Für eine erfolgreiche Inszenierung mußte die Route möglichst genau feststehen und der Umzug geregelt vonstatten gehen.

In einem langen Polizeibericht sind uns die Klagen überliefert, die laut wurden, wenn der Verlauf der Strecke zwischen der Conciergerie und dem Revolutionsplatz geändert wurde. Der Hauptvorwurf bestand darin, der Umzug mache ohne feste Route bestimmte Bürger zu Zuschauern wider Willen: Das Verlassen der allen bekannten, abgesteckten Wege stellt einen Verstoß gegen die Regel einer definierten Spielfläche dar.

Der Polizeibericht verdient es, vollständig zitiert zu werden, denn hier wird der zwiespältige Charakter der Guillotinierungen deutlich, der einen Mißbrauch für parteiische Interessen ebenso befürchten ließ wie das Aufkommen archaischer Ängste. Die «philosophische» Maschine konnte Wirkungen zeitigen, die unberechenbar und keineswegs im Sinn des Erfinders waren.

Nach einem ersten Bericht, in dem der Polizeispitzel Perrière darauf aufmerksam gemacht hatte, daß «man eine feste Route für den Henkerskarren fordert, damit die Schwachen diese meiden können», insistiert er:

«Ich bestehe auf der Empfehlung, die ich gestern machte, daß der Henkerskarren eine feste Route haben sollte, erstens, weil dies die Meinung mehrerer wohlmeinender Leute war, die sich darüber verwundert zeigten, daß die ehemals festgelegte Route gegenwärtig bald über die Rue Saint-Honoré verläuft, bald über die Quais, um dann wieder von den Quais auf die Rue Saint-Honoré zurückverlegt zu werden.

Und zweitens, weil die Aristokraten, die alles für ihre Zwecke zu nutzen wissen, von Zwischenfällen wie dem, den ich gestern erwähnte[247], profitieren, um das Augenmerk des Volkes geschickt auf die Zahl der Hinrichtungen zu lenken und, wenn möglich, sogar sein Mitleid für das Geschick seiner Feinde zu wecken. Sie machen dem Volk diejenigen verhaßt, die ihm zum Sieg verhelfen wollen: ‹Man kann nicht mehr auf die Straße hinausgehen, sagen sie, ohne die Guillotine und die Leute zu sehen, die aufs Schafott geführt werden. Die Kinder werden grausam, und es steht zu befürchten, daß die schwangeren Frauen durch den unauslöschlichen Eindruck, den der Anblick und die Begegnung mit einem dieser traurigen Geschöpfe auslöst, am Hals gezeichnete oder wie Statuen so unbewegliche Leibesfrüchte zur Welt bringen.› Das Volk reagiert für gewöhnlich auf diese Reden, aus denen ihm nur Ehrlichkeit und Menschlichkeit zu sprechen scheint, mit dem Ausdruck tiefer Nachdenklichkeit, was Gedanken und Gefühle hervorbringen könnte, die der eigentlichen Zielsetzung genau entgegengesetzt sind.»[248]

Welch schreckliche und unerwartete Verkehrung einer Absicht in ihr Gegenteil, wo doch die Geburt Guillotins, des Vaters der Idee, von Schreien eines Geräderten gezeichnet war... Entscheidender ist jedoch, daß die ständige Wiederholung des Schauspiels das Volk der «eigentlichen Zielsetzung» entfremdet. Die Quelle belegt, daß es der Maschine bei all ihrer pädagogischen Eindringlichkeit im Ventôse II nicht gelungen war, dem Publikum das erwünschte «kollektive Bewußtsein» einzupflanzen. Dabei ist der Umzug – vor der schnellen und nur aus der Ferne zu sehenden Hinrichtung – die Gelegenheit schlechthin, um den Verurteilten dem Blick des Publikums auszusetzen. Langsam bewegt sich der Zug mitten durch die Innenstadt von Paris, wobei man meist den Weg über die lange und schmale Rue Saint-Honoré einschlägt. Die vor die offenen Wagen gespannten Pferde gehen im Schritt (nicht im Galopp, wie die Brüder Goncourt es beschrieben), so daß die Fahrt zum Schafott die Phase der intensivsten Sichtbarkeit darstellt und insofern dramatischer ist als das kurze Exponiertsein auf dem Schafott.

Die Gesetzgeber bemühen sich bei all ihrer angeblichen Menschlichkeit keineswegs, diese lange und schreckliche Zurschaustellung zu beseitigen. Erst 1832 wird der Präfekt des Departement Seine die Ansicht äußern, daß «aus Gründen der Menschlichkeit [für die Hinrichtungen] ein Ort gewählt werden soll, der sich so nah wie möglich an dem Gefängnis befindet, wo die Verurteilten eingesperrt sind»[249]. Bis dahin jedoch wird der Umzug durch die Innenstadt, welcher an die Prozessionen des Ancien Régime erinnert, als erster Teil eines Tötungsrituals zelebriert.

Er stieß auf ein lebhaftes Interesse. Wie Baron de Frémilly am 20. April 1794 bemerkt, «lief, wenn die Karren über das Pflaster holperten, alle Welt an die Fenster». Das Schauspiel vom 5. April beschreibt er im Detail: «Es war in der Rue Saint-Honoré. Drei rot angemalte, mit zwei Pferden bespannte Wagen, die von fünf oder sechs Gendarmen eskortiert wurden, durchquerten im Schritt eine riesige, schweigsame Menge [...]. Jeder Karren enthielt fünf oder sechs Verurteilte. Ich kann mich nur noch an den ersten Wagen genau erinnern, weil sich in ihm zwei Gestalten befanden, die mich überraschten und erschreckten. Das eine war Danton, der Robespierre unterlegene Pompejus, das wichtigste Opfer des Tages. Sein gewaltiger, runder Kopf blickte stolz und unverwandt in die dumme Menge, seine Unerschrokkenheit stand ihm auf der Stirn geschrieben, und auf seinen Lippen lag die Grimasse eines Lächelns, in dem sich Wut und Empörung mischten. Das andere war [...] Hérault de Séchelles, trübsinnig, niedergeschlagen, Scham und Verzweiflung auf der Stirn, die er bis auf die Knie gesenkt hielt. Seine kurzen, schwarzen Haare standen ihm zu Berge und alles, was er trug, war ein verschlissener, brauner Morgenmantel, dessen Kragen weit aufklaffte. Plötzlich sah ich ihn wieder vor mir, wie er im Obersten Gerichtshof vor mir stand und mich zum Advocaten bestallte: schön, jung, elegant, mit ausgesuchter Haartracht und Gewandung [...].»[250]

Baron de Frémilly war somit dabei, als ein Star der Revolution auf der Straße zu sehen ist, doch den damals erfolgreichsten Umzug hat er um einige Tage verpaßt: Am 25. März – nur zwölf Tage vor Danton und seinen Gefolgsleuten – kommen Hébert und die Hébertisten durch die

Rue Saint-Honoré: «Jeder wollte sie wenigstens vorbeifahren sehen, um mitzuerleben, welchen Eindruck der Anblick einer riesigen, über ihr Verbrechen entrüsteten Volksmasse und der nahe Tod ihren Verräterseelen machte. So reichte die Zahl der Neugierigen, die den Weg säumten oder der Hinrichtung beiwohnten, ins Unermeßliche.»[251] Héberts Gang zum Schafott ist ein gutes Beispiel dafür, daß das Volk bei diesem Teil der Zeremonie nicht nur Publikum ist, sondern an der Prozession auch als Akteur teilnimmt, von dem der Erfolg des Schauspiels weitgehend abhängig ist: «Der Zorn der Sansculotten richtete sich vor allem gegen Hébert, den sie wütend beschimpften. ‹Diese Pfeife hat ausgestänkert, sagte der eine, es stinkt ihm ganz schön [...].› Andere hatten Pfeifen und Glutpfannen dabei und schwenkten sie über den Köpfen, damit sie dem Père Duchesne ins Auge fielen.»[252]

Perrière sah es ganz anders: «Das französische Volk in seiner Größe, in seiner Güte begnügte sich damit, ‹Es lebe die Republik!› zu rufen, als derjenige vorbeikam, der es so grausam, so verräterisch zum Narren gehalten hat.»[253] Als guter Republikaner muß Perrière natürlich die Größe und Würde des Volkes rühmen, wobei er dessen Verhalten so beschreibt, daß es der politischen Zielsetzung entspricht. Als säkularisierte Variante der Büßerprozessionen, welche im Ancien Régime die Verurteilten zur Hinrichtung begleiteten, will der Umzug, der Sansons Wagen folgt, der Zeremonie ihre wahre Größe verleihen.[254] Durch seine majestätische Haltung beim Vorbeiziehen der Verbrecher beweist das Volk, auf das sich die Republik gründet, seinen «philosophischen» und «menschlichen» Charakter.

Dies ist zumindest der Eindruck, den die Prozession erwecken soll, und den der Umzug Ludwigs XVI. auch erzielte. Ein typisches Beispiel republikanischer Interpretation gibt der *Magicien républicain*: «Niemals, nein niemals hat die Welt je ein so beeindruckendes und so majestätisches Schauspiel gesehen. Die Ordnung und die Ruhe, die allerorten herrschten, erregten Erstaunen und Bewunderung bei allen, die ihrer Zeuge wurden: kein einziger der Anwesenden hob die Stimme; alle bewahrten im Gegenteil ein wahrlich religiöses und schwermütiges Schweigen, welches im Verein mit dem ruhigen, aber düsteren und nebligen Wetter die wunderlichste Stimmung hervorrief, die je ein Sterblicher erlebt hat. Kein Geräusch als das der Trommeln und Trompeten war während der ganzen Zeit zu hören, die der Umzug benötigte, um an sein Ziel zu gelangen.»[255]

Dieser Text wurde 1794 geschrieben. Der zeitliche Abstand verlieh der königlichen Fahrt zum Schafott ihre einzigartige Majestät. Denn eine derartige Zurückhaltung des Volkes ist unwahrscheinlich, wie aus der Gesamtheit der Polizeiberichte hervorgeht. Der «philosophische Gleichmut» der Zuschauer war eher frommer Wunsch als Tatsache. Die ständige Wiederholung und damit auch Banalisierung der Zeremonie konnte die ohnedies prekäre Erhabenheit, die ja auf Staunen und Entsetzen beruht, nur noch mehr schwächen.

Der lange Gang zum Schafott führte noch zu anderen theatralischen Effekten: Seine Dauer und Dramatik geben Zwischenfällen Raum, für die auf dem Schafott keine Gelegenheit bleibt. Im Ganzen der Aufführung stellt der Umzug die Zeit des Dramas – und bisweilen Melodramas – dar und die zurückgelegte Strecke den wirklichen Ort des Schauspiels. Auf dem Wegstück vom Gefängnis zum Schafott findet die direkteste und heftigste Konfrontation zwischen den Opfern auf der einen Seite und dem Volk auf der anderen Seite statt. Ihre Annährung löst einen Prozeß gegenseitiger Beeinflussung aus, an dessen Ende die beiden Gruppen ein Ensemble von Akteuren bilden.

Der Umzug kann bisweilen auch einen pathetischen Charakter annehmen und den Opfern so etwas wie einen letzten Trost spenden, wenn es zu Sympathiebekundungen kommt. Doch meist sind es Haß und Rachegelüste, die hier mit voller Vehemenz zum Ausbruch kommen. So hält auf der Höhe des Oratoire eine Mutter ihr Kind, das im gleichen Alter wie der Kronprinz war, empor und läßt es Marie-Antoinette eine Kußhand zuwerfen. Doch auf dem Vorplatz der Kirche Saint-Roch versucht eine Frau, die Königin zu bespucken.[256] Der Umzug Robespierres wiederum machte vor dem Haus halt, wo dieser lange gewohnt hatte, und das Volk tanzte im Reigen um den Karren, während man die Mauern des Hauses mit einem in Ochsenblut getauchten Besen besprengte.[257] Bailly, der zu Fuß zum Schafott gehen wollte, weil man den Karren noch in letzter Minute mit losen Bohlen belud, wurde in den Straßenkot gestoßen, man zerfetzte seine Kleider, und kaum war er unter dem Schutz der Gendarmen wieder auf den Wagen gestiegen, prasselte ein Hagel von Wurfgeschossen auf ihn nieder.[258]

Die letztgenannte Szene wird in Sansons Tagebüchern ausführlich beschrieben, doch diese sind apokryph. Die Polizeiberichte aber bieten ein verläßliches Zeugnis für die Gewalt, die sich in solchen Momenten entlud. Die Vehemenz, mit der das Volk in den Spielablauf eingreift, nimmt dem Schauspiel oft jede Erhabenheit.[259] Von den ersten, im August 1792 erfolgten, politischen Hinrichtungen an sind Philosophen und Philanthropen daher bemüht, den Charakter des Umzugs und das Instrument selbst würdiger zu gestalten.[260] Am 27. April 1793 kommen die *Révolutions de Paris* mit einer aufschlußreichen Bemerkung auf diesen Punkt zurück: «Man sollte auch die Zeremonie der Hinrichtung vervollkommnen und daraus alles entfernen, was noch aus dem Ancien Régime stammt. Dieser Karren, auf den man den Verurteilten lädt und den man Capet erließ; diese auf dem Rücken zusammengebundenen Hände, durch die der Delinquent gezwungen ist, eine unbequeme und unterwürfige Stellung einzunehmen; dieses schwarze Gewand, mit dem sich der Beichtvater immer noch herausputzt, trotz des Dekrets, das kirchliches Ornat verbietet: aus all dem sprechen nicht die Sitten einer aufgeklärten, menschlichen und freien Nation.»

Die Empfehlung blieb ungehört. Der theatralische Apparat, mit dem der Umzug ausgestattet wird, ist für einen Bühnenraum unerläßlich, der als solcher «das Bild [nachstellen soll], das sich die Menschen von den räumlichen Beziehungen in der Gesellschaft, in der sie leben, und von den Konflikten machen, die aus diesen Beziehungen resultieren»[261]. Die abgeschnittenen Haare, die zusammengebundenen Hände und Sansons Karren, dies alles sind Gepflogenheiten, die keineswegs zufällig, bloß praktisch oder bedeutungslos sind: Sie sind es, die den erniedrigenden Charakter des Zeremoniells ausmachen, wobei die Demütigung während des Umzugs in der liegenden Position während der Enthauptung ihren Höhepunkt findet, welche die Maschine anstelle des edlen Niederkniens im Ancien Régime erfordert.

Die Verurteilten sollen, da man sie als Komplizen der Aristokraten erachtet, sozial erniedrigt werden: Das alte Privileg eines Ritts zu Pferde oder einer Kutschenfahrt zum Hinrichtungsort und der alte Brauch der königlichen Ausfahrt durch die Stadt, bei der die Pracht der Equipagen die edle Herkunft bewiesen, werden karikiert. Sansons Karren imitiert den mittelalterlichen Schinderkarren, in den schon Lancelot stieg, während sich Gauvain weigerte, da es ein «zu beschämender Tausch wäre [...] von einem Pferd zu einem Wagen». Der entehrende Karren findet in der gesellschaftlichen Schande, die der Umzug bedeutet, seine Entsprechung. Und das Vergnügen des Volkes an diesem Schauspiel beweist, wie wirksam die Erniedrigungsmechanismen sind: Das Volk sieht diesen Umzug mit Genugtuung.[262]

Die widersprüchliche Verschiedenheit der Augenzeugenberichte zeigt die unterschiedlichen Ausprägungsformen der Genugtuung, die das Volk bei den Umzügen empfindet. Das tatsächliche Verhalten der Verurteilten ist dabei weniger ausschlaggebend als die Frage, ob diese es – nach Meinung des Volkes – verstehen, angesichts der Erniedrigung die Fassung zu wahren und ihrer Rolle gerecht zu werden. Dabei lassen sich drei Formen von Genugtuung unterscheiden, die das Volk empfindet: Die erste beruht auf Rachegefühlen, die zweite auf einem erhabenen Gefühl und die dritte auf revolutionärem Siegerstolz.

Die gestillte Rache

Statt Mitleid zu erwecken, kann der Anblick des gedemütigten Gegners dem Volk die Genugtuung befriedigter Rache verschaffen. Wenn der Verurteilte seine Rolle gemessen an den programmatischen Anforderungen der Inszenierung schlecht spielt, das heißt, wenn er durch sein Auftreten die eigene Erniedrigung noch verschlimmert, wenn er also dem Schauspiel keine Dimension tragischer Größe verleiht, dann erregt er auch nicht das Mitleid des Publikums. Sein Verhalten verhindert die Sublimierung der Affekte, die Emotionen der Zuschauer nehmen nicht den Charakter des Erhabenen an, Allmacht und Gerechtigkeit des freien Volkes finden sich dann nicht bestätigt. Weigert sich das Opfer, die moralische Verantwortung seiner Rolle zu übernehmen und diese mit dem «gebührenden, exemplarischen Respekt für das Gesetz» zu spielen, so hindert es gleichzeitig das Volk daran, seinen Großmut zu beweisen. Die spezifische Genugtuung, die durch diese Situation hervorgerufen wird und in ihr Ausdruck findet, ist die der gestillten Rache. Eine doppelte Genugtuung, denn zum Frohlocken über die Bestrafung des Verräters kommt hinzu, daß der Verurteilte für den Verstoß gegen die Regeln des Schauspiels, den sein schlechtes Agieren darstellt, büßen muß.

Es ist nicht erstaunlich, daß diese Reaktion im Fall von Hébert am heftigsten war. Bis in den Stil seiner Reden hinein hatte der Père Duchesne so getan, als wäre er die Stimme des Volkes. Nicht nur sein – vom Revolutionstribunal nachgewiesener – Verrat ist skandalös, sondern auch die Tatsache, daß Hébert auf dem Umzug jegliche Fassung verliert. Er verletzt hiermit die Würde des Volkes, das er zu repräsentieren vorgegeben hatte. Sein physischer und moralischer Zusammenbruch stellt einen untrüglichen Beweis dafür dar, daß der Schriftsteller ein Verräter ist, und macht die Idee eines zum Opfer gewordenen Wortführers, eines verurteilten Sendboten zunichte. Daher spricht aus dem Verhalten des Volkes, wie es in der Berichterstattung geschildert wird, ein Rachedurst: «Man versuchte die Physiognomie der Verurteilten zu ergründen, um gewissermaßen ihre innere Pein auszukosten: es war eine Art Rache, die das Volk mit Genugtuung genoß.» «Nach der

Hinrichtung sprach alle Welt von den Verschwörern. Man sagte: ‹Sie sind wie Schlappschwänze gestorben›; andere sagten: ‹Wir hätten gemeint, daß Hébert mehr Mut zeigt, aber er ist wie ein Hosenscheißer krepiert.›»[263]

Die ausgiebige Betrachtung der noch lebendigen Gesichter mit ihrem Mienenspiel – und auch Mimenspiel –, deren Gesichtszüge alsbald im Tod erstarren werden, die faszinierte Begeisterung für die beinahe schon ikonographische Entschlüsselung des Gesichtsausdrucks, der Versuch, die Gefühle des unentrinnbar dem Tod Entgegengehenden zu identifizieren – all dies schafft beim Umzug durch die Stadt eine Intensität der Beziehung zwischen Volk und Opfer, wie sie in dieser Form am Schafott nicht möglich ist.

Die erhabene Genugtuung

Ein erhabenes Gefühl, das selbstverständlich sehr viel seltener eintritt, entsteht, wenn der Verurteilte seine Rolle so souverän zu spielen weiß, daß der Umzug ein Höchstmaß an symbolischer Wirkung erzielt und so zum Beweis der Allmacht des Volkes wird. Verinnerlicht der Verurteilte die exemplarische Funktion, die sein Tod haben soll, und gibt er die Tatsache, daß er sich in seine Hinrichtung fügt, außerdem durch ein beispielgebendes Verhalten zu erkennen, dann erlaubt dies dem Volk, seine Emotionen zu sublimieren. Bei einigen seltenen Gelegenheiten gelingt während des Umzugs diese Harmonie zwischen dem Spiel des Akteurs und der Teilnahme des Publikums. Die Theatralik erreicht dann ihren Höhepunkt, denn die edle oder heroische Rolle, die der Verurteilte zu spielen versteht, ruft beim Publikum Ehrfurcht hervor – jenes ehrfürchtige Staunen, welches Burke als das beherrschende Prinzip des Erhabenen erachtet.[264] Der Umzug auf dem Wagen bietet dabei Gelegenheit für zwei verschiedene Formen erhabener Genugtuung:

Zum einen ist es erhebend, wenn die Verurteilten dem Volk zu erkennen geben, daß sie die Sache der Revolution unterstützen. Dies ist zum Beispiel bei den Revolutionären der Fall, die ihr eigenes Guillotinelied singen, Verse, die sie verfaßt haben, um sie auf dem Weg vom Gefängnis zum Schafott vorzutragen. Bei diesen Liedern, die schon allein dadurch erhaben sind, daß sie, kurz bevor das Fallbeil den Hals durchtrennt und damit jeder Beredsamkeit ein Ende macht, noch einmal den Aufwand der gereimten Form betreiben, kommt es weniger auf den Inhalt als auf das an, was Umzug und Lieder miteinander verbindet: die Inszenierung der Revolution. Das Guillotinelied stiftet ein letztes Einverständnis zwischen Sänger und Zuhörerschaft. Die mitreißende Wirkung der Lieder zeigt sich daran, daß sie schriftlich fixiert wurden und einige von ihnen sogar zu volkstümlichen Hymnen wurden, die man bei Bedarf nachträglich vervollständigt hat. So zum Beispiel das Lied von Girey-Dupré, einem girondistischen Redakteur des *Patriote français*, der am 20. November 1793 enthauptet wurde. Es gab die Vorlage ab für das patriotische Lied *Mourir pour la patrie*, und Charles Maurice erwähnt in seinem Tagebuch, daß die Straßensänger die Erinnerung an dieses Guillotinelied noch lange wachhielten.[265]

Bei der zweiten Variante erhabener Genugtuung bedient man sich eines antiken Ideals. Von diesem Vorbild ließ sich Charlotte Corday inspirieren, wie der Ton ihrer letzten, im Gefängnis geschriebenen Briefe zeigt: «Morgen um acht Uhr wird man mich richten. Wahrscheinlich werde ich um Mittag gelebt haben, wie die Römer sagten [...]. Übrigens weiß ich nicht, wie die letzten Augenblicke meines Lebens verlaufen werden; und nur das Ende krönt das Werk. [...] bis jetzt empfinde ich nicht die geringste Furcht vor dem Tod. Ich achtete das Leben immer nur nach dem Nutzen, den es dem Gemeinwohl gewährte.»[266] Ihr Verteidiger beschränkte sich in seinem Plädoyer, das für diesen außergewöhnlichen Fall beeindruckend lakonisch war, auf «eine einzige Bemerkung»: einen mildernden Umstand gäbe es möglicherweise für Charlotte Corday, und zwar die beispielhafte Erhabenheit ihres Verhaltens.[267] Am Nachmittag, während Charlotte Cordays Gang zum Schafott, bewahrheitet sich diese Behauptung, und das Volk weiß sich der Erhabenheit ebenbürtig zu zeigen, indem es selbst Größe beweist.[268]

Madame Rolands Gang zum Schafott am 8. November 1793 war ohne Zweifel ebenfalls erhaben: «Keinerlei sichtbare Veränderung war an ihr zu beobachten. Ihre Augen sandten lebhafte Blitze aus, um ihre Lippen spielte ein sehr charmantes Lächeln, und dennoch war sie ernst und kokettierte nicht mit dem Tod.»[269] Madame Rolands Verhalten – welches sich zudem noch vorteilhaft von der pleonastischen Selbsterniedrigung ihres Wagennachbarn Simon François Lamarche abhob, der «so vom Schrecken niedergebeugt wurde, daß sein Kopf bei jedem Rucken des Wagens zu Boden zu fallen schien»[270], was auf komische Art und Weise den Moment der Enthauptung vorwegnahm – erzielt die erwünschte Wirkung: Bewunderung und tiefes, ergriffenes Schweigen.[271]

Doch dieses beeindruckte Staunen bleibt die Ausnahme. Die tägliche

Wiederholung des Schauspiels der vom Gefängnis zum Schafott fahrenden Karren verhindert im allgemeinen, daß die Genugtuung eine erhabene Dimension erlangt. Zum einen ist bei der großen Zahl von Verurteilten deren Standhaftigkeit nicht mehr garantiert, zum anderen läßt die Masse von Hinrichtungen dem Staunen keinen Raum mehr, in das der sublime Held das Publikum versetzen muß. Außerdem wird die Zuschauerschaft während des Umzugs zu sehr in die Theaterhandlung verwickelt, als daß sie «Distanziertheit» bewahren könnte, jene Haltung des unbeteiligten, würdevollen Betrachters, die dem Volk erst seine wahre Größe verleiht.

Das erhabene Staunen ist ohnehin etwas Unbeständiges, denn es ist in einem schwer zu definierenden Bereich angesiedelt, außerhalb dessen das Gefühl in sein Gegenteil umschlägt. Wenn das Publikum zum Beispiel die würdevolle Haltung des Verurteilten falsch interpretiert, werden Seelenadel und Opferbereitschaft zum Zeichen des Stolzes und der Arroganz – mit einem Wort, zum Zeichen jener «römischen Anmaßung», aus der nichts als Verachtung für das Volk spricht, für «diese Unglücklichen [...], welche die Römer hochmütig Plebs nannten»[272]. Statt die eigene Erniedrigung zu akzeptieren und damit die Allmacht des Volkes zu bestätigen, scheint der Verurteilte dessen Souveränität durch seine Arroganz negieren zu wollen, weshalb ihm nun revolutionäre Genugtuung entgegenschlägt.[273] Die Unbeständigkeit des erhabenen Gefühls erklärt, warum die Grenze zwischen erhabener und revolutionärer Genugtuung manchmal nur schwer zu ziehen ist und warum die erhabene Genugtuung, obwohl sie der in ideologischer Hinsicht erstrebenswerte Zustand wäre, nur die Ausnahme bleibt.

Die revolutionäre Genugtuung

Mit der Genugtuung des siegreichen Revolutionärs antwortet der Volkszorn auf die Arroganz des Opfers, sei diese nun eingebildet oder real. Den Zorn des Volkes erregt der Hinzurichtende, wenn er die Regel der Bescheidenheit verletzt und seine bevorzugte Position innerhalb des Schauspiels ausnutzt, um dessen Sinn zu entstellen. Indem sich das Volk zu Wort meldet, greift es aktiv in den Spielverlauf ein, um seine unbesiegbare Macht noch einmal zu bekräftigen, bevor sie auf dem Schafott bewiesen wird.

Marie-Antoinette verlor während der Fahrt keinen Moment die Fassung, und Rougyff bedauert, daß das Volk nicht mit der gleichen

Würde reagierte.[274] Abgesehen von dem untergründigen und bitteren Haß gegen die Österreicherin lag dies daran, daß man ihren Gleichmut als Hochmut und Verachtung interpretierte, denen mit Hohn zu entgegnen sei. Ein typisches Beispiel ist der Brief, den eine Bürgerin aus Argentan an ihr Komitee schrieb: «Das Luder hat das gleiche Ende genommen wie das Schwein von unserem Metzger Godille. Sie ging vollkommen ungerührt aufs Schaffort [sic] [...]. Durch halb Paris ist sie gefahren und schaute die ganze Zeit alle Welt voller Verachtung und Herablassung an [...]. Das gerissene Stück ging aufs Schaffort, ohne mit der Wimper zu zucken.»[275] Die falsche Schreibung der Richtbühne ist bezeichnend: hier findet die soziale Benachteiligung ihren Niederschlag, jener Volkszorn, den Hébert nachzuahmen versuchte: «Das Luder war noch dazu bis zum Ende frech und unverschämt. Doch als sie gekippt werden sollte, versagten ihr die Beine den Dienst [...]. Ihr verfluchter Kopf wurde endlich von ihrem Kranichhals getrennt, und alles rief ‹Es lebe die Republik!›, Teufel noch mal.»[276] Wenn das Volk der Verachtung mit Hohn begegnet, werden beide Teile in ihrer gesellschaftlichen Position bestätigt: das Volk spielt so, wie Marie-Antoinette es erwartete, da sie so spielt, wie das Volk es erwartete.

Dabei entsteht eine Genugtuung revolutionärer Natur, weil der Umzug letztlich nichts anderes widerspiegelt als den politischen und klassenbedingten Gegensatz, den die Revolution nun aufheben will. Ein derartiger Umzug illustriert, daß der Konflikt nur durch Gewalt zu lösen ist, und beweist die Notwendigkeit der vom Revolutionstribunal verhängten Todesurteile.[277]

Es ist klar, daß dieser revolutionäre Zorn durch die Zwischenfälle und Ausschreitungen, die er hervorruft, zu denkbar dramatischen Umzügen führen kann, welche bisweilen durch einen Schlagabtausch belebt werden, bei dem das Volk klarstellt, wer hier die Geschichte macht: «Ein Verurteilter sagt, bevor er aufs Schafott steigt, zu den Anwesenden: ‹Adieu, ihr Hungerleider.› Ein empörter Bürger antwortet ihm: ‹Wenn wir auch kein Brot haben, so wirst du schon zu fühlen bekommen, daß wir dafür das Messer haben.›»[278] Von allen Verhaltensweisen ist heute die Unbekümmertheit einiger Verurteilter, die sich bis zum Gelächter steigern konnte, am erstaunlichsten. Da der Hohn die revolutionäre Rechtsprechung ins Lächerliche zieht, ruft er als Gegenreaktion heftige Entrüstung hervor. In den Polizeiberichten sind Fälle angeführt, bei denen die Verurteilten auf dem Wagen tanzen (28. Ventôse, Jahr II), Witze reißen (22. Ventôse), aus vollem Halse lachen und sich über das Publikum lustig machen: «Heute stiegen fünf vom Revolutionstribunal verurteilte Personen in den Wagen des Henkers, darunter eine sehr große Frau, die wie eine Ausländerin aussah. Als der Henker ihr die Hand gab, um ihr in den Wagen zu helfen, zog sie ihn mit beiden Händen an sich und brach in Gelächter aus. Von den anderen sprachen drei miteinander und sahen sich lachend an, als sie das Publikum schreien hörten: ‹Ab zur Guillotine!› Einer von ihnen rief: ‹Wartet nur, bald seid auch ihr dran.› ‹Vielleicht schon morgen›, sagte der andere, von dem es heißt, er sei Heereslieferant. Diese Diebe sieht man leichten Herzens hingerichtet werden.»[279]

Sogar die Guillotinelieder bieten Anlaß zu Scherzen. Man weiß nicht so genau, wie das Volk auf Dantons Vers reagierte, bei dem besonders der Schlußreim sehr gelungen ist:

In den Tod da führen uns
jede Menge Schurken.
Wie traurig, wie traurig.
Bald jedoch kommt der Moment,
wo jeder in das Messer rennt.
Wie erbaulich, erbaulich.

Und welche Wirkung hätten wohl die Strophen von Louis Bernard Magnier, Mitglied des Wohlfahrtsausschusses, gehabt, der im Prairial III von einem Militärgericht abgeurteilt wurde:

(Melodie von *Ports à la mode*)

Sanson wird mich morgen lehren:
Muß dir nun die Haare scheren.
Freundchen, kannst im Jenseits machen
den Terrordrachen, den Terrordrachen.

(Melodie von *Bonsoir la compagnie*)

Wie tröstlich ist es doch fürwahr,
ein Vaterlandsopfer zu stellen dar.
Das Beil erwartet dich,
froh präsentier ich mich,
kein Schmerz, keine Freud,
ich bin es leid,
Wiedersehen allerseits![280]

In jedem Fall diente der Umzug, unabhängig davon, welche Art von Genugtuung er bereitete, dazu, dem Volk seine historische Rolle und seinen Einfluß bewußt zu machen: nimmt es Rache, wird der Verurteilte erniedrigt, weil er seine Fassung verloren und sich nicht standesgemäß verhalten hat; fühlt es Erhabenheit, so feiert es damit die grandiose Ergebenheit des Opfers in das Gesetz des Volkes; und äußert es Hohn, so gibt dieser dem gerechten Zorn über den Hochmut der Vaterlandsverräter neue Nahrung. Selten spielt es die Rolle des souveränen Volks, doch stets ist es zahlreich versammelt und agiert dem Verhalten des Verurteilten entsprechend.

Nach dem Kaiserreich und der Restauration wird die Julimonarchie in diesem Punkt das endgültige Ende der Revolution bedeuten: Die Guillotine verliert jegliche politische Funktion und wird damit zu jenem sozialen und humanitären Instrument, das Guillotin vorschwebte. Der Präfekt des Departements Seine erläßt hierzu ein Dekret. Die Guillotine wird vom Grève-Platz und damit aus dem Herzen der Stadt, wo sich das Rathaus befand, entfernt und vor den Toren so nah wie möglich am Gefängnis aufgestellt. Damit soll der Umzug auf eine minimale Entfernung reduziert und das abschließende Schauspiel den Blicken der Menge entzogen werden:

«Angesichts der Tatsache,

daß der Grève-Platz nicht länger als Hinrichtungsort dienen kann, seitdem edle Bürger dort ruhmvoll ihr Blut für die Sache der Nation vergossen haben;

daß es von entscheidender Bedeutung ist, bevorzugt vom Stadtzentrum entfernte und leicht zugängliche Orte zu bestimmen;

daß zudem aus Gründen der Menschlichkeit diese Orte sich so nah wie möglich am Gefängnis befinden sollten, wo die Verurteilten eingesperrt sind [...].»[281]

Der Präfekt kann noch so sehr betonen, daß die Bürger Karl X. während der Juli-Revolution vom Thron verjagten, die Bourgeoisie und ihr neuer Bürgerkönig entfremden das Instrument seinem revolutionären Zweck. Die Guillotine ist nicht mehr politisch: Sie verbürgerlicht.

2 Das Schafott

«Auf der Bühne angelangt, wiederholte er dieselben Worte: ‹Eh bien oui! Zum Teufel mit der Republik, es lebe der König!› und, zum Henker gewandt: ‹Na, nun guillotinier mich schon!›»

Le Thermomètre du jour, 7. Mai 1793.

Das Podium des Schafotts mit der «hoch aufragenden Guillotine», wie die Brüder Goncourt es formulierten, ist das auf verschlungenen Wegen anvisierte Ziel des Umzugs, der unabwendbare Endpunkt, der dem letzten Akt vorbehaltene Ort. Unvermittelt ändern sich dort Zeitmaß und Charakter des Schauspiels. Während des Umzugs ist das Geschehen in Naheinstellung zu sehen, auf dem Schafott in der Totalen, um es mit den Begriffen der Filmsprache zu sagen, und beim Übergang vom bewegten Bild zur Festeinstellung ändern sich sowohl die Regeln der Inszenierung als auch ihre Ziele: Der Bühnenraum ist anders strukturiert, er gehorcht einer anderen Ökonomie, und es entsteht eine neue Beziehung zwischen Opfer und Publikum.

Interessant ist die Wahl des Ortes, wo das Schafott aufgestellt wurde, und die Geschichte der Verlegungen quer durch Paris. Während die Guillotine zur Hinrichtung gewöhnlicher Verbrecher auf dem Grève-Platz bleibt, hat die politische Guillotine von Anfang an ein Anrecht auf einen besonderen Ort. Erst nach dem Sturz Robespierres wird man diese Unterscheidung abschaffen und die politischen Hinrichtungen ebenfalls auf dem Grève-Platz vornehmen. Allein die Tatsache, daß überhaupt ein Unterschied zwischen zweierlei Arten von Hinrichtungen gemacht wurde, ist ein weiterer Beweis dafür, daß man den jakobinischen Guillotinierungen ganz gezielt einen Sonderstatus einräumt: Sie bedürfen eines Ortes, der nie zuvor einem ähnlichen Zweck gedient hat. Zwar führt die Maschine zu einer Banalisierung der Hinrichtung, doch der Rahmen hierfür ist genau gewählt, und die Assoziationen, die die Umgebung wecken soll, sind kalkuliert.

Seit der ersten Serie politischer Guillotinierungen nach den Ereignissen vom 10. August befindet sich das hierfür verwandte Schafott auf der

Place du Carrousel (der damaligen Place de la Réunion). Am 17. August war ein außerordentliches Straftribunal für die an jenem historischen Datum begangenen Verbrechen eingerichtet worden. Dieses verfügte in 15 von den 32 ihm bis zum 29. September – dem Tag der Auflösung des Tribunals – unterbreiteten Fällen einen Freispruch, während in 17 Fällen die Todesstrafe verhängt wird. Die Einweihung der politischen Guillotine ist dann im Gegensatz zu der ersten Enthauptung eines gewöhnlichen Verbrechers, welche die Erwartungen des Publikums enttäuscht hatte, ein großer Erfolg, was nicht am Schauspiel selbst lag, sondern an seiner neuen, politischen Dimension.[282] Die erste Hinrichtung fand am 21. August statt, und bereits am 23. August wird beschlossen, daß das Schafott ständig aufgebaut bleiben soll, «bis auf die Schneide, welche zu entfernen der Scharfrichter nach jeder Hinrichtung berechtigt ist»[283]. Wurde diese Entscheidung auch aus Bequemlichkeitsgründen gefällt, so reicht ihre Bedeutung dennoch weit über das Praktische hinaus. Auch wenn man Gefahr läuft, zwei Guillotinen nebeneinander funktionieren zu lassen – eine auf der Place de Grève und eine zweite auf der Place du Carrousel –, so garantiert dieser Beschluß der politischen Guillotine doch ein unvergleichliches Prestige. Selbst ohne Schneide stellt ihr Chassis ein unübersehbares Mahnmal dar, das die Unverbrüchlichkeit der Prinzipien revolutionären Rechts vor Augen führt. Vor allem nach den Massakern vom 2. bis 5. September in den Gefängnissen gemahnt diese ständige Sichtbarkeit der Guillotine das Volk, Vertrauen in die Gesetzgebende Versammlung zu haben, denn das Recht der Vernunft muß gegenüber derart entwürdigenden Massenexekutionen den Vorrang haben.

Im übrigen unterstreicht die Gesetzgebende Versammlung, indem sie die Maschine am «Schauplatz des Verbrechens» aufstellt, um diesen auch zum «Ort der Sühne»[284] zu machen, daß von nun an die Place du Carrousel der Schauplatz der Gerechtigkeit ist. Jede weitere Ortsveränderung wird bedeutsame Gründe haben.

Bis zum 10. Mai 1793, das heißt für achteinhalb Monate, bleibt die Guillotine auf der Place du Carrousel, von einer Ausnahme abgesehen: der Hinrichtung des Königs auf dem Revolutionsplatz am 21. Januar.

Die Verlegung war hauptsächlich aus Sicherheitsgründen erfolgt. Es ging das Gerücht um, die Royalisten wollten versuchen, Ludwig XVI. durch einen Gewaltstreich zu retten. Man fordert daher Soldaten an, verbietet der Bevölkerung, sich an den Fenstern zu zeigen, und vermeidet den Umzug durch die verwinkelten Gassen im Herzen der Stadt, rund um die Place du Carrousel: Der Weg vom Temple, wo der König eingesperrt ist, zur Place de la Révolution – über die Rue du Temple, die Boulevards und die Rue Royale – ist wesentlich sicherer. Doch die Wahl des Revolutionsplatzes erfolgt nicht allein aus praktischen Gründen. Früher hatte dieser Platz nach Ludwig XV. geheißen, dessen Reiterstandbild man geschleift hatte. So konnte sich auf dieser riesigen freien Fläche eine beträchtliche Menschenmenge versammeln, um nach der symbolischen Zerstörung des Königtums nun der tatsächlichen Hinrichtung des letzten Königs beizuwohnen.

Am 17. Mai 1793 gibt es dann wichtige Motive dafür, daß die Guillotine definitiv die Place du Carrousel verläßt, um (wiederum von einer Ausnahme abgesehen) etwas länger als ein Jahr, bis zum 9. Juni 1794, auf dem Revolutionsplatz aufgestellt zu bleiben. Die Verlegung hängt damit zusammen, daß die Abgeordneten seit kurzem im Theatersaal der Tuilerien tagen: Bereits bei der ersten Zusammenkunft wurden die Delegierten zu unfreiwilligen Zeugen einer zweifachen Hinrichtung. Daraufhin wird unverzüglich ein Dekret verabschiedet, welches die Maschine aus dem Blickfeld der Abgeordneten entfernt, indem man zwischen den Konvent und den Ort der Hinrichtung die ganze Länge des Tuileriengartens legt.[285] Diese Entscheidung zeigt, wie schwierig es ist, die Volksvertretung, das gemeine Volk und das Idealvolk um die Guillotine herum zu versammeln: Die Delegierten ertragen den Anblick nicht, dem der Mann aus dem Volk mit Vergnügen beiwohnt, und die Volksvertretung möchte, daß sich das gemeine Volk durch ein Schauspiel, welches sie selbst nicht mit ansehen kann, in ein Idealvolk verwandelt. Welchen Rang kann aber eine Strafe beanspruchen, deren Vollzug die Volksvertretung nicht erträgt?

Am 11. November wird die Guillotine eigens auf das Marsfeld gebracht, um aus dem «Schauplatz des Verbrechens» den «Ort der Sühne» zu machen, denn Bailly soll für das Blutbad vom 17. Juli 1791 gerichtet werden. Außerdem wird für diese Enthauptung ein außergewöhnliches Zeremoniell festgelegt: Man beschließt, daß die rote Fahne – die das Standrecht symbolisiert, kraft dessen die Streitkräfte ohne Vorwarnung auf das Volk geschossen hatten – «hinten am Wagen befestigt und bis zum Ort der Hinrichtung hinterhergeschleift werden soll», wo sie dann vor Baillys Augen zu verbrennen ist, bevor die Hinrichtung erfolgt. Aus politischen Interessen verstößt man damit in beträchtlichem Ausmaß gegen das Prinzip der unverzüglichen Hinrichtung, welche die Menschlichkeit gebietet.[286]

Im Juni 1794 verläßt das Schafott dann definitiv den Revolutionsplatz am westlichen Ende der Stadt, um in zwei schnell aufeinanderfolgenden Etappen in den Osten verlegt zu werden. Am 9. Juni 1794 wird die Guillotine auf der Place Saint-Antoine aufgestellt (der heutigen Place de la Bastille), bleibt dort drei Tage und wird dann am 13. Juni bei der Barrière du Trône renversé (der heutigen Place de la Nation) aufgebaut.

Die politische Bedeutung der gewählten Orte ist offensichtlich.[287] Doch die wahren Beweggründe des Standortwechsels liegen tiefer. Die Revolutionäre haben Schwierigkeiten, die Wirkung einer Maschine in den Griff zu bekommen, die mit einem Übermaß von Vorstellungen besetzt ist. Der Grund für den ersten Ortswechsel ist, daß es der Schreckensherrschaft nicht gelingt, die beiden sich widersprechenden Begriffe von Erhabenheit, mit denen sie operiert, in Einklang zu bringen. Der zweite Ortswechsel kurz darauf unterstreicht die zunehmende Divergenz zwischen den Entscheidungen des Konvents und den Interessen der Bevölkerung.

Es ist kein Zufall, daß das Schafott den Platz der Revolution am 9. Juni 1794 verläßt. Wir schreiben den 21. Prairial II, das heißt, wir befinden uns einen Tag nach dem Fest des Höchsten Wesens, welches auf dem Revolutionsplatz stattgefunden hatte, und einen Tag vor der Verabschiedung des berühmten Gesetzes vom 22. Prairial, mittels dessen das Revolutionstribunal reorganisiert wurde. Dieses zeitliche Zusammentreffen macht es unmöglich, das erhabene Schauspiel, welches der 20. Prairial bot, jene Versammlung des «ersten [freien] Volkes der Welt», mit dem Anblick des gleichen Volkes zu vereinbaren, das in seinem Namen vergossenes, unreines Blut bejubelt.

Die Beredsamkeit, mit der Robespierre den Tag des 20. Prairial feiert, ist bezeichnend: «Dieser Tag hatte in Frankreich einen tiefen Eindruck von Ruhe, Glück, Weisheit und Güte hinterlassen. Wer hätte bei dem Anblick dieser erhabenen Versammlung des ersten [freien] Volkes der Welt glauben können, daß es noch Verbrechen auf Erden gibt?»[288] Und wer hätte nach diesen Worten verstehen können, daß am Ort der Feier die Blutbühne in Betrieb blieb? Nachdem die erfolgreiche Erneuerung des Volkes durch das Schauspiel vom 20. Prairial bewiesen worden war, durfte jenes Instrument, das dank des Gesetzes vom 22. in noch schnellerem Takt arbeiten sollte, nicht mehr den durch die Messe des Höchsten Wesens geheiligten Boden mit unreinem Blut tränken. Denn Ungeheuer gehören nicht an diesen Ort; alle Spuren der «persönlichen Laster», welche die Guillotinierten verkörpern,[289] müssen unverzüglich und endgültig getilgt werden. Zwar sollten die entsprechenden chirurgischen Eingriffe am Volkskörper um so entschiedener vorgenommen werden, als das Volk begonnen hat, sich in das ideale, souveräne Volk zu verwandeln, doch die Erhabenheit der chirurgischen Guillotine kann entschieden nur eine andere als die der rührenden Einigkeit am 20. Prairial sein – das Schwert der Freiheit muß anderswo niedergehen.

Schon nach drei Tagen zieht die Maschine, kaum auf der Place Saint-Antoine installiert, zur Barrière du Trône renversé um. Dabei konnte die Place Saint-Antoine in politischer Hinsicht als eine besonders gelungene Wahl erscheinen. Es sind denn auch nicht politische Gründe, die für den schnellen Abbau des Schafotts verantwortlich sind. Zahlreiche unvorhergesehene Schwierigkeiten bereitete die große Menge Blut, die auf dem Platz an jenem Sommeranfang vergossen wurde. Das Gesetz vom Prairial hatte nochmals eine jähe Beschleunigung der Hinrichtungen verursacht, obwohl deren Zahl ohnedies deutlich im Ansteigen begriffen war. Im Germinal hatte es 155 Verurteilungen gegenüber 59 Freisprüchen gegeben; im Floréal sind es bereits 354 gegenüber 155; im Prairial, wo das neue Gesetz erst für die letzten fünf Tage des Monats galt, 509 Verurteilungen gegenüber 164 Freisprüchen; im Messidor 796 gegenüber 208, und während der ersten neun Tage des Thermidor 342 Verurteilungen gegenüber 84 Freisprüchen. Man darf zwar auch die Zahl der Fälle nicht außer acht lassen, in denen sich das Revolutionstribunal für einen Freispruch entschied, doch davon bleibt unberührt, daß die täglichen Hinrichtungen in dieser Zeit spürbar zunahmen. Im Germinal waren es noch durchschnittlich fünf am Tag gewesen, im Prairial sind es siebzehn, im Messidor dann mehr als sechsundzwanzig, im Thermidor schließlich achtunddreißig. Auf der Place Saint-Antoine hatte die Guillotine innerhalb von nur drei Tagen dreiundsiebzig Verurteilte enthauptet.[290] Ein derartiger Rhythmus veränderte den Charakter des Schauspiels grundlegend und stieß bei der Bevölkerung auf unerwartet heftigen Widerstand.

Das Schauspiel der Guillotinierung konnte bei diesem Tempo schwerlich erhaben bleiben, denn die Erschütterung – eine notwendige Voraussetzung, um das Erhabene zu fühlen – konnte unmöglich mehr ein Staunen über die grandiose Einzigartigkeit des Ereignisses sein; höchstens die erschreckende Regelmäßigkeit der Maschine konnte noch Erstaunen auslösen. Doch da sich das Schauspiel tagtäglich mit der gleichen erschreckenden Regelmäßigkeit wiederholte, blieb schließlich nicht einmal mehr dieses Staunen übrig.

Bemerkenswerterweise hatte Camille Desmoulins diese Gefahr bereits 1790 erkannt und darauf aufmerksam gemacht, daß die ständige

Wiederholung des Hinrichtungsschauspiels zu einer Abstumpfung führen könne. Marat hatte zuvor von jener Eskalation der Hinrichtungen gesprochen, die das Charakteristikum der Schreckensherrschaft werden sollte. «Vor sechs Monaten hätten fünf- oder sechshundert Köpfe genügt, um die Gefahr abzuwenden. Heute, wo ihr so sinnloserweise eure unerbittlichen Feinde zu Kräften habt kommen lassen, werden vielleicht fünf- oder sechstausend umgebracht werden müssen; doch wenn wir auch zwanzigtausend umbringen müßten, so dürften wir keinen Moment zögern.»[291] Desmoulins entgegnet dem: «Monsieur Marat [...]. Sie sind der Dramatiker unter den Journalisten. Die Danaiden, die Barmekiden sind nichts im Vergleich zu ihren Tragödien. Sie schneiden allen Beteiligten des Stücks die Kehle durch, selbst dem Souffleur; wissen Sie denn nicht, daß das Tragische in der Übertreibung kalt läßt?»[292] Man denke auch an den berühmten Ausspruch Saint-Justs, wonach die Ausübung des Terrors den Verbrecher unempfindlich gemacht hat, so wie die starken Liköre den Gaumen unempfindlich machen.[293] Nach dem Prairial ist es der Zuschauer, der nichts anderes als unempfindlich sein kann, außer wenn er ein Kannibale ist, was aber der Zielsetzung des Schauspiels zuwiderläuft.[294]

Man könnte sich bei den großen Fuhren der Schreckensherrschaft an andere große Blutbäder in der Geschichte erinnert fühlen, etwa an die Bartholomäusnacht. Doch während diese eher noch den Septembermorden vergleichbar ist, sind die großen Fuhren grundsätzlich anderer Natur: Es handelt sich keineswegs um eine spontane Orgie des Tötens; vielmehr erwecken die Schreckensfuhren den Eindruck einer ununterbrochenen Abfolge, einer regelmäßigen Produktion von Toten, bei der die Zuverlässigkeit der Maschine für die Zwecke einer unendlich oft und identisch wiederholbaren Todesstrafe in industriellem Maßstab genutzt wird. Die technische Zuverlässigkeit der Maschine findet sich hierbei bestätigt, doch erleidet die Guillotine Einbußen in symbolischer Hinsicht, was zu ihrer Verlegung an den Stadtrand führt.

Die Auslagerung stellt gewissermaßen schon den ersten Schritt innerhalb eines langsamen Entwicklungsprozesses dar, der die Enthauptungsmaschine allmählich dem Blick der Öffentlichkeit entzieht: Nachdem man 1832 einen möglichst kurzen Weg zum Schafott gewählt hatte, beschließt man 1851, das Schafott vor den Gefängnistoren aufzubauen; 1872 schafft man es schließlich ganz ab und errichtet die Guillotine auf dem Boden, wodurch sie die Sicht außer für die vordersten Reihen erheblich verschlechtert. 1899 beginnt man sich dafür einzusetzen, daß die Hinrichtungen im Gefängnisinneren stattfinden sollten, damit «keine ungesunde Neugier zu [jener] äußersten Affektiertheit»[295] ermutige, welche gewisse Verurteilte an den Tag legen würden. Erst 1939, nachdem bei der Hinrichtung von Weidmann im Übermaß fotografiert worden war, beschließt der Justizminister, die Enthauptung endgültig den Blicken des Publikums zu entziehen.

Diese Entscheidung versetzte dem ständig ins Feld geführten Argument einer exemplarischen Wirkung der Strafe, und insbesondere der Todesstrafe, einen schweren Schlag. Gleichzeitig jedoch stellt dieser Beschluß nur die konsequente Anwendung der im 19. Jahrhundert langsam herangereiften Vorstellungen dar, welche sich das Bürgertum von der Justiz machte: An die Stelle der Sühne und der exemplarischen Hinrichtung sollen Überwachung und erzieherische Bestrafung treten. Die Guillotine aber wird in der Ideologie des Überwachens und Strafens – ihres «großen theatralischen Rituals», mit dem sie die Revolution versehen hatte, beraubt – zur «Maschinerie der schnellen und diskreten Tode».[296]

Wenn diese Entwicklung auch aus dem bürgerlichen Denken heraus logisch ist und ein Vorspiel zur schlichten und einfachen Abschaffung der Todesstrafe darstellt, so mag es erstaunen, daß sie sich bereits auf dem Höhepunkt der Schreckensherrschaft abzuzeichnen beginnt. Die letzte Verlegung der Guillotine, von der Place Saint-Antoine zur Barrière du Trône renversé, ist vielleicht das untrüglichste Zeichen für die aufbrechende Divergenz zwischen politischen Erfordernissen und den sich immer stärker durchsetzenden gesellschaftlichen Interessen.[297]

Es ist der Gesellschaftskörper, der durchsetzt, daß die Guillotine weit von der Place Saint-Antoine weggeschafft wird. Die Bewohner des Viertels wehren sich hauptsächlich aus hygienischen Gründen gegen das Schafott: Die Menge des vergossenen Blutes, welche zu groß ist, als daß sie noch alsbald im Boden versickern könnte, gibt zu der Befürchtung Anlaß, der «ungesunde Geruch» könne zu einer Epidemie führen.[298] Hinter dem Protest verbergen sich jedoch noch andere Motive, denn auch die Vorstellung, einen Hingerichteten-Friedhof in der Nachbarschaft zu haben, rief Widerwillen hervor.[299] Wenn man an die Zahl der täglich dort Begrabenen und die prekären Bedingungen ihres «Verscharrtwerdens» denkt, kann man sich vorstellen, daß dieser Abscheu ebenfalls mit hygienischen Befürchtungen zusammenhing; doch das ist es nicht allein, denn die Leute in der Nähe der Cimetière des Errancis (heutiger Parc Monceau) protestieren erst in dem Moment, als sie erfahren, daß nachts Enthauptete auf ihrem Friedhof begraben werden, nachdem sie zuerst im Madeleine-Kirchhof gelegen hatten.[300]

Die Guillotine der Schreckensherrschaft läßt Schreckgespenster erstehen. Unter dem Eindruck makabrer Phantasien schlägt das kollektive Bewußtsein Richtungen ein, die der politischen Absicht des Fallbeils zuwiderlaufen. Der Aderlaß der Nation zeitigt nicht die gewünschte Wirkung.

In den zwei letzten Monaten des jakobinischen Terrors wird es offensichtlich: Das Theater der Guillotine ist kontraproduktiv geworden, insofern das Publikum nur noch kannibalisch oder abergläubisch sein kann. Mit seiner kathartischen Funktion verliert das Schafott auch seine Erhabenheit und droht, bei den eifrigen Zuschauern nur noch die Roheit jenes Kannibalismus hervorzurufen, der gerade in ideologischer Hinsicht die größte Gefahr für das Volk bedeutet: Es droht zum bloßen Mob zu werden. Das Problem war bereits 1789 erstmals von Verninac de Saint Maur formuliert worden.[301] Prudhomme greift es im April 1793 wieder auf. Die Gedanken sind ähnlich, nur spricht jetzt Erfahrung aus ihnen.[302] Dabei hatte es bis zum April 1793 erst neun Enthauptungen auf der Place du Carrousel gegeben... Was dachte Prudhomme wohl im Juni 1794? Und was hätte er geschrieben, wenn die *Révolutions de Paris* nicht ihr Erscheinen am 28. Februar 1794 eingestellt hätten? Was hätte er zu dem Zeitpunkt geäußert, als die Henker sich beklagten, zu häufig ihre Kleidung erneuern zu müssen, weil diese vom Blut, das sie tagtäglich bedeckte, so heftig angegriffen würde?[303] Und was hätte er wohl von jener doppelten Roheit gehalten, daß das «Schauspiel des Blutes» weiterging, nachdem der Leichenkarren bereits abgefahren war? Denn «das Blut der Hingerichteten bildet auf dem Platz, wo es vergossen wurde, große Lachen [...]. Hunde gehen hin und trinken es und [...] eine Menschenmenge weidet sich an diesem Schauspiel, welches zur Rohheit verleitet [...].»[304]

Der Einsatz der Maschine in industriellem Maßstab führt zu Verhaltensweisen, die dem, was das moralische Theater der Guillotine bezwecken will, entgegengesetzt sind. Der Höhepunkt dieser Verkehrung ins Gegenteil ist erreicht, als die Maschine Vorurteile zu neuem Leben erweckt, mit denen man endgültig aufgeräumt zu haben glaubte, und die Zuschauer wieder in den alten Aberglauben verfallen läßt: «Landläufige Vorurteile. Es hat den Anschein, als seien sie noch nicht alle beseitigt, ja als erhielten sie neue Nahrung. Ein Bürger erzählte gestern einer Gruppe von Zuschauern, daß er seinen Freund nie dazu hätte bewegen können, sich der Stelle zu nähern, wo das Schafott aufgestellt wird, weil man ihm gesagt hatte, daß mehrere der Hingerichteten den Ort heimsuchten [...].»[305]

Die im Konvent gehaltenen Reden sprechen der Guillotine bis zum Schluß eine grandiose Funktion zu. Doch die Unterhaltungen am Fuß des Schafotts oder am Abend in den Wirtshäusern geben ein ganz anderes Bild. Das Theater der Guillotine bildet für beide Diskurse die Grundlage und läßt ein komplexes Beziehungsgefüge entstehen zwischen dem, was man (schlecht) sieht, dem, was man sich vorstellt, und dem, was man berichtet, der Geschichte, die man erzählt.

Die Inszenierung

Trotz der erhöhten Position der Guillotine, trotz der geometrischen Klarheit der Balkenkonstruktion, durch die die Schneide nach unten gleitet, trotz der nötigen Vorarbeit, den Verurteilten auf sein Brett zu schnüren, was unterstreicht, daß der Moment der Hinrichtung naht, beschränkt sich das eigentliche Schauspiel der Enthauptung für die meisten Zuschauer auf einen Blutstrom und das dumpfe Aufschlagen des Fallbeils, wenn der Hals durchschnitten ist.[306]

Nun muß aber bei einer öffentlichen Hinrichtung etwas geboten werden. Damit die Enthauptung ein Schauspiel ist, bedarf es folglich am Schafott einer Inszenierung, die für das Unspektakuläre der Maschine entschädigt. Denn der entscheidende Moment in der Hinrichtungsprozedur ist nicht nur zu kurz, um als solcher wahrgenommen zu werden, auch die Aufstellung der Akteure – liegender Verurteilter, auf beiden Seiten davorstehende Henker – trägt dazu bei, daß das Abtrennen des Kopfes kaum zu sehen ist.[307] Erhöhte Podien mit mietbaren Plätzen und Operngläser sollen die Sicht verbessern helfen, doch damit nicht genug: Bei wichtigen Opfern greift man bisweilen sogar in den mechanischen Ablauf des Vorgangs ein.

Der flüchtige Augenblick der Enthauptung wird eingefangen und angehalten und, wenn das Volk es will, sogar vom Henker hinausgezögert, um für kurze Zeit noch einmal die Dauer der früheren Foltern zurückzuholen. Dieser Eingriff in den Funktionsablauf der Maschine stellt eine Gesetzesverdrehung dar. Er ist daher nur in Ausnahmefällen möglich, wenn die Rachegelüste so groß sind, daß sie nach Befriedigung verlangen.

Wenigstens in einem Fall wurde hierbei die Unerbittlichkeit der Mechanik effektvoll genutzt. Und zwar bei niemand anderem als Hébert, dem größten aller Verräter, der vorgegeben hatte, ein Wortführer des Volkes zu sein. Betrachtet man die näheren Umstände seiner Hinrichtung, so wird deutlich, welch grauenerregende Variation ante litteram über das Thema «Verweile doch, du bist so schön!» man hier ersann. Die Schreiber von Sansons Tagebüchern, die dessen Menschlichkeit zeigen wollen, spielen den Vorfall natürlich herunter, doch aus Perriers Bericht geht klar hervor, mit welcher Leichtigkeit es am 24. März 1794 gelang, den Augenblick verweilen zu lassen: «Hébert kam erst als letzter an die Reihe, und die Scharfrichter gaben, nachdem sich die Lünette um seinen Hals geschlossen hatte, dem Wunsch des Volkes nach, diesem Erzverräter eine weniger sanfte Folter als die Guillotine zu bescheren: Während die Henker das Fallbeil über Héberts Verbrecherkopf schweben ließen, schwenkten sie ihre Siegermützen vor seiner Nase und schrieen ihm laut ‹Es lebe die Republik!› ins Ohr, ihm, der sie zugrunde hatte richten wollen.»[308]

Diese Rache unter dem Messer der Guillotine läßt die Genugtuung andauern, die bereits Héberts Gang zum Schafott der Zuschauerschaft bereitete. Wieviel Wut sich hier entlädt, zeigt sich daran, daß das Volk bei anderen Gelegenheiten dagegen empört war, wenn das Fallbeil nicht mit dem ersten Schlag enthauptete.

Doch eine Verzögerungstaktik wie bei Hébert kann nur in Ausnahmefällen angewandt werden, da das Gesetz die unverzügliche Hinrichtung vorschreibt. Darf im Regelfall der Moment der Hinrichtung selbst nicht in die Länge gezogen werden, so entwickelt man dafür ein Ritual, um das Davor und das Danach zu zelebrieren: Der Moment davor ist der Hauptfigur vorbehalten, die von ihrer erhöhten Position aus «das letzte Wort» hat, der Moment danach aber der bedeutungsschweren Geste des Henkers, der den Kopf aufhebt und ihn dem Publikum zeigt.

Von den prominenten Opfern der Revolution haben einige ein berühmt gewordenes Abschiedswort gesprochen. Am bekanntesten ist das von Danton, der auf dem Schafott das Ritual der Hinrichtung vorwegnahm und sich souverän durch ein letztes Bonmot ein Nachleben sicherte: «Vergiß nicht, vergiß vor allem nicht, dem Volk meinen Kopf zu zeigen: er ist schön anzusehen.»[309] Weniger bekannt ist, daß Madame Roland sich mit den berühmten Worten «Oh Freiheit! Wie viele Verbrechen werden in deinem Namen begangen!...» an die Freiheitsstatue aus Gips wandte, die an die Stelle des Reiterdenkmals für Ludwig XV. getreten war. Olympe de Gouges wiederum soll mit nachsinnendem Blick die Bäume auf den Champs-Élysées betrachtet haben, bevor sie leise sagte: «Verhängnisvolle Ruhmsucht! Und ich wollte in die Geschichte eingehen!»[310]

Derartige Schlußworte sind in großer Zahl überliefert. Weniger wichtig als die Frage nach ihrer Authentizität ist der Umstand selbst, daß sowohl beim Publikum als auch bei denjenigen, denen die Hauptrolle zufiel, das Bedürfnis nach einem Abschiedswort bestand. Es liegt auf der Hand, daß die meisten dieser Aussprüche ohnedies nicht zu hören waren, sie also den Opfern in den Mund gelegt wurden. Diese Vermutung wird auch durch den Bericht Arnaults gestützt, der bei Dantons Hinrichtung anwesend war: «[...] seine letzten Worte, schreckliche Worte, die ich nicht hören konnte, die man aber allseits, erschaudernd vor Schrecken und Bewunderung, wiederholte: ‹Vergiß nicht, vergiß vor allem nicht...›.» Und wer will schon die vorletzten Worte Dantons gehört haben, als ein Gendarm ihn noch beim Abschiedskuß von seinem Gefährten trennte, um ihn aufs Schafott zu bringen: «Du wirst wenigstens unsere Köpfe nicht hindern können, sich im Korbe zu küssen.»[311]

Auch dieser Ausspruch ist wahrscheinlich erfunden, doch dadurch nur um so aufschlußreicher: Was sich in ihm widerspiegelt, ist das ausgeprägte Bedürfnis der Revolutionäre nach dem Erhabenen – diesmal im rhetorischen Gewand. Mit dem Schlußwort erreicht die revolutionäre Rhetorik den Gipfel ihrer Erhabenheit, den Punkt, der ihr Anfang und Ende zugleich ist: das Niedersausen des Fallbeils, welches jedes weitere Wort, jedes Reden unterbindet.

Das Schlußwort ist um so wirkungsvoller, als durch die Guillotine das Sprechen auf den Lakonismus des Schweigens reduziert wird. So manifestiert sich in der Enthauptungsmaschine das rhetorische Grundprinzip revolutionärer Staatsführung, wie Saint-Just schon sagte: «Es ist unmöglich, ohne Lakonismus zu regieren.»[312]

Perfekt wäre die Inszenierung, wenn das Messer der Guillotine dem Hinzurichtenden ins Wort fiele. Dies wäre der Augenblick, wo die Rhetorik, indem sie sich im Moment ihrer Äußerung selbst annulliert, das Äußerste hervorbrächte: den Punkt, ja die erhabenen Auslassungspunkte. Diese Auslassungspunkte verleihen den letzten Worten Ludwigs XVI. in der royalistischen Version ihre Erhabenheit. In der republikanischen Version tritt an ihre Stelle der Schrei des Ungeheuers, das nicht sterben will.[313] Es ist nicht weiter verwunderlich, daß dieser Schrei bei der Hinrichtung Robespierres, dem anderen Tyrannen, der sich ebenfalls in ein blutrünstiges Ungeheuer verwandelt hatte, wiederkehrt: «Der Henker riß, nachdem er ihn auf das Brett gebunden hatte und bevor er ihn kippte, die Binde ab, welche die zertrümmerte Kinnlade stützte. Er [Robespierre] stieß ein Brüllen aus wie ein sterbender Tiger, das auf dem ganzen Platz zu hören war.»[314] Dieses Brüllen des sterbenden Tigers ist das monströse Gegenstück zur sublimen Beredsamkeit und dem erhabenen Schweigen.

Die Wirkung des letzten Wortes wird durch die Tatsache verstärkt, daß auf den Moment der Stille unmittelbar die Geste des Henkers folgt, der dem Volk den Kopf zeigt. Diese Geste, die so schwerwiegende Auswirkungen auf den Ruf des Scharfrichters haben sollte, stellte eine bemerkenswerte Bereicherung des Theaters der Guillotine dar. Begleitet von den Schreien des Publikums, die den Erfolg des Hinrichtungsschauspiels feiern – eine Art der Beifallsbezeugung, die von den Ovationen nach der letzten Note eines Konzerts oder einer Oper gar nicht so verschieden ist –, hebt der Henker den abgetrennten, schweigenden Kopf auf und hält ihn in die Höhe, um ihn dem Volk zu präsentieren. Ein einprägsamer Moment: Indem das Fallen des monströsen Kopfes hier noch einmal rückgängig gemacht wird, setzt diese Geste die vollzogene Hinrichtung wirkungsvoll ins Bild; durch sie entsteht ein symbolisches Schlußtableau.

Die revolutionären Kupferstiche stellen ein beredtes Zeugnis für den politischen Wert dieser theatralischen Geste dar. Während die Stiche royalistischer Provenienz bevorzugt die letzten Augenblicke im Leben des Hingerichteten und damit meist auch seine letzten Worte zum Gegenstand haben, stellen die Stiche der Revolutionäre die Geste des «Köpfezeigens» dar und lassen diese zu einem der beliebtesten Sujets werden. Gewiß ist dieser Moment der Hinrichtung am leichtesten darzustellen, da der Tod selbst ja nicht zu sehen ist und die horizontale Lage des Verurteilten es weniger günstig erscheinen läßt, den Augenblick vor der Hinrichtung zu zeigen – wie es noch für die Enthauptungen des Ancien Régime üblich war. (Hier wurde der Scharfrichter meist mit einem erhobenen Schwert abgebildet, unter dem der Verurteilte kniet.) Doch wenn die revolutionäre Graphik sich für die letzte Geste des Henkers entschieden hat, so liegt das auch daran, daß man mit dieser Gebärde des Scharfrichters, der den Kopf mit ausgestrecktem Arm von sich hält, an eine Bildtradition anknüpfen kann, an ein berühmtes Vor-Bild, das die Wirkung der Zurschaustellung des Ungeheuers auf die Vorstellung verstärkt und mit Bedeutung anreichert. Gemeint ist die Geste, mit der Perseus den Kopf der Meduse dem Tyrannen Polydektes vorhält, und ihn so versteinert. Mit dieser Gebärde – und in diesen Stichen – setzt das theatralische Ritual all diejenigen dem Medusenblick aus, die «der Tyrannei nachtrauern»[315].

Am wirkungsvollsten wird das Unspektakuläre der Hinrichtung jedoch durch die Berichterstattung wettgemacht. Hier kann der Erzähler auch das in Szene setzen, was er nicht (oder nur schlecht) gesehen hat. Das Schafott regt zu Erzählungen an, die weniger in bezug auf die Fakten von Interesse sind als vielmehr im Hinblick auf die Frage, welcher Art die Fiktionalisierung ist, zu der die Guillotine Anlaß gibt.

Unter diesem Blickwinkel sind von den unmittelbar nach der Hinrichtung abgefaßten «Augenzeugenberichten» gerade diejenigen am aufschlußreichsten, die ein unmögliches Detail enthalten. Je phantastischer die Fiktion ist, desto wichtiger ist sie als Zeugnis für unsere Analyse, denn hier geben sich die am Schafott wirkenden Verfahren der Imagination unmittelbar zu erkennen. Die Erzähler lassen sich auf diese ein und verleihen ihnen damit ein Stück Realität. So erklärt sich zum Beispiel das außergewöhnliche Echo selbst unter Medizinern, das die Anekdote über das entrüstete Erröten der enthauptet geohrfeigten Charlotte Corday fand. Indem diese Anekdote das faszinierende Thema des erst *post mortem* sterbenden Kopfes Gestalt annehmen läßt, gewinnt sie eine derartige Überzeugungskraft, daß die Mediziner sich beeindruckt zeigten. Dabei meldete sich bereits am Tag nach der Hinrichtung in einem Leserbrief der gesunde Menschenverstand mit einem einleuchtenden Fazit zu Wort: «Der Henker hatte die Hände voller Blut; er hinterließ eine Spur auf den Wangen der Hingerichteten.»[316]

Zwei weitere «Berichte» über den Tod Marie-Antoinettes mögen genügen, um zu zeigen, wie sich in den Erzählungen die Fiktion um eines spektakulären, unerwarteten Effekts willen gegen die unumstößlichste Evidenz durchzusetzen vermag. Die Berichte verleihen einem Tod, der ohne die Fiktion skandalös banal wäre, wieder seinen beispiellosen, einzigartigen und im wahren Sinn des Wortes unglaublichen Charakter.

Um ihren Tod vor dem entehrenden Zugriff der Guillotine und des Henkers zu schützen, zögert der Erzmonarchist Lafont d'Aussone nicht, den Zeitpunkt des Sterbens einfach vorzuverlegen, wobei es ihm gelingt, den Tod mit der nötigen Plötzlichkeit eintreten zu lassen – welche das unerbittliche, gedrängte Nacheinander von Umzug und Schafott erforderlich macht. Und zwar, indem er einen bewundernswerten Theatercoup erfindet, der die Enthauptung deutlicher noch als in allen anderen royalistischen Berichten als einen Akt monströser Unmenschlichkeit erscheinen läßt: «Beim Anblick des Schafotts schlossen sich Marie-Antoinettes Augen, die Blässe des Todes legte sich über ihr Gesicht, ihr Kopf sank auf die Brust nieder. Sie hatte ihren Geist ausgehaucht. Ein plötzlicher Gehirnschlag hatte dem Leben der Königin ein Ende gemacht; ihr beklagenswerter Leichnam war es, und nicht sie selbst, was die Republikaner zum Schafott trugen.»[317]

Lafont d'Aussone macht sich ein Detail zunutze, das der *Magicien républicain* erwähnt hatte: «Auf dem Revolutionsplatz angekommen, blieb ihr Blick selbstverloren auf das Tuilerienschloß gerichtet; ihr Beichtvater, welcher neben ihr saß, sprach zu ihr, doch sie schien weder zu hören noch zu verstehen, was er sagte.»[318] Lafont kommt diese Absence für seine absurde Erfindung zustatten; er nimmt dafür in Kauf, auf die Beschreibung der eigentlichen Hinrichtung verzichten zu müssen, die zur Erlösung der ehemaligen Königin führt.[319] Es ist ihm als überzeugtem Royalisten wichtiger, die unantastbare Sakralität, mit der der Körper der Monarchin ausgestattet war, bis zum Tode unangetastet zu lassen, als eine Seelenstärke noch einmal vor Augen zu führen, die ohnehin dem königlichen Wesen eigen ist.

Die Hinrichtung Madame Rolands wiederum, die von Anfang bis Ende mit aller Erhabenheit gespielt und betrachtet wurde, bietet Anlaß zu einem erzählerischen Einfall, der insofern besonders brillant ist, als er die einzige sichtbare Gemeinsamkeit all dieser Hinrichtungen einfach negiert: den Blutstrom, der aus dem durchschnittenen Hals schießt. Madame Rolands Blut soll nämlich eine Ausnahme dargestellt haben: «Als die Schneide den Kopf abgetrennt hatte, schossen zwei riesige Blutströme aus dem enthaupteten Körper hervor, was man noch nie erlebt hatte: Meistens fiel der Kopf fahl zu Boden, und das Blut, welches durch die Erregung in diesem schrecklichen Moment zum Herzen zurückgeströmt war, floß schwach, Tropfen für Tropfen, heraus.»[320] Bertins Einfall dient einem doppelten Zweck: Er illustriert das Entsetzen, das sich der Opfer auf dem Schafott bemächtigt – und zwar durch ein «physikalisches» Phänomen, das gegen die Gesetze der Natur verstößt, dadurch aber die Ungeheuerlichkeit der Hinrichtung um so deutlicher hervortreten läßt –, und gleichzeitig läßt er den Tod Madame Rolands, der andernfalls banal gewesen wäre, durch seine Entsetzlichkeit zu etwas Einzigartigem werden.

Eine besonders ausgeklügelte und eingängige Antwort auf die schlechte Sichtbarkeit des Schauspiels und die Ungewißheit, welche politische Bedeutung das Volk diesem verleihen könnte, gibt jedoch ein anderes Textgenre: die populären Lieder. Sie wurden nach den Hinrichtungen in Umlauf gebracht und stellten ein hervorragendes Instrument revolutionärer Pädagogik dar. Von Spezialisten für das Volk geschrieben, dessen vermeintliche Ausdrucksweise sie nachahmten, verleihen diese Lieder in ihrer einfachen Sprache der jeweiligen Hinrichtung einen prägnanten politischen Sinn und korrigieren, was im Moment des Geschehens uneindeutig gewesen sein mochte.

Es ist der Tod Héberts, bei dessen Schilderung die deutlichsten Eingriffe vorgenommen werden, um keine Zweifel über die Moral der Geschichte aufkommen zu lassen. Das Stegreifgedicht über die «Verkürzung» des Père Duchesne und seiner Komplizen, welches auf die Melodie des *Cadet Roussel* gesungen wurde, stellt ein exemplarisches Beispiel dar:

Den Père Duchesne hat's erwischt,
was halt die Guillotine ist.
Soll er nur fluchen, schimpfen, grollen,
sein Kopf der wird zu Boden rollen.
Aber nein, aber nein,
das kann nicht sein.

Sein verdammtes Mistjournal
hielt uns zum Narren allemal.
Los, das Fallbeil nieder, nieder,
weg mit all dem Ungeziefer.
Aber nein, aber nein,
wie kann das sein.

Hébert fraß sich die Wampe voll,
auf daß das Volk schön hungern soll.
Ließ überall das Essen horten,
doch heute weiß man's allerorten.
Aber ja, aber ja,
dazu ist Guillotine da.

Dieser Hébert der Normandie
– Caen ist seine wahre Patrie –
er spielte den guten Sansculotten
und ließ das Vaterland verrotten.
Aber ja, aber ja,
dazu ist Guillotine da.[321]

Diese über Hébert und andere geschriebenen Lieder beschließen das Schauspiel, das im Fall von Hébert, durch die Anprangerung seines lasterhaften Lebenswandels auf dem Platz, vor Ankunft des Umzuges, eröffnet wurde. Aus Perrières Bericht geht deutlich hervor, daß die Umrahmung der Hinrichtung durch Erklärungen in Form von Moritaten und Gassenhauern eine gleichermaßen theatralische wie politische Funktion hatte: «Weiter vorne bereiteten Sprecher das Volk auf die Hinrichtung des berühmten Heuchlers vor, der es so gut verstanden hatte, die Achtung und das Vertrauen der Bevölkerung für sich zu gewinnen. Sie bereiteten es durch die Episoden aus seinem [Héberts] Privatleben vor, aus Angst, der kolossale patriotische Ruf, den er sich erworben hatte, könne im Geist des Bürgers im Moment der Hinrichtung mit dem Gerichtsurteil in Widerstreit geraten.»[322]

Die Guillotine ist unermüdlich: Noch während sie einer konterrevolutionär gewordenen Beredsamkeit erhaben das Wort abschneidet, gelingt es ihr, die zu kurze Pantomime, welche sich auf dem Schafott abspielt, in geschriebene, gelesene, rezitierte oder gesungene Texte zu verwandeln. Auch das ein Paradox: Die Maschine, die das Wort abschneidet, produziert die verschiedensten Formen von Rede.

3 Der Scharfrichter

> «Welch ein Mensch, dieser Sanson! Er kommt und geht wie jeder andere; manchmal besucht er das Vaudeville-Theater, er lacht, er sieht mich an [...].»
>
> Mercier, *Le Nouveau Paris*.

> «Wo kommt Ihr her, meine Damen? – Mama, wir kommen von den Hinrichtungen. Oh, mein Gott, was muß der arme Henker durchgemacht haben.»
>
> J. Joubert, *Carnets*, 30. Juli 1804.

«Die Opferfeier wird gleich beginnen [...]. Der Henker und seine Knechte steigen auf das Schafott, machen alles bereit. Der erste wirft sich einen blutroten Umhang über. Er stellt sich links, nach Westen hin, auf und seine Gehilfen rechts, den Blick Richtung Osten, nach Vincennes gewandt. Besonders der erste Gehilfe wird von den Kannibalen gelobt und bewundert, wegen seines fähigen und besonnenen Aussehens, wie man sagt [...].»[323]

Auf der Hinrichtungsbühne fällt dem Henker eine besondere, einzigartige Rolle zu. Er betritt als erster die Szene und geht als letzter ab. Er bestimmt den Beginn des Schauspiels und definiert dessen Grenzen. Da seit der Ablösung des Schwerts durch die Guillotine mehrere Gehilfen notwendig geworden sind, arbeitet er in einer Equipe, und seitdem schenkt man ihm keine besondere Beachtung mehr, obwohl er häufig am Höhepunkt des Ereignisses die Sicht behindert. Halb Schauspieler, halb Handlanger und Statist, ist er der Akteur, der in den Texten am seltensten Erwähnung findet und dabei doch der einzige «feste» Darsteller der Truppe, der einzige, für den die Tragödie nicht nur ein einmaliges Gastspiel darstellt.

Im Rahmen unserer Studie verdient seine zwiespältige Rolle, genauer betrachtet zu werden. Seit der Einführung der Guillotine ist er nicht mehr jenes «unerklärbare» Wesen, von dem Joseph de Maistre eine berühmte Schilderung gibt[324]; die Hinrichtungsmaschine degradiert ihn vielmehr zum bloßen Auslöser eines unpersönlichen Mechanismus. Die Maschine trennt das berüchtigte Opfer-Henker-Paar voneinander und verhindert jeden direkten Kontakt. Das neue Guillotine-Henker-Gespann ist jedoch abermals problematisch, da es zwei widersprüchliche Prinzipien miteinander verbindet: die Banalität der Maschine und die Besonderheit eines bis dahin ungewöhnlichen, «unberührbaren» Wesens. Was wird nun aus dem Henker, sobald die Guillotine die Hauptrolle spielt? Wie vertragen sich die neue Hauptdarstellerin und der alte Protagonist miteinander?

Eine schwierige Banalisierung

Dem äußeren Anschein nach spielen der Henker und seine Mannschaft nur eine Nebenrolle; wenn sie auch nicht bloße Statisten sind, so können sie doch höchstens den Anspruch erheben, ein «ausführendes Organ» zu sein, um die von Desmoulins geprägte Bezeichnung aufzugreifen, das so wenig wie möglich auf sich aufmerksam machen soll. Es sind schon außergewöhnliche Umstände nötig, damit sich das Interesse des Publikums oder der anderen Akteure dem Henker zuwendet. Immer anwesend, muß er doch unbemerkt bleiben, was ihm auch gelang, denn er ist zum Gegenstand nur sehr weniger Geschichten geworden.

Die Absicht des Gesetzes und das Ziel bei der Einführung der Maschine wäre also, was seine Person anbetrifft, erreicht. Aller verschleiernden Sakralität beraubt, verdiente der Henker seine administrative Bezeichnung als ausführendes Organ der Exekutive; er wäre ein Mensch wie jeder andere, nur mit einem ausgefalleneren Beruf.

So wurde übrigens auch schon vor 1789, lange bevor die Guillotine gebaut wurde, in der Debatte über die Wählbarkeit des Henkers argumentiert. Wenn Abbé Maury, ein erbitterter Gegner der Revolution, die alten Argumente wieder aufnahm[325], so beharrten die Befürworter der Wählbarkeit darauf, daß es einen Widersinn darstelle, gerade demjenigen die Rechte des Bürgers vorzuenthalten, der mit der Durchsetzung des Rechts betraut sei. Sansons Anwalt, Maton de la Varenne, verfaßte in diesem Zusammenhang eine Denkschrift, die als Zeugnis dafür interessant ist, welch hohes Prestige ein von seinen Mitbürgern geliebter Scharfrichter genießen konnte.[326] Am bemerkenswertesten ist jedoch die Argumentation des Grafen Clermont-Tonnerre, der aufzeigt, wie man die Rolle des Henkers vor dem neuen theoretischen Hintergrund zu beurteilen habe: «Ein Beruf schädigt entweder die Gesellschaft oder nicht. Wenn er es tut, so handelt es sich dabei um einen Mißstand, gegen den die Justiz etwas unternehmen muß. Tut er es nicht, muß das Gesetz der Gerechtigkeit genügen, die der Ursprung der Gesetze ist [...]. Es kann dann nur darum gehen, die Vorurteile auszuräumen [...]. Alles, was das Gesetz vorschreibt, ist gut; es ordnet die Hinrichtung von Verbrechern an; der Scharfrichter gehorcht also einzig dem Gesetz. Es wäre absurd, wenn das Gesetz zu einem Menschen sagen würde: mache dies, und wenn du es machst, Schande über dich.»[327] An dem Bemühen um logische Objektivität erkennt man, wie sehr die aufgeklärte Vernunft den Henker als eine ganz gewöhnliche Person behandelt sehen möchte. Doch die Legislative hat bei ihren guten Absichten nicht mit den Gesetzmäßigkeiten des Theaters der Guillotine gerechnet: Man hat den Unterschied zwischen Rolle und Person nicht beachtet, was entscheidende Auswirkungen auf den Ruf des Henkers haben sollte.

Zunächst einmal wird der Scharfrichter für wählbar erklärt, und die Einführung der Guillotine 1792 hätte die Banalisierung seiner Tätigkeit vollenden müssen. Der einzige Moment nämlich, in dem er sich jetzt noch bewähren muß, ist derjenige, wo er den Verurteilten auf das Brett schnallt. Die Schnelligkeit, mit der er diese Aufgabe erledigt, ist nunmehr das einzige Kriterium, wonach man seine Menschlichkeit noch beurteilen kann. Als die Opfer schließlich reihenweise hingerichtet werden, verzichtet man außerdem darauf, sie festzubinden, um das Verfahren zu beschleunigen und dem Verurteilten die Qual einer unnötig langen Wartezeit zu ersparen. Der folgende Text belegt, daß Kraft, Geschick und Entschiedenheit nun die einzigen Qualitäten sind, die man von einem Henker erwartet: «Da alles bereit war, steigt der alte Mann mit der Hilfe der Henker aufs Schafott. Der Hauptscharfrichter nimmt ihn am linken Arm, der erste Gehilfe am rechten, der zweite an den Beinen: im Handumdrehen liegt der Mann auf dem Bauch, ist der Kopf abgehauen und mitsamt dem noch bekleideten Körper in einen riesigen Kippkarren geworfen, wo alles in Blut schwimmt; und immer so weiter. Welch fürchterliche Schlächterei!»[328] Vor diesem Hintergrund versteht man die Bewunderung besser, welche die Kunstfertigkeit Sansons und seiner Equipe weckte. Wenn der qualifizierte Henker, zum geschickten Schlächter degradiert, einen Teil seines Prestiges als *carnifex* verliert, so ist mit seiner neuen Stellung dafür der unschätzbare Vorteil der Banalität verbunden. Er ist nun, dem Gesetz nach, ein voller Bürger, sozusagen ein Beamter wie alle anderen. Man versäumt es übrigens nicht, ihn daran zu erinnern, wann immer er seine geringfügige Pflicht nicht korrekt erfüllt. So wurde Jean-Denis Peyrussan vorgeladen, als er am 4. Juni 1794 in Bordeaux bei einer Hinrichtung jämmerlich versagte und das Fallbeil bei allen vier Verurteilten, die man ihm übergeben hatte, mehrmals niedergehen lassen mußte. Der Präsident der Militärkommission gemahnt ihn an die neuen Prinzipien, denen sein Auftrag gehorche: «Im Ancien Régime waren die ehrwürdigen Aufgaben, die Ihr erfüllt, zu etwas Widerwärtigem verkommen, es brauchte Barbaren, um sie auszuführen! Heute ist dem nicht mehr so, man kann sich an jedem Platz menschlich und mitfühlend zeigen. Ein menschlicher Mensch kann nun Euer schreckliches Amt ausüben [...]. Ihr hättet der Revolution Dank dafür wissen müssen, daß sie Euch der Gesellschaft wiedergegeben und geachtete Bürger aus Euch gemacht hat. Ihr hättet Euch menschlich zeigen müssen; man kann dies tun, indem man das Schwert des Gesetzes verläßlich niedergehen läßt.»[329] Ein menschlicher Mensch – in ihrer Verknappung führt diese Formel das Ausmaß des von der Guillotine erreichten Fortschritts vor Augen: Sie hat den letzten Rest von Inhumanität in Gestalt eines unmenschlichen Menschen beseitigen helfen, der in einer Gesellschaft der Gleichheit und Feinfühligkeit fortzubestehen drohte.

Anfangs war die Republik dagegen dem Henker noch mit Mißtrauen begegnet. Dies wird an dem Skandal deutlich, den die *Révolutions de Paris* gegen Ende des Jahres 1789 auslösten, als sie zu berichten wußten, Sanson stelle den Aristokraten seine privaten Druckpressen zur Verfügung. Die Affäre bringt die ganze Stadt in Aufruhr, und selbst bei Desmoulins findet sich ein Echo.[330]

Der barbarische Henker des Ancien Régime mochte tatsächlich als ein Mann des Königs verdächtig sein. Seit Charles Sanson 1688 durch einen von Ludwig XIV. unterzeichneten Brief persönlich zum Henker ernannt worden war, besaßen die Sansons gewissermaßen ein erbliches Anrecht auf dieses Amt. Charles Henri ist das vierte Glied einer Kette, bei der die Vornamen der Amtsträger mit der gleichen Regelmäßigkeit aufeinanderfolgen wie in der Familie des Monarchen: Charles Sanson, genannt Longval (1688–1707), Charles II (1707–1726), Charles Jean-Baptiste (1726–1778), Charles Henri (von 1778 bis zu seiner Amtsniederlegung 1795). Wie man weiß, war auch diese Dynastie mit jener – unseligen – Sakralität ausgestattet, die vom Rest der Nation absonderte.[331]

Da nun aber Charles Henri ein gewöhnlicher und wählbarer Bürger geworden war, nutzt er in der Aristokratenaffäre seine Rechte und erwirkt vor Gericht die Verurteilung seiner Gegner wegen Verleumdung, womit praktisch sein Republikanismus verbrieft ist. Die einzigen Beziehungen, welche die Regierung von da an mit ihrem Henker unterhält, sind finanzieller und administrativer Natur: Der Scharfrichter ist nur mehr der Beamte, der mit dem Vollzugsinstrument betraut ist.

Doch in den geschäftlichen Briefen zwischen Regierung und Henker finden sich mindestens zwei Details, die verraten, daß die scheinbar gelungene Banalisierung einige Schwierigkeiten bereitet.

Zum einen ist auffällig, daß die Regierung zwar den Tod und den Scharfrichter banalisiert, nicht jedoch die Maschine: Sie übernimmt die Wartung nicht, sondern überläßt diese der Sorgfalt des Henkers – um den Preis, das alte System der Unterhaltsentschädigung beizubehalten, wonach dem Henker eine jährliche Pauschale zusätzlich zu seinem Lohn zusteht.[332] Zum Problem wird außerdem der Widerstand, den die Bevölkerung einer Banalisierung des Henkers entgegenbringt. Dies zeigt sich an den Komplikationen, die entstanden, als die Verwaltung ihre Henker, so wie die anderen Beamten, von einem Departement ins andere versetzen wollte.

Einem Gesetz vom 13. Juni 1793 zufolge sollte es in jedem Departement der Republik einen Henker geben. Doch im Süden fehlte es an Leuten, während im Norden ein Überangebot bestand. Die Verwaltung beschloß daher entsprechende Versetzungen. Als die Henker aus dem Norden im Midi ankommen, tritt die Diskrepanz zwischen der administrativen Logik und den lokalen Gegebenheiten offen zutage. Der Großteil der Korrespondenz zum Henkerwesen ist den hieraus entstehenden Problemen gewidmet. Die Lösung der Fragen ließ auf sich warten[333], da sich die Angelegenheit nicht einfach durch Reglementierung lösen ließ. Man ersieht dies aus den Worten, die Justizminister Duport-Dutertre gebraucht, als er sich für die Henker einsetzt, die aufgrund des neuen Gesetzes ohne Stelle sind. Er bringt ihrer Lage «einiges Mitgefühl» entgegen wegen des «großen Abscheus» vor dem Verbrechen, den ihr Beruf ihnen einflößt, doch gleichzeitig finden die Vorurteile der Bevölkerung gegen den Henker Erwähnung und werden als eine natürliche Empfindung bezeichnet.[334]

Es besteht also ein eklatanter Widerspruch zwischen dem Bestreben, das Schafott und den Henker zu banalisieren und jener natürlichen Empfindung, der, weil sie ein Gefühl ist, mit dem Gesetz nicht beizukommen ist. Ein Philosoph unter den Henkern konstatiert würdevoll bei seiner Amtsniederlegung: «Die öffentliche Meinung wird nicht immer ihren Prinzipien gerecht, und ich spürte, daß ich das Opfer eines Vorurteils sein würde, welches die Philosophie nicht ganz auszurotten vermochte.»[335]

Die Welt des Geistes und des Geldes

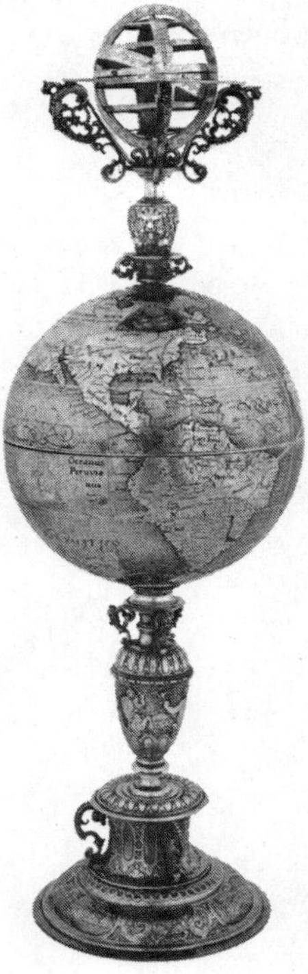

ENGLAND

«Die Gerechtigkeit ist eine Maschine...

... die von selbst weiterrollt, wenn man ihr einen Anstoß gegeben hat.»

John Galsworthy (1867–1933)
Aus: «Justice», 1910

Wenn Abläufe ihre Eigendynamik entwickeln, so kann es passieren, daß eine «Revolution wie Saturn ihre eigenen Kinder frißt» (Georg Büchner) oder daß aus einem ersten Pfandbrief im Laufe der Jahre ein respektables kleines Vermögen wird.

Die Reaktion des Volkes

Es kommt vor, daß das Volk von der Barbarei des Henkers in Aufruhr versetzt wird; und zwar empört es sich vor allem, wenn dieser nicht das reibungslose Funktionieren der Maschine sicherstellt und dadurch die Enthauptung, welche dem Gesetz nach eine sanfte Strafe sein soll, aufs neue in eine schreckliche Folter verwandelt.

Der erste derartige Zwischenfall scheint sich im Juli 1792 in Paris zugetragen zu haben: die Seile, an denen das Fallbeil hing, hatten sich verwirrt, wodurch der Aufprall des Beils so gebremst worden war, daß man dieses noch einmal mit größerer Umsicht niedergehen lassen mußte.[336] Die technischen Schwierigkeiten wurden behoben, indem man die Seile durch einen mechanischen Auslöser ersetzte. Weiterhin konnte jedoch der vorgesehene Ablauf des Schauspiels durch die Unaufmerksamkeit, die Aufregung oder die Unerfahrenheit des Henkers gestört werden: Nachdem Chalier die Bürger Lyons mit seinen Drohungen terrorisiert hatte, wird er während des Volksaufstands zum Tode durch jenes Instrument verurteilt, das er bei seinen zu wenig republikanisch gesinnten Mitbürgern hatte anwenden wollen. Doch das Fallbeil gleitet – wahrscheinlich infolge einer schlechten Montage – langsam auf den Hals des Opfers nieder und hinterläßt, dreimal aufs neue niedergehend, nur einen allmählich tiefer werdenden Einschnitt. Schließlich muß das Haupt mit dem Messer abgetrennt werden; und zu guter Letzt muß der Henker Ripert auch noch, um das Bild des Grauens perfekt zu machen, den Kopf bei den Ohren packen, um ihn dem Volk zu zeigen, weil Chalier eine Glatze hatte. Diese schaurige Hinrichtung führt bei der Rückeroberung der Stadt durch die Republikaner zur Hinrichtung des Henkers und seines Gehilfen, während Chaliers Haupt zu einer Reliquie der Republik wird, die Collot d'Herbois feierlich der Stadt Paris überreicht, wobei er gleichzeitig für den Märtyrer um die Ehren des Pantheons ersuchen läßt.

Die Tatsache, daß es wiederholt zu derartigen Zwischenfällen kam, inspiriert den royalistischen Autor der *Conspiration de Robespierre* (Verschwörung Robespierres) zu einer seltsamen Wahnvorstellung; die Guillotine findet hier in einem wahrhaft höllischen Rhythmus Anwendung: «Die Zahl der Hingerichteten nahm beträchtlich zu. Die Kräfte der Henker schwanden, ihre Arme erlahmten. Die verhängnisvolle Schneide selbst stumpfte ab, und die letzten Opfer, die von ihr getroffen wurden, starben, schrille Schreie ausstoßend, nach einem langen Martyrium.»

Ein bisher unveröffentlichter Brief, in dem eine dieser mißglückten Hinrichtungen beschrieben wird, verdient, in diesem Zusammenhang zitiert zu werden, obwohl das geschilderte Ereignis außerhalb unseres Untersuchungszeitraums, erst 1806, stattfindet. Was den Brief dennoch aufschlußreich macht, ist die Genauigkeit, mit der die Reaktionen des Publikums beim Verstoß gegen das Protokoll der Hinrichtung beschrieben werden:

«Ich habe die Ehre, Euer Exzellenz zu berichten, daß am 14. April ein Urteil des Gerichtshofs vollstreckt wurde, demnach vier Individuen zum Tode verurteilt waren.

Unter den vier Verurteilten befand sich ein 22 Jahre altes Mädchen, von dessen Jugend, Schönheit und Unglück sich die Zuschauer lebhaft berührt zeigten. Was nicht wenig zu ihrem Mitleid beitrug, war, daß die junge Frau sich aus eigenem Antrieb auf dem Schafott auf die Knie warf und das Publikum um Verzeihung für den Anstoß bat, den sie durch ihr ausschweifendes Leben erregt hatte.

Als der Augenblick der Hinrichtung gekommen war, unterließ es der Scharfrichter, ihre Beine am Brett festzubinden und nahm ihr den Hut nicht ab, unter dem sich ihre Haare befanden, welche er abzuschneiden versäumt hatte. So ließen die Bewegungen, die sie mit dem Kopf machte, einen Teil ihres Haares auf den Nacken niederfallen, und das Beil ging nieder, ohne den Kopf abzutrennen, welcher noch voller Leben war. Die junge Frau wand sich fürchterlich, wobei ihre Beine vom Brett fielen und sie in eine unschickliche Lage brachten.

Der Scharfrichter ließ das Fallbeil ein zweites Mal niedergehen, doch es gelang ihm abermals nicht, den Hals zu durchschneiden, bis schließlich der dritte Schlag den Kopf vom Rumpf trennte.

Dieses Bild des Grauens entrüstete das Publikum derart, daß allerorten Stimmen laut wurden, man solle den Henker steinigen, und vielleicht gelangte dieses Vorhaben nur dank der Streitkräfte nicht zur Ausführung, welche ich ausnahmsweise als eine Vorsichtsmaßnahme angefordert hatte. Nur eine Person wurde festgenommen und ins Gefängnis gebracht [...].

Ich muß [...] hinzufügen, daß der Scharfrichter ein sehr betagter, deutschstämmiger Mann ist, der ehemals in Forbach, im Departement Mosel, tätig war, daß er weder Französisch noch Flämisch spricht und sich daher weder mit den Offizieren verständigen kann, die mit der Aufsicht über die Hinrichtungen betraut sind, noch mit ihren Adjutanten [...].»[337]

Wie der Text zeigt, hat man mittlerweile volles Vertrauen in die Zuverlässigkeit der Maschine und macht bei Schwierigkeiten einzig den Henker verantwortlich. Wenn sich das Volk empört, so nicht nur aus Mitleid mit dem Opfer. Im Fall von Chalier blieb das Publikum in Lyon ungerührt, und für Hébert verlangte das Volk selbst eine Verfeinerung der Straftechnik, die von dem, was der Henker aus Brügge unfreiwillig durch seine Senilität hervorruft, keineswegs so weit entfernt ist. Zwei Schlüsse sind aus diesem Verhalten zu ziehen:

Erstens: Der Gebrauch der Guillotine hat tatsächlich die Sehgewohnheiten, welche die Vollstreckung von Todesurteilen betreffen, verändert. Fünfzehn Jahre zuvor hätte das gleiche Publikum noch viel länger andauernde und – wahrscheinlich – entsetzlichere Martern fasziniert mit angesehen, das Rädern zum Beispiel; inzwischen aber toleriert es nicht mehr, daß die Einheit von Zeit und Handlung, die mit der Guillotine selbstverständlich geworden ist, verletzt wird. Die Enthauptungsmaschine hat also unbestreitbar die Sensibilität verändert und erfüllt, zumindest in dieser Beziehung die Absichten Guillotins und seiner Nachfolger.

Und zweitens: Das Volk erhebt sich nur bei gewöhnlichen Verbrechern gegen den Henker. Es ist daher nicht unwahrscheinlich, daß dieser Ärger, abgesehen vom Mitleid für das Opfer, dem Wiederaufflammen einer alten Sympathie entspringt, welche das Volk angesichts gewisser Verurteilter zeigte – eine Solidarität, deren sich die Behörden deutlich bewußt waren und deren Bekundung sie zu verhindern suchten.[338] Die Absperrungen, die bereits auf der ersten Darstellung der Guillotine 1789 zu sehen waren, sowie die Aufstellung des Schafotts außerhalb der Stadt und die Anwesenheit von Soldaten «Gewehr bei Fuß», um das Volk von der noch im Ancien Régime erdachten Maschine fernzuhalten, dienten wahrscheinlich diesem Zweck. 1789 dachte man noch nicht an eine politische Guillotine; es handelte sich also um Vorsichtsmaßnahmen für Hinrichtungen nach dem gemeinen Recht, bei denen die Machthaber fürchteten, das Volk könne dem Opfer gegenüber gewissermaßen eine klassenbedingte Solidarität beweisen. Während das Volk über die Raffinessen bei der Bestrafung Héberts jubelt, gibt es sicherlich nicht aus Zufall nur eine einzige Hinrichtung während der Revolution, bei der das Volk einen Verurteilten vom Schafott holt. Und diesem gegenüber empfand es keineswegs Mitleid, sondern vielmehr Solidarität. Gemeint ist das berühmte Zwischenspiel vom 3. Prairial des Jahres III (22. Mai 1795), als einer der Anführer des Volksaufstands vom 1. Prairial, dessen Zielsetzung die Rückkehr zur Verfassung von 1793 war, hingerichtet werden soll. Jean Tinel wird am

Fuß des Schafotts aus dem Karren entführt und im Quartier Saint-Antoine versteckt. Als er drei Tage später abermals vor der Verhaftung steht, stürzt er sich von einem Hausdach.[339]

Es gelang der Guillotine wohl kaum, das von Saint-Just gewünschte öffentliche Bewußtsein zu schaffen; doch hat ihr Schauspiel zu einer Veränderung der Sehgewohnheiten geführt. Mit dem politischen Einsatz des Enthauptungsinstruments ist das Volk so lange einverstanden, wie es das Gefühl hat, das Fallbeil gehe in seinem Interesse nieder.

Die thermidorianische Reaktion

Nach dem Thermidor kommt es zu einer Abwehrreaktion auf breiter Front gegen die beiden markantesten Werkzeuge des Terrors: die Guillotine und den Henker. 1794 werden Stimmen laut, man solle die Maschine zwischen den Hinrichtungsterminen abbauen lassen; 1806 kommt dann der Vorschlag, eine Henkeruniform einzuführen, um die «rechtschaffenen Bürger» zu beruhigen, daß der Henker seine wahre Natur nicht leugnen und sich als ein anderer ausgeben könne.[340] In seiner zweiten Rede über Louis Capet hatte Robespierre am 28. Dezember 1792 die rechtschaffenen Bürger als «die Intriganten der Republik» bezeichnet. Die thermidorianische Abwehrreaktion besagter Bürger erklärt sich dann daraus, daß sie im Henker und seiner Bühne ein Instrument und ein Symbol des jakobinischen Terrors sehen.

Wenn der Henker nach Einführung der Maschine alsbald sein ungeheuerliches Gesicht wiedergewann, so liegt das auch daran, daß das Gesetz den Moment ausgespart hatte, in dem dieser mehr als ein zuverlässiger Techniker war: jene Geste, durch die der Henker schließlich doch noch eine entscheidende Rolle spielte, indem er dem Volk den abgetrennten Kopf hinhielt. Hierbei aber mußte er «aus beruflichen Gründen» seine Hand in das Blut seines Nächsten tauchen und wurde dadurch, zumindest für einen Augenblick, wieder jenes «unerklärbare» Wesen, welches die Enthauptungsmaschine hatte überflüssig machen sollen. Die Gebärde ist um so bedenklicher, als das Schafott und seine blutige, mitreißende Wirkung den Henker zu unkontrollierten Exzessen verleiten konnten, in denen man sogleich seinen atavistischen Kannibalismus wiederzuerkennen glaubte.[341] Der Einsatz der Guillotine für politische Zwecke hat dazu beigetragen, daß Schreckbilder wieder auftauchten, welche Gesetz und Vernunft hatten vertreiben wollen.

Verhinderte die in der Schreckensherrschaft eingeführte Geste der Zurschaustellung des Kopfes auch, daß der Henker seine volle Wertschätzung als Mensch erlangte, so ist das Bild, das man sich von ihm machte, nach dem Terror doch komplexer als zuvor. Man kann nicht einfach sagen, das alte Vorurteil sei mit dem Thermidor zurückgekehrt, denn der Henker zog aus der Zeit des Schreckens einen unerwarteten Gewinn: Zum erstenmal in seiner Geschichte hat er den paradoxen Ruf der Menschlichkeit, ja, der Empfindsamkeit erworben.

Weniger seine Roheit heben die Zeugnisse hervor als vielmehr die Menschlichkeit, die er gegenüber den Opfern zeigte. Ausgerechnet die Schreckensherrschaft verbessert den Ruf des Exekutivorgans: «Man muß sagen, daß die Marter, sei es aus einem Rest von Menschlichkeit oder aus Routine und dem Wunsch, schneller fertig zu sein, wesentlich durch die Flinkheit [der Henker] vermindert wurde, und dadurch, daß sie dafür Sorge trugen, alle Verurteilten auf einmal auszuladen und sie mit dem Rücken zum Schafott aufzustellen, damit sie nichts sehen könnten. Ich war ihnen für den Ernst verbunden, den sie den Opfern gegenüber bewiesen, ohne sie in irgendeiner Weise spöttisch oder beleidigend zu behandeln.»[342]

Die Marquise de la Tour du Pin bestätigt in ihren Erinnerungen diesen Eindruck, indem sie die Menschlichkeit des Henkers mit der Abscheulichkeit des Richters kontrastiert, der die Hinrichtungsszene besonders grausam gestalten wolle. Für die Marquise sind die Revolutionäre selbst die wahren Henker, die wahren Ungeheuer: «Dieses Heer von Henkern, welches die Guillotine mit sich führte, war schon in La Réole angelangt, wo es mehrere Hinrichtungen vornehmen ließ. Ich will nur ein Beispiel nennen [...]. Ein Ehemann ist zum Tode verurteilt, und während man ihn hinrichtet, wird seine Frau im Halseisen vor die Guillotine gebracht, wobei ihre beiden Söhne neben ihr festgebunden sind. Der Henker, welcher menschlicher war als die Richter, stellte sich vor sie, damit sie das verhängnisvolle Beil nicht niedergehen sah.»[343]

Menschlicher also als seine Auftraggeber, legt der Henker eine rührende Empfindsamkeit an den Tag, sobald ihm die Umstände erlauben, die gestrenge Rolle abzulegen, die ihm das Gesetz auferlegt.

So war man am 27. August 1792, also noch lange vor der Schreckensherrschaft, sehr beeindruckt, den Henker auf dem Schafott weinen zu sehen. Und zwar beweint er nicht ein Opfer, sondern einen seiner Gehilfen (seinen Sohn?), der aus Unachtsamkeit oder im Übereifer vom Schafott zu Tode stürzt, als er dem Volk den Kopf zeigen will. In allen Versionen, die man sich von diesem außergewöhnlichen Zwischenfall erzählt, geht es so gut wie ausschließlich um die Gefühlsaufwallung und die Tränen, deren der Henker nicht Herr werden konnte.[344] Man weiß nicht, ob die Tränen erfunden sind, doch entscheidend ist, daß die Sensibilität des Henkers zum Thema wird: Erstmals ist von den Gefühlen die Rede, welche die Guillotine hervorruft.

Gezwungen, der Tatsache Rechnung zu tragen, daß der Henker ihren König getötet hat, gelingt es den Royalisten, über die Empfindsamkeit des Henkers die magischen und sakralen Bande neu zu knüpfen, die den König und seinen Henker, wie es de Maistre beschrieben hat, im Ancien Régime vereinten. Der royalistischen Version zufolge verliert der Henker mit der Enthauptung des Königs seinen Herrn; die Hinrichtung bedeutet für Sanson einen ebenso schweren Schlag wie für die Monarchie. Eine neue, legendäre Henkerfigur nimmt mit Sansons Tagebüchern definitiv Gestalt an: der menschliche und königstreue Scharfrichter. Der Tod des Königs hat noch schwerwiegendere Konsequenzen als ein paar Tränen, denn dieser «fürchterliche Anblick» soll den Henker ins Grab gebracht haben.[345] Auch die Hinrichtung Marie-Antoinettes ging ihrem Henker zu Herzen. Diesmal soll er nicht zur Strafe gestorben, sondern von Gewissensbissen gequält seinen Rücktritt eingereicht haben: «Der junge Mann, Sohn des Henkers, der Ludwig XVI. hinrichtete, wollte, von Gewissensbissen gepeinigt, das Schafott nicht mehr betreten und überließ anderen seine unheilvolle Arbeit: Das Haupt Marie-Antoinettes sollte der letzte Kopf sein, den er zu Boden rollen ließ.»[346]

Die Historiker des 19. Jahrhunderts sahen sich mit der Frage konfrontiert, wer nun eigentlich wen hingerichtet hatte. Wenn Sansons Sohn 1792 vom Schafott gefallen war, kann er schlecht die Königin 1793 hingerichtet haben. Auch muß der Henker einen Sohn bei bester Gesundheit gehabt haben, denn dieser tritt 1795 offiziell die Amtsnachfolge an. Charles Henri Sanson selbst kann also auch nicht nach der Hinrichtung Ludwigs XVI. gestorben sein, wenn er erst 1795 von seinem Amt zurücktritt. Wer aber guillotinierte dann 1793 die Königin? Die Bemerkung über die Jugend ihres Henkers ist desto beunruhigender, als sie durch die Aussagen des Abbé Carrichon bestätigt wird, der am 4. Thermidor bemerkt, der Hauptscharfrichter unterscheide sich von seinen beiden Gehilfen «durch seine Jugend sowie das Aussehen und die Kleidung eines verhinderten kleinen Elegant». Es tut sich etwas auf den Brettern, das zu Spekulationen Anlaß gibt: Der offizielle Beamte der Republik, Vater Sanson, läßt sich bei der wichtigsten Aufgabe, dem Auslösen des Fallbeils, durch andere (Söhne oder Gehilfen) vertreten. Er selbst will nicht als der Hauptscharfrichter dastehen; die Vermutung, die Guillotine erfülle ihn mit Widerwillen, liegt nahe...

All dies sind Legenden, und da die Hinrichtung inzwischen ein kollektiver Akt geworden ist, interessiert es letztlich wenig, wer genau das Fallbeil auslöste. Für die objektive Geschichtsschreibung ist es vollkommen irrelevant; doch die Tatsache der Legendenbildung an sich ist dafür alles andere als unbedeutend für die Geschichte des Imaginären, welches sich um das Schafott rankt und als seltsamste Blüte die Vorstellung eines sensiblen Henkers hervorbringt. Man könnte das Phänomen nicht besser illustrieren als durch die Anekdote, die Joubert indigniert in seinen *Carnets* wiedergibt: «‹Wo kommt Ihr her, meine Damen?› – ‹Mama, wir kommen von den Hinrichtungen. Oh, mein Gott, was muß der arme Henker durchgemacht haben.› In dieser schrecklichen Pervertierung des Mitleids spiegelt sich ein Jahrhundert wider, das alles in sein Gegenteil verkehrt.»[347]

Der Henker als jakobinischer Bürger

Die Beschäftigung mit den Gefühlen des Henkers findet sich vor allem in Texten von Gegnern des Jakobinismus und stammt meist aus royalistischer Feder. In den republikanischen Quellen ist von dessen Sensibilität kaum die Rede, höchstens findet seine effiziente Neutralität Erwähnung, welche ihn der Maschine verwandt macht, die er bedient.

Für den jakobinischen Republikaner zeichnet sich ein guter Henker dadurch aus, daß er sich jeder Eigenart und jeder Besonderheit entledigt hat, durch die er die Aufmerksamkeit auf sich lenken könnte, und unauffällig seine Pflicht tut. Genau diese jakobinische Idealvorstellung ist es aber, die den Durchschnittsrepublikaner oder den Royalisten mit Schrecken erfüllt: Eine derartige Neutralität ist unverständlich, unvorstellbar und bewirkt, daß der Vollzug der Strafe abermals zu etwas Ungeheuerlichem wird.

Im Gegensatz zu dem bei Joseph de Maistre beschriebenen Henker foltert der guillotinierende Scharfrichter im Regelfall nicht mehr. Was den Schrecken einflößt, ist seine maschinenhafte Gleichgültigkeit. Louis Sébastien Mercier gibt 1795 in seinem *Nouveau Paris* eine Schilderung der neuen Henkerfigur, die sich auf charakteristische Weise von derjenigen de Maistres unterscheidet. Indem er die Gestalt des Henkers gerade aller Sakralität beraubt, wie es die Banalität der Mechanik und der daraus resultierenden anonymen Henker-Opfer-Beziehung nahelegt, stellt Mercier die Frage nach der Ungeheuerlichkeit des – säkularisierten – Henkers neu: «Ich wüßte gerne, was in seinem Kopf vorgeht, und ob er seine schrecklichen Aufgaben nur als einen Beruf ansieht [...]. Wie schläft er, nachdem er die letzten Worte und die letzten Blicke all dieser abgetrennten Köpfe gehört und gesehen hat [...]? Man sagt, er schlafe, und es ist gut möglich, daß er das ruhigste Gewissen hat [...]. Die Königin, sagt man, entschuldigte sich, als sie ihm versehentlich auf den Fuß getreten war. Was wird er damals gedacht haben? Er wurde lange aus dem königlichen Staatsschatz bezahlt. Welch ein Mensch, dieser Sanson! Er kommt und geht wie jeder andere; manchmal besucht er das Vaudeville-Theater, er lacht, er sieht mich an. Mein Kopf ist ihm nur knapp entkommen, und er hat keine Ahnung davon [...].»[348]

Mercier gibt auf die Fragen, die er aufwirft, keine Antwort, denn er kann sich das Unvorstellbare nicht vorstellen. Seine Fragen grenzen jedoch klar ein, was die Ungeheuerlichkeit des modernen Henkers ausmacht, nämlich etwas ganz anderes als die lauten Drohgebärden im Ancien Régime: Das Ungeheuerliche am modernen Henker ist gerade, daß er seinen Beruf mit der Neutralität eines Funktionärs ausübt, der bereit ist, allen Systemen zu dienen und die Kontinuität des Verwaltungsapparats zu gewährleisten. Das Unvorstellbare ist von nun an gerade diese Indifferenz.

Die Fähigkeit, sich jeglicher Eigenart zu entledigen, wie Robespierre es ausdrückte, diese Verleugnung aller Individualität zugunsten des Gesetzes und des Volkswohls charakterisiert das Ideal des jakobinischen Bürgers. Der Henker könnte also letztlich beispielgebend für jene «Sozialisationsform [sein], deren Prinzip es ist, daß die Mitglieder, um ihrer Rolle zu genügen, sich jeder konkreten Besonderheit und ihrer realen gesellschaftlichen Existenz entledigen müssen»[349]. Er stellt die perfekte Verkörperung des jakobinischen Ziels individueller und sozialer Angleichung dar, da ihn seine Außenseiterrolle dazu zwingt, alle Eigeninteressen hintanzustellen. Es ist also nur logisch, daß die republikanischen Texte sich nicht weiter über den Henker äußern: Der Henker hatte nichts zu äußern.

Für die Gegner des Jakobinismus ist die Vorstellung eines neutralen Henkers so unerträglich, daß sie die Indifferenz des Scharfrichters durch eine fiktive Menschlichkeit ersetzten. Gleichzeitig stellte der

«Nachrichter» gerade durch seine Neutralität die vollkommene Verkörperung des jakobinischen Bürgers dar, und zwar während eines spektakulären Ereignisses, bei dem das Volk – als eine Masse von Köpfen, in der das Individuum sich selbst annulliert – der Opferung von partikulären Willen und von Individuen beiwohnt, die zu individualistisch waren, um sich rechtzeitig ihrer auffallenden Besonderheiten zu entledigen. Auf dem Schafott muß der Henker – oder vielmehr die ganze Equipe – eine ideologische Aufgabe im Namen des Volkes erfüllen, welches von unten her die Macht zur Hinrichtung verleiht. Sanson fungiert während der Schreckensherrschaft als der lebendige Beweis dafür, daß es möglich ist, aus eigenem Antrieb seine gesellschaftliche Existenz dem politischen Interesse unterzuordnen. Die Mitglieder des Revolutionstribunals am anderen Ende dieses Hebels der Macht bezeichnen sich, als sie abgeurteilt werden sollen, als das Schwert des Gesetzes. Indem sie betonen, man könne dieses nicht bestrafen[350], suchen sie sich zu ihrem Vorteil auf die gleiche Ideologie zu berufen. Robespierre schließlich erfuhr an seiner eigenen Person jene Befreiung von den Gefühlsverwirrungen des Ichs, die unbeschreibliche Süße jenes erhabenen Gefühls der Selbstaufgabe und des Aufgehens in der kollektiven, größeren Einheit des Volkes und des allgemeinen Willens.

Mit der Figur des neutralen Henkers schafft der jakobinische Terror aber, ohne sich dessen bewußt zu sein, einen Diener aller Herren. Denn als mit dem Thermidor die Gesellschaft sich wieder gegenüber dem Staat durchsetzt, wird der Henker zusehends zum weiterhin neutralen Instrument einer einzig von gesellschaftlichen Interessen diktierten Bestrafung und die Guillotine zum Werkzeug einer Klassenjustiz.

Hierfür gibt es drei Anhaltspunkte:

1840 wird der Enkel Charles Henri Sansons von einem Journalisten der *Gazette des tribunaux* besucht. Der Eindruck, den dieser von Sanson vermittelt, ist nicht mehr der eines verdammten Wesens, sondern der eines notwendigen Rädchens in der Gesellschaftsmaschine: «Was ich von Herrn Sansons Wohnung sah, ist mit jener strengen Schlichtheit eingerichtet, wie sie sich für einen derartigen Ort gehört [...]. Der gegenwärtige Scharfrichter unterscheidet sich stark von seinem Vater: Man spürt, wenn er von seinem Beruf und den damit verbundenen Einzelheiten spricht, nicht jene Verlegenheit, jene Verschämtheit, jenes Unbehagen, die man an seinem Vorgänger bemerkte. Vom Nutzen seines Amtes und seiner Dienste für die Gesellschaft fest überzeugt, versteht er sich als Diener des Gesetzes und spricht von seinen Aufgaben mit bemerkenswerter Unbefangenheit.»[351] Mit seinem geringeren Moralbewußtsein als der Großvater ist Henri Clément Sanson so überzeugt von der Banalität seines Amtes, daß er 1847 nicht zögert, die Guillotine an Gläubiger zu verpfänden, die ihn wegen seiner Schulden hatten einsperren lassen. Doch dies war eine zu großzügige Auffassung von der Guillotine als Gemeineigentum: Henri Clément Sanson wird seines Amtes enthoben, und damit findet die Henkerdynastie ihr Ende.[352] Die Anekdote zeigt, wie weit die Integration des Henkers in die Gesellschaft gegangen war, und wie die bürgerliche Gesellschaft sie in der Mitte des 19. Jahrhunderts interpretiert sehen wollte.

Im April 1871 verbrennt die Pariser Kommune die Guillotine «am Fuß des Denkmals für den Verteidiger von Sirven und Calas, den Verkünder der Menschlichkeit, den Ahnherrn der Französischen Revolution – am Fuße des Denkmals für Voltaire». Dieser Akt der Zerstörung hat erklärtermaßen eine politische Bedeutung: «Bürger, das Unterkomitee des elften Arrondissement hat, als es erfuhr, daß gegenwärtig ein neuer, und von der verhaßten, gestürzten Regierung in Auftrag gegebener und bezahlter, schnellerer und handlicherer Guillotinentyp gebaut wird, diese servilen Instrumente monarchistischer Herrschaft beschlagnahmen lassen und beschlossen, sie ein für allemal zu vernichten. Auf dem Rathausplatz wird folglich deren öffentliche Verbrennung erfolgen, zur Reinhaltung des Arrondissements und Weihe der Freiheit.»[353] Durch eine historische Verkürzung wird die Guillotine zum servilen Instrument «monarchistischer Herrschaft». Was die Kommune hiermit denunzieren will, ist, welche Falschheit sich hinter der angeblichen Neutralität der Enthauptungsmaschine verbirgt. Wenn diese Mechanik in ihren Augen «servil» ist, so deshalb, weil das vorgeblich einzig dem Gemeinwohl dienende Instrument in Wahrheit das Werkzeug einer Justiz ist, die im Dienste des herrschenden Bürgertums steht. Durch die öffentliche Verbrennung dieses Symbols der Dominanz einer Klasse bekräftigen die Kommunarden von 1871, was man schon 1793 vertrat: die Untrennbarkeit des Gesellschaftlichen und Politischen.

1870 beschloß Adolphe Crémieux, der Justizminister der provisorischen Regierung, die Abschaffung des Schafotts. Hinrichtungen sollten von nun an nicht mehr an exponierter Stelle vorgenommen werden. In dieser Maßnahme äußert sich der Wunsch, die «öffentliche Moral des Blicks» bei der Hinrichtung zu heben. Doch Villiers de L'Isle-Adam betont alsbald, daß die Abschaffung des Schafotts auch zur Profanierung des Theaters der Guillotine führt: Sie bedeutet einen Schritt mehr in Richtung einer Normalisierung von Hinrichtungen: «Diese triviale Ungezwungenheit, diese Übertreibung des Prosaischen in der

Urteilsvollstreckung ist von einer schockierenden Ungebührlichkeit [...]. Jeder zum Tode Verurteilte hat ein Recht auf die Stufen des Schafotts, denn man raubt ihm mit diesem die doch wohl geheiligte Hoffnung, in uns (wenn ihm daran gelegen ist) sein trauriges Angedenken vor einer unverdienten Steigerung der Schmach zu bewahren.»[354]

Ein anderer Autor läßt den Geist noch deutlicher werden, der aus dieser Maßnahme spricht, indem er sagt, daß hiermit eine Guillotine der Scheinheiligkeit und Bürokratie an die Stelle der spektakulären Guillotine trete.[355] Tatsächlich ist die Abschaffung des Schafotts, jener Bühne des Hinrichtungsschauspiels, seit der ersten Enthauptung zu ebener Erde mit einer beträchtlichen Erhöhung des Henkergehalts verbunden. Die Zweite Republik hatte sich dagegen nicht mit der Abschaffung der Todesstrafe für politische Gefangene zufriedengegeben, sondern innerhalb von zwei Jahren auch die Zahl und Einkünfte der Henker beträchtlich verringert.[356] Der Verzicht auf das Schafott in Verbindung mit der Besoldungserhöhung verdeutlicht, wie planvoll das Bürgertum der künftigen Dritten Republik das Theater der Guillotine verharmlosen und den Henker in die Gesellschaft eingliedern will. Damit aber verbürgerlicht ein Instrument der Justiz endgültig, das nach Absicht der Schreckensherrschaft politisch sein sollte.

Die Guillotine im Bild

«Sie wiederholt mechanisch, was sich existentiell nie mehr wird wiederholen können.»
R. Barthes, *Die helle Kammer*.

Die Guillotine lenkt alle Aufmerksamkeit auf einen Körperteil: den Kopf. Von den beiden Teilen, in die das Fallbeil die organische Einheit des Körpers trennt, vertritt einzig das Haupt Blick und Rede. Die Ideologie der jakobinischen Enthauptung zielt darauf ab, eine Vorstellung vom politischen Körper zu zerstören, in der allein das «Oberhaupt» die Nation verkörpert. Die Guillotine isoliert dieses Oberhaupt vom Körper der Allgemeinheit und macht durch einen symbolischen Akt dessen führender Rolle ein Ende, indem sie den führenden Kopf gewissermaßen im privilegierten Zustand königlicher Einsamkeit zur Schau stellt.

Vor der Lünette der Guillotine sieht das Publikum den Kopf des Enthaupteten von dessen Körper isoliert; die Enthauptungsapparatur wird zu einem grausigen Porträtisten, zu einer «Porträtmaschine». Bereits 1793 wird die Guillotine in einer englischen Beschreibung mit der Staffelei eines Malers verglichen («This destructive instrument is in the form of a painter's easel»). Ein treffender Vergleich: zwischen den beiden Balken einer riesigen Staffelei bietet sich in der Tat ein Bild des Todes.

Und wenn die Guillotine als «Porträtmaschine» bezeichnet wird, so entspricht dies dem Gebrauch, den man von ihr in der Zeit der Schrekkensherrschaft machte: Der abgetrennte Kopf ist eines der gängigsten Sujets der Kupferstecher während der Jakobinerherrschaft. Das Hingerichtetenporträt stellt für die zeitgenössische Kunsttheorie ein Genre dar, eine konventionelle Form, deren Bildökonomie einer ikonographischen Aussageabsicht gehorcht und auf eine ganz bestimmte Lesart abzielt.

Von einem neutralen Grund, dem Blatt selbst, hebt sich innerhalb eines Feldes, das durch einen gezeichneten Rahmen begrenzt wird, ein Kopf im Profil oder Dreiviertelprofil ab. Zwei ikonographische Hinweise erlauben es, diesen schon auf den ersten Blick als Kopf eines Hingerichteten – und nicht als Büste oder gewöhnliches Porträt – zu identifizieren: Aus dem sauber durchschnittenen Hals fallen noch ein paar Blutstropfen auf das weiße Papier, und ein dunkler Unterarm, der das Haupt an den Haaren hochhält, um es dem Publikum zu zeigen, spielt auf die letzte Geste des theatralischen Rituals der Hinrichtung an. Dieser graphischen Anordnung ist immer der gleiche Kommentar angefügt: «Sein unreines Blut tränkte unsere Flur.» Der Text macht explizit, daß es sich bei den Blutstropfen nicht nur um eine anekdotische und situationsgebundene Hinzufügung handelt, sondern daß sie Teil der Ikonographie sind, da das Motiv der Blutstropfen auf das unreine Blut des Verräters verweist.[357] Unterhalb oder oberhalb des Bildfeldes finden sich jeweils noch weitere, stark variierende Inschriften, die allegorische Bezüge herstellen können.

Im Unterschied zu den Revolutionsstichen, auf denen der letzte Moment der Enthauptungsszene dargestellt wird, hat das Guillotiniertenporträt nicht nur dokumentarischen Charakter. Wie bei den Königsbildern des Ancien Régime ist seine Form bis ins einzelne festgelegt, um dem Inhalt eine formelhafte Bedeutung zu verleihen. Wie stereotyp die Form des neuen Porträts ist, zeigt sich daran, daß *Der hingerichtete Robespierre* genau dem gleichen Bildaufbau gehorcht wie *Der hingerichtete Ludwig XVI.* Der politische Einsatz der Tötungsmaschine hat zur Entstehung eines Bildtypus geführt, der im folgenden genauer betrachtet werden soll.

Auffällig ist, daß der Körper völlig aus dem Bild ferngehalten wird, und zwar gleichermaßen derjenige des Henkers wie derjenige des Opfers – wodurch sich das Guillotiniertenbild als Porträt und eigener ikonographischer Typus konstituiert. Indem nun aber die betreffenden Körper aus der Darstellung ausgespart werden und sich die Abbildung nur auf zwei Fragmente (Unterarm, Kopf) beschränkt, steht das Bild selbst für die Revolutionierung der Machtverhältnisse: Der Kopf ist einzigartig, insofern ihm ein Gesichtsausdruck eigen ist, der nach der Konvention des Stechens «dem Leben abgeschaut» sein will. Und es ist der Kopf eines Mannes, dessen Hinrichtung zur Abschaffung einer Macht beiträgt, die gerade durch die einzigartige Unantastbarkeit des königlichen Oberhaupts symbolisiert wurde. Anonym dagegen ist der durch nichts individualisierte Unterarm. Er gehört keinem bestimmten Henker, sondern ist der eines neutralen Wesens, jenes «Vertreters der Exekutivgewalt», den das Volk mit der Vollstreckung seines Gesetzes betraut hat.

Dem Tumult des Geschehens enthoben, soll der Stich die neue Macht würdig repräsentieren. Auf dem Schafott, auf dem Höhepunkt des Rituals, gemahnte die Geste des Henkers an die des Perseus, wie er Polydektes das Medusenhaupt entgegenhielt; auf dem Bild und innerhalb des ikonographischen Umfeldes kommt dieser Gebärde aufgrund der religiösen Tradition noch eine andere Bedeutung zu: Die gleiche Geste findet sich bereits auf einem Stich aus dem im 18. Jahrhundert allgemein bekannten Emblembuch des Holländers Jacob Cats. Die Pictura dieses Emblems zeigt eine Enthauptung, die mit Hilfe eines der vielen Vorläufer der Guillotine vollzogen wurde. Die Hand des Henkers hält den Kopf des Verurteilten lotrecht zur Schneide, doch der aus einer Wolke hinabweisende Unterarm und die Hand Gottes sind es, die das Seil durchschneiden, an dem das Fallbeil hängt. Das Motto des Emblems lautet: «Die Bahre für die Lebendigen oder aus dem Wort Gottes abgeleitete Embleme.»[358] Setzt man nun die göttliche Geste zum Arm des Henkers in Beziehung, so zeigt sich die tiefere Bedeutung, welche die jakobinische Mystik der Geste ihres ausführenden Organs beimißt: Das göttliche Wirken wird durch die Guillotine säkularisiert und durch die Hand des anonymen Henkers der Gesellschaft übertragen. Doch die gesellschaftliche Macht setzt sich nicht nur in der Vorstellung an die Stelle der göttlichen Macht, sie beansprucht auch deren Rang für sich: Wie Robespierre es immer wieder betont, übertragen sich durch den sakralen Akt der Guillotinierung die göttlichen Eigenschaften auf das Volk.

Diese religiöse Dimension wird bei einem der am strengsten konzipierten Porträts, dem Bild des enthaupteten Custine, manifest: Im Inneren des Rahmens, oberhalb des abgetrennten Kopfes, erklärt eine Inschrift in Großbuchstaben «ECCE CUSTINE». Ohne sich groß um die unliebsamen Konnotationen zu kümmern, welche diese Bezugnahme auf das Leiden Christi erwecken könnte, beansprucht das Bild durch die abgewandelte Formulierung «Ecce Custine» den sakralen Kontext der religiösen Formel «Ecce homo» für sich, wodurch der Sieg des weltlichen (aber heiligen) Gesetzes demonstriert werden soll. Die deiktische Funktion der biblischen Formulierung wiederum macht man sich zunutze, um den Verrat des Verräters, dessen Kopf zur Schau gestellt wird, zu bedeuten und zu beweisen (vgl. Abb. 18).

Der Kopf befindet sich zwischen zwei Schriftbalken, was ihn zum Schnittpunkt von spiegelbildlich aufeinander verweisenden Wortformen macht. Der Gebrauch des Singulars und des Plurals gewinnt in diesem Zusammenhang eine ideologische Bedeutung: Die grammatikalische Opposition spiegelt die grundlegende politische Opposition zwischen der Vielheit der Einzelnen und der Einheit der Vielen (des Volkes) wider. Die beiden großen Titel, die sich außerhalb des Bildrahmens befinden («Den Manen unserer vom Verräter geopferten Brüder / So sterben die Verräter des Vaterlandes»), nehmen aufeinander dadurch Bezug, daß Singular und Plural die neue ideologische Einheit des politischen Körpers verdeutlichen: Der Verräter hat die Brüder geopfert, die Verräter werden dem Vaterland geopfert. Beim Übergang von einem Singular zum anderen, von dem Verräter zu dem Vaterland, vollzieht sich eine Veränderung, die den Sieg der Republik garantiert; der Verräter ist nur ein Einzelwesen, das Vaterland aber ein Kollektivum, das für den Gemeinwillen und das Volk steht. Im Inneren des Rahmens, das heißt innerhalb des Bildfeldes, nehmen dann die Possessivpronomina das Thema wieder auf, um die der Hinrichtung zugrunde liegende Theorie metaphorisch zu veranschaulichen («sein Blut» / «unsere Flur»). Und insofern die Formulierung «sein unreines Blut tränkte unsere Flur» auf den letzten Vers der künftigen Nationalhymne anspielt, findet in diesem Verweis wiederum die Bezugnahme auf die biblische Ecce-Formel ihre Entsprechung. Abermals jedoch erfolgt von einer Schriftzeile zur anderen eine bedeutsame Veränderung: die nominale Wendung «Ecce Custine» impliziert eine unmittelbare Gegenwart, nämlich die der Darbietung des Kopfes durch die Hand des Henkers; in der verbalen Formulierung wird dagegen durch die Umwandlung des Optativs der *Marseillaise* («Unreines Blut tränke nun unsere Flur») in eine Vergangenheitsform der endgültige Sieg der Republik über den Verräter behauptet.

Am unteren Bildrand des Stichs findet sich noch eine weitere, kursive Schriftzeile, welche präzisiert: «28. August 1793, Jahr II der einen, unteilbaren Republik, morgens um 10 Uhr 30.» Das Bild nimmt damit unmittelbar auf seinen Anlaß Bezug; es zeigt ein «aus dem Leben genommenes» Gesicht oder vielmehr ein Gesicht in jenem furchtbaren Moment, wo sich der Tod des Lebens bemächtigt. Die Zeitangabe beweist, daß das Bild Zeugnis davon ablegen will, was das tatsächliche Gesicht des Verräters in jenem Moment war. Damit aber läßt sich der Stich dem Genre des Porträts zurechnen, das sich durch die Lebensechtheit des Dargestellten auszeichnet. Anders als beim Bildnis ist für das Porträt Voraussetzung, daß Maler und Modell Zeit und Raum miteinander teilen. Dieses gemeinsame Hier und Jetzt ist es dann auch, was dem Porträt seine «beinahe göttliche»[359] Ausstrahlung verleiht. Wenn das Porträt «lebendig» ist, so deshalb, weil es das Leben des Modells in sich hat aufnehmen können, welches durch die Magie des Pinsels zu einem Teil des Bildes geworden ist. Das Hingerichtetenporträt sucht nun auch von dieser Tradition zu profitieren: Es will im Moment des Geschehens angefertigt worden sein – oder zumindest soll das Dargestellte ein besonderer und spezifischer Ausdruck jenes Hier und Jetzt sein, wodurch jedes Porträt gekennzeichnet ist.

Durch dieses gemeinsame Erleben des Hier und Jetzt erklärt sich möglicherweise auch, daß das Publikum zum Schauspiel der Guillotinierung drängte, obwohl der Zuschauer am Ort der Hinrichtung kaum Chancen hatte, das Ereignis genauer mitzuverfolgen. Die Entfernung, die die Sicht behindernden Aufbauten, die Henker, die auf dem Schafott den eigentlichen Vorgang verdecken – kurz, die Gesamtheit der Umstände steht einer deutlichen Wahrnehmung entgegen. Dennoch ist die Menge immer anwesend. Wahrscheinlich geht es für sie letzten Endes weniger darum, das Ereignis im einzelnen genau mitzuverfolgen, als vielmehr darum dabeizusein, das heißt bei der Opferung anwesend zu sein, um wie beim christlichen Segen allein durch die persönliche Gegenwart eine irgendwie geartete Gunst des Schicksals zu erfahren.

Im übrigen kommt ja dem Guillotiniertenporträt das unschätzbare Verdienst zu, unter Bezugnahme auf dieses Hier und Jetzt den letzten Gesichtsausdruck des Hingerichteten festzuhalten, so daß man hier aus der Nähe betrachten kann, was man aus der Ferne nur schlecht hat erkennen können. Das Porträt ermöglicht es dem Betrachter, jenes Gesicht beliebig lange nach den Spuren einer «inneren Qual», einer Leidenschaft oder eines letzten Gedankens abzusuchen.

Dieses letzte Porträt des Ungeheuers enthüllt dessen wahres Gesicht, wie es die Inschrift «Ecce Custine» suggeriert. Eine Authentizität, die es seinem Herstellungsverfahren verdankt: durch die graphische Technik des Kupferstechens werden Rhetorik und täuschender Zauber der Farbe vermieden, denn das Kupferstechen ist eine Kunst der Linie, nach Ingres steht es für «die Rechtschaffenheit der Kunst» schlechthin. Der Gesichtsausdruck kann durch die Reproduktion weder wissentlich beeinflußt noch irgendwie durch die Hand des Künstlers beschönigt werden. Indem sie den unberechenbaren «menschlichen Faktor» beseitigt, produziert die einfache Mechanik der Guillotine, als weiteres Resultat ihres maschinellen Charakters, jene Momentaufnahme, in der sich der Verräter selbst abbildet und zu erkennen gibt.

Als Ergebnis einer lakonischen Nachahmung, die jede rhetorische Verformung, sei es von seiten des Modells oder von seiten des Malers, ausschließt, ist das Guillotiniertenporträt gewissermaßen die revolutionäre Entsprechung zum Schweißtuch der Veronika, jenem Tuch, in dem sich auf wunderbare Weise und ohne menschliches Zutun das tatsächliche Gesicht Christi von der Rückseite her abdrückte, sein wahres Porträt, die *Vera Ikon*, von der jedes gemalte Christusbild nur eine mehr oder weniger getreue Nachahmung ist.

Die Staffelei der Guillotine bringt das Opfer der Hinrichtung in eine bezeichnende Position: Nachdem der Kopf das «Fenster» passiert hat, ist er, von hinten kommend, vom Körper isoliert vor der imaginären Leinwand zu sehen, deren Rahmen das Chassis der Guillotine bildet. Der letzte, aus dem Leben genommene Gesichtsausdruck ist dem Gesicht selbst eingeprägt, das so seine geheime Wahrheit preisgibt. «Ecce Custine» also: hier ist das authentische Bild des wirklichen Custine, vollkommen wahrheitsgetreu durch einen farblosen Strich in eine Kupferplatte eingraviert, bevor es wiederum rein mechanisch auf Papier gedruckt wurde.

Durch diese doppelt mechanische Übertragung, in die das subjektive Empfinden des Künstlers nicht eingeht, kann das gestochene Guillotiniertenporträt einen größeren Wahrheitsanspruch erheben als das gemalte Porträt. Es erinnert stark an die perfekte Nachahmung, die Fénelon 1690 vorschwebt: eine Malerei ohne Maler, eine Malkunst, «bei der das abbildende Organ ganz in den Hintergrund tritt» (Démoris), zugunsten einer beinahe fotografischen Fixierung der Gesichtszüge des Modells. «Es gab keinen Maler im ganzen Land. Um das Porträt eines Freundes zu erhalten [...], goß man stattdessen Wasser in ein großes Bassin von Gold oder Silber. Dann hielt man das Becken gegen das Modell; und alsbald gefror das Wasser und wurde zu einem gläsernen Spiegel, dem das Abbild unauslöschlich eingeprägt war.»[360] Indem die Guillotine die zum Gefrieren der Züge nötige Zeit auf einen Augenblick reduziert und den Gesichtsausdruck mittels einer ebenso neutralen wie eindeutigen Technik festhält, verwirklicht sie gewissermaßen das Ideal des klassischen Porträts.

Der klassischen Kunsttheorie zufolge ist das gelungene Porträt nichts anderes als eine Synthese der auf der Gesichtsoberfläche von der Geschichte zurückgelassenen Spuren einerseits und andererseits des inneren Wesens, welches das Subjekt ausmacht und sich an seiner «Physiognomie», der dem Gesicht zugrunde liegenden unveränderlichen Struktur, erkennen läßt.[361] Das vollständigste Porträt, das, welches die Person in ihrer Ganzheit erkennen läßt und deren Geschichte ganz umfaßt, ist nun aber das letzte Porträt, wo im Tod die Summe aller Spuren aufscheint, die das Leben im Gesicht hinterlassen hat. Da ein Porträt immer etwas Totes und unwiderruflich Vergangenes zeigt – und sei es nur den Moment, in dem man dort und damals sich im Hier und Jetzt des Bildes befand –, liefert die Guillotine tatsächlich das Porträt schlechthin: Indem sie den allerletzten Gesichtsausdruck einfängt, zeigt sie die gesamte Lebensgeschichte und ihren zur Maske verdichteten Sinn.

Der Begriff Maske gehört in diesen Zusammenhang, weil die Porträts nach Totenmasken verfertigt sein konnten, durch die man den Gesichtsausdruck festhielt, bevor man das Opfer – Kopf und Körper – in die Grube warf.[362] Die Affinität zur Maske weist auf eine neue Problematik hin, die mit den drei Begriffen Maske, Gestalt und Gesicht eingekreist werden könnte: Das Guillotiniertenporträt erscheint als eine Gestaltgebung, die Maske und wahres Gesicht identisch werden läßt.

«Es gibt viele dieser bekannten Gestalten in der Welt, die man nicht kennt. Was bekannt ist, ist ihre Maske, ihr Gesicht kennt man für gewöhnlich nicht.»[363] Robert de La Sizeranne skizziert hier bereits einen Gedanken, der in seiner heutigen Formulierung besagt, daß die Maske ist, «was aus einem Gesicht das Produkt einer Gesellschaft und ihrer Geschichte macht»[364]. Indem sie das Wesen des Dargestellten hervortreten läßt, löst sich die Maske von der Einzelperson und ihren Akzidenzien, um der völlig unverstellte Sinn zu sein (wie z. B. jenes Porträt eines als Sklave geborenen Schwarzen, welches das Wesen der Sklaverei bloßlegt[365]). Ebenso verhält es sich mit dem Guillotiniertenporträt, dessen Maske nichts anderes macht, als den Verräter zu demaskieren, seinen wahren Charakter bloßzulegen, der meist zusätzlich in den Schriftbändern kommentiert wird. Eine beinahe überflüssige Erläuterung: das Bild enthüllt bereits den reinen Sinn, insofern sich der Verräter in seiner Totenmaske selbst als Verräter zu erkennen gibt; und das ist das einzige Gesicht, das er verdient, denn Robespierre zufolge untersteht sich die falsche «Maske des Patriotismus» nicht, «durch unverschämte Parodien das erhabene Schauspiel der Revolution zu entstellen»[366].

In seiner Unbestechlichkeit erinnert das Guillotiniertenporträt an die Fotografie. Es ist daher nicht erstaunlich, daß der Terminus «guillotine» bei Fotoapparaten des 19. Jahrhunderts einen bestimmten Typus von Verschluß bezeichnete, dessen Mechanismus – im Vergleich zum Zentralverschluß – besonders für Porträtaufnahmen geeignet ist. Derjenige wiederum, welcher vor dem Chassis der Guillotine stand und damit betraut war, den Kopf des Verurteilten richtig vor der «kleinen

Öffnung» zu plazieren, die sich um den Hals schließt, wird andererseits, wieder im Fachjargon, «photographe»[367] genannt. Auch Roland Barthes verwendet bei der Beschreibung des Fotografierens ein Vokabular, mit dem sich gleichermaßen die Enthauptung beschreiben ließe: «[...] jener Augenblick, so kurz er auch gewesen sein mag [...], als sich etwas Reales unbeweglich vor dem Auge befand. [...] im Photo hat sich etwas vor eine kleine Öffnung gestellt und ist dort geblieben.» Und es kann auch kein Zufall sein, wenn die Fotografie, wo sie eine schreckliche Dimension gewinnt, an den Schrecken der Guillotine erinnert: «[...] es sei denn, man photographiere einen Leichnam; [...] wenn die Photographie dann entsetzlich wird, so deshalb, weil sie gewissermaßen bestätigt, daß der Leichnam als Leichnam lebendig ist».[368] Die Fotografie läßt die Faszination des sterbenden, gleichzeitig noch lebendigen und bereits toten Kopfes wieder aufleben, eben jene Faszination, welche die makabre Ikonographie des Guillotiniertenporträts verewigt: «28. August, morgens um 10 Uhr 30...»

Guillotine und Fotografie sind Schwestern, weil beide mit ihren aus dem Leben genommenen Porträts ein «Es-ist-so-gewesen»[369] attestieren. Dabei hat das Guillotiniertenporträt einen noch bedeutenderen Zeugnischarakter als das fotografische Bildnis, da es zweierlei verbürgen will: *Ecce Custine* ist nicht nur das Bild des Custine, wie er morgens um 10 Uhr 30 hingerichtet wurde, es ist der Custine schlechthin: Das Hingerichtetenporträt enthüllt das Wesen eines Verräters, da auf ihm die Maske endlich, dank der Guillotine, die wahren Züge durchscheinen läßt.

Diese Verwandtschaft von Guillotine und Fotografie bleibt keine bloße Theorie, sondern wird in sozial- und polizeigeschichtlicher Hinsicht interessant: Sobald die Fotografie als der Guillotine ebenbürtiges Instrument der Organisation und Überwachung des sozialen Körpers erkannt wird, entsteht ein heimliches Einverständnis zwischen beiden Apparaten, sie arbeiten gewissermaßen Hand in Hand.

Als man gegen Ende des 19. Jahrhunderts die Köpfe der Guillotinierten zu fotografieren beginnt, geht es dabei nicht mehr darum, den Verräter zu entlarven, sondern ganz eindeutig darum, den gemeingefährlichen, geborenen Verbrecher zu identifizieren. Durch das Sammeln von Verbrecherköpfen sollen deren auch noch so versteckte gemeinsame Merkmale aufgedeckt werden, um die Wahrheit als verborgene Gesetzmäßigkeit ans Licht zu bringen. Verbrecher- und Guillotiniertenporträts bis auf das Schädelinnere durch eine Autopsie bloßgelegt, Krankenporträts, Porträts von Hysterikern – das letzte Viertel des

19. Jahrhunderts reiht die abgetrennten oder aufgeschnittenen Köpfe nur so aneinander, wobei der repetitive, kumulative und serienmäßige Charakter des Vorgehens und der Erforschung bezeichnend ist. Was man mit dieser obsessiven Praxis erreichen will, ist die Ableitung physiognomischer Gesetze. Sie verbergen sich hinter den Masken der einzelnen Gesichter, die man allein aufgrund des visuellen Eindrucks als Träger einer angeborenen Krankheit oder Neigung zur Kriminalität identifizieren und mit Hilfe eines Wissens vom Bild entschlüsseln möchte. Man denke nur an Charcots *Iconographie de la Salpêtrière* (1875), Lombrosos *L'uomo delinquente* (1876), Galtons *Inquiries into human faculty* (1883) und schließlich Bertillons Arbeiten über die gerichtliche Fotografie (1890–1893), welche die moderne Anthropometrie begründeten. Alle gehen sie von der gleichen Hypothese aus und streben das gleiche Ziel an: die Ableitung von der Erscheinung zugrunde liegenden anthropometrischen Gesetzen aus den Gesichtszügen[370] sowie die Aufstellung eines Kennzeichenkatalogs, welcher erlauben soll, den Menschen das Ungesetzliche vom Gesicht abzulesen und «aus jedem ein steckbrieflich gesuchtes Subjekt zu machen»[371].

Der Begriff Anthropometrie erscheint in der französischen Sprache erstmals 1750 und bezeichnet noch 1792 die Lehre von den Proportionen des menschlichen Körpers. Erst 1871, das heißt in dem Jahr, als die Pariser Kommune die Guillotine verbrennt, während die nach Versailles geflohene Regierung ein verbessertes Modell bauen läßt, meint dieser Terminus ein spezifisches Meßverfahren, das sich für das Gerichtswesen als nützlich erweisen sollte.

Der Bedeutungswandel des Wortes zeigt, daß der Einsatz der Enthauptungsmaschine als dem Vollstreckungsinstrument schlechthin mit dem Übergang von einer ästhetischen Wissenschaft der Proportionen zu einer kriminologischen Wissenschaft der Identifikation zusammenfällt. Nicht Guillotins Mechanik ist es, die diesen entscheidenden Wandel begünstigt, sondern die Maschine der Jakobiner, welche in Serie arbeitet und reihenweise jene Bilder produziert, die als Anschauungsmaterial dienen können. Schon damals ist die politische Guillotine jenes Instrument, das die Guten von den Bösen trennt. Die Serie von Guillotiniertenporträts läßt den Gedanken einer verbindenden Ähnlichkeit der Gesichtszüge aufkommen, einer Ähnlichkeit jener Physiognomien, deren Zugehörigkeit zur gleichen Gattung, der Gattung der Verräter und Ungeheuer, durch das Gerichtsurteil sanktioniert wurde.

Der letzte Brief Charlotte Cordays zeigt, daß die Ikonographie des Guillotiniertenporträts bereits 1793 mit einem kriminologischen Moment verbunden war. Ihrem erstaunlichen und zugleich sehr bedeutsamen Wunsch, sich porträtieren zu lassen, den sie im Gefängnis äußert, fügt sie zwei Erklärungen an. Erstens rechtfertigt sie ihre Bitte mit der Tradition der Porträtmalerei: Sie möchte ihren Freunden ein Erinnerungsbild zurücklassen. Der zweite Grund ist komplexer, moderner und den revolutionären Umständen angepaßt: Sie will denen, die sich für die Physiognomie der Verbrecher interessieren, Stoff zum Nachdenken geben.[372] Der Brief Charlotte Cordays, die wenige Stunden später auf dem Schafott skandalös geohrfeigt werden sollte, belegt, daß bereits die vorwissenschaftliche Physiognomie als Mittel, den Ausdruckswert der Gesichtszüge zu entschlüsseln, Prestige genoß.

Die von Charlotte Corday vorgenommene Annäherung der privaten Instanz der Freundschaft an die gesellschaftliche Instanz der Kriminalität ist ein Phänomen, das ebenfalls bei der Fotografie zu beobachten sein wird: jene «Öffentlichkeit des Privaten», der Roland Barthes sich «widersetzen» will, indem er beide Bereiche wieder trennt, um «die Innerlichkeit aussprechen [zu können], ohne die Intimität preiszugeben»[373]. Die Guillotine hatte den privatesten Moment, den Tod, öffentlich gemacht, jenen Augenblick, in dem das Individuum ganz sich selbst gehört. In einem zweiten Schritt bewirkt die Enthauptungsmaschine – welche Oelsner zufolge den Verurteilten «dem Blick des Pöbels» ausliefert – die Vulgarisierung des unveräußerlichsten Ausdrucks eines Gesichtes: des Ausdrucks im Moment des Todes.

Die Guillotine befindet sich nicht von ungefähr am Ursprung jener Öffentlichkeit des Privaten: Eines der Hauptanliegen der jakobinischen Moral ist es, das Private dem Öffentlichen einzuverleiben, wobei die Einzigartigkeit des Individuums geleugnet wird, da man an ihm nur das Gesetzmäßige sehen will. Als politisches Instrument übte der «Kopfverkürzer» einen prägenden Einfluß auf die jakobinischen Gleichheitsvorstellungen aus, die sich als unerreichbares demokratisches Ideal erweisen sollten; als soziales Instrument degradiert die Guillotine dieses Ideal zum Konformitätsgebot, mittels dessen das bürgerliche Gemeinwesen für die Erhaltung der moralischen Gesundheit sorgte.

So bestätigt sich am Ende der Analyse der formierende Charakter der Enthauptungsmaschine: Sie de-formiert den physischen Körper, indem sie ihn brutal verstümmelt, und gleichzeitig informiert sie über die latenten Bedeutungen jenes neuen Bildes vom gesellschaftlichen und politischen Körper, das sie zu entwerfen beitrug.

Der wichtigste und wohl umfassendste ideologische Schlüssel, derjenige, durch den sich möglicherweise die meisten affektiven Besetzungen und die Reaktionen auf die Maschine erklären lassen, ist ein Konzept, das seine heutige Bedeutung erst im letzten Viertel des 18. Jahrhunderts erhält: die «banalité». Während diese Bezeichnung im Ancien Régime noch die Verpflichtung des Volks bezeichnete, die besondere Stellung des Lehnsherrn durch das Zahlen von Abgaben anzuerkennen, verändert der Begriff kurz vor der Revolution seine Bedeutung, um von nun an das zu bezeichnen, was völlig alltäglich und somit nichts Besonderes und auf kein Privileg gegründet ist. Dieser Bedeutungswandel gibt bereits die Stoßrichtung der Revolution an: die Souveränität eines Einzelwesens und eines bestimmten Standes durch die Banalität der großen Zahl, des Volkes, zu ersetzen.

Möglicherweise hat die reiche Bildwelt, die durch die Guillotine entstand, ihren tieferen Grund darin, daß die Maschine der Reduktion des Todes und des Körpers auf die Norm des Gesetzes dient. Im Augenblick seines Dahinscheidens zwingt die Guillotine den Einzelnen dazu, sich einer ebenso unerträglichen wie unwiderlegbaren Tatsache bewußt zu werden: der Banalität des eigenen Todes.

Anmerkungen

1 «Zivilisationsobjekt» im Sinn von P. Francastel, *La réalité figurative*, Paris 1965, S. 107.
2 Diderot sah vor, daß der Verurteilte, wenn er bei der Operation nicht starb, das Leben geschenkt bekommen sollte: *Encyclopédie*, Artikel «Anatomie», Livorno 1770, Bd. 1, S. 402.
3 Zit. bei A. Soubiran/J. Théoridès, «Guillotin et la rage: un mémoire inédit», *Histoire des sciences médicales*, 16 (1982), S. 4. Ich danke G. Didi-Huberman dafür, daß er mich auf diesen kaum bekannten Text aufmerksam machte.
4 V. Hugo, *Literatur und Philosophie in vermischten Aufsätzen*, in *Klassische Werke*, dt. v. F. Seybold, Stuttgart/Leipzig 1836, Bd. 5 u. 6, S. 213.
5 Vgl. L. Bridel, *Le Conservateur Suisse*, 15. September 1796: Ein der französischen Guillotine sehr ähnliches Modell befindet sich «auf einem Gemälde von der Luzerner Brücke, welches das Martyrium einiger Christen unter einem gewissen Hirtacus zeigt, ein Bild, das lange vor der Geburt von Herrn Guillotin gemalt wurde. Auch auf einem Holzschnitt, der die Hinrichtung von Brutus' Söhnen zum Thema hat und von Salvatore Rosa stammt, wenn ich mich nicht irre, ist eine dieser Maschinen zu sehen, welche zu fragwürdigem Ruhm gelangen oder vielmehr eine fragwürdige Betriebsamkeit entwickeln sollte.» Näheres über diese Vorläufer von «Guillotins Maschine» in der Folge sowie in D. Arasse/V. Rousseau-Lagarde, *La Guillotine de la Terreur*, Florenz 1986, Bd. 1.
6 M. Robespierre, «Discours sur les peines infamantes», in *Œuvres complètes*, Paris 1910, Bd. 1, S. 44. Vgl. auch J. Goulet, «Robespierre, la peine de mort et la Terreur», *Annales historiques de la Révolution française* 2 (1981), S. 219ff.
7 J.-P. Marat, *Plan einer Criminalgesetzgebung*, dt. v. R. Kolb, Berlin 1955, S. 51 und 76.
8 M. Foucault, *Überwachen und Strafen*, dt. v. W. Seitter, Frankfurt 1977, S. 46.
9 Labat, zit. bei W. Böhmer, *Kritische Geschichte der Guillotine*, Göttingen 1821, S. 41 und 40. Delaporte, *Reisen eines Franzosen, oder Beschreibung der vornehmsten Reisen in der Welt*, Leipzig 1778, Bd. 20, S. 236.
10 Vgl. J. Delarue, *Le métier de bourreau*, Paris 1979, S. 151ff.
11 Zwei Beispiele mögen genügen, um die beiden Hauptmerkmale dieses frühen

Enthauptungsinstruments, seinen Status als Privileg der Aristokratie und seine maschinelle Effizienz zu belegen. 1507 organisiert Demetrio Giustiniani in Genua den Aufstand gegen Ludwig XII., wofür er am 13. Mai desselben Jahres hingerichtet wird: Der Henker verband ihm die Augen; dann kniete der Verurteilte von selbst nieder und legte seinen Hals auf den Richtblock. «Der Henker nimmt einen Strick, an dem ein schwerer Block befestigt ist, der ein Beil mit scharfer Schneide aufweist, wobei der Block oben zwischen zwei Pfosten hängt, und zieht an besagtem Strick dergestalt, daß der Block mit der Schneide dem Knieenden zwischen Kopf und Schultern stürzt, so daß der Kopf auf die eine und der Rumpf auf die andere Seite rollt.» Zit. bei A. Kershaw, *Die Guillotine. Ein Geschichte des mechanischen Fallbeils*, dt. v. E. Fooken, Hamburg 1959, S. 42. 1632 wird Herzog Heinrich II. von Montmorency, Marschall von Frankreich, enthauptet, weil er mit Gaston d'Orléans gegen Richelieu zur Waffe gegriffen hatte. Die Hinrichtung wird in den Memoiren des Jacques de Chastenet beschrieben: «Und wandte sich dann zum Henker und sagte zu ihm: ‹Tu deine Pflicht.› Er ließ sich die Arme zusammenbinden und stieg aufs Schafott, durch ein Fenster, welches man ihm geöffnet, und das auf das besagte, im Hof des Rathauses aufgestellte Blutgerüst führte, wo sich ein Holzblock befand, auf den man ihn seinen Kopf legen ließ. In diesem Land bedient man sich eines Breitbeils, welches sich zwischen zwei Holzbalken befindet; und wenn der Kopf auf dem Block ruht, läßt man das Seil los und das Beil geht nieder und trennt den Kopf vom Körper. Als jener den Kopf auf den Block legte, zuckte er zusammen, weil ihn die Wunde, die er sich am Hals zugezogen hatte, schmerzte, und sagte: ‹Ich bin nicht aus Furcht zusammengezuckt, sondern weil mir meine Wunde weh tut.› Pater Arnoul war in seiner Nähe und leistete ihm geistigen Beistand, man ließ das Seil los, und der Kopf wurde vom Körper getrennt. Dieser fiel auf die eine, jener auf die andere Seite.» Zit. bei A. G. Manet, «La guillotine et ses ancêtres», *Le Mois littéraire et pittoresque*, Paris, S. 356.

12 So bemerkt das *Journal des Etats généraux* im Anschluß an seinen Bericht über die Rede Guillotins: «Die Gesetzgeber des 18. Jahrhunderts neigen alle dazu, die Strafgesetzgebung zu mildern; dennoch schien einige der Gedanke zu empören, daß es keinerlei Unterschied zwischen der Marter eines Vatermörders, eines Königsmörders und eines gewöhnlichen Mörders geben sollte. Abbé Maury, Target und eine Vielzahl von weiteren Mitgliedern der Versammlung forderten eine Vertagung dieser Fragen, um in Kenntnis der Sachlage entscheiden zu können.» Zit. bei Soubiran, *Ce bon docteur Guillotin*, Paris 1962, S. 160.

13 Es sei nur ein Beispiel für diese Spottlieder genannt (gesungen auf die Melodie: «Quand la mer rouge apparut...» (Als das rote Meer erschien...): «Es ist ein Hieb, den man bekommt, / bevor man sich versieht. / Man merkt es kaum, / man sieht es nicht, / der Hebel ist versteckt. / Doch zieh'n sie ihn, / läßt fall-, fall-, fallen, / läßt roll-, roll-, rollen, / läßt fallen, / läßt rollen, / läßt er die Köpfe tanzen / wie die Schranzen.» Zit. bei E. u. J. de Goncourt, *Histoire de la société française pendant la Révolution*, Paris 1918, S. 428.

14 Ebenda, S. 428–429.

15 H. Bergson, *Das Lachen*, dt. v. R. Plancherel-Walter, Zürich 1972, S. 39.

16 Vgl. M. Normand, *La Peine de mort*, Paris 1980, S. 20. In seiner berühmten Rede vom 30. Mai 1791 betont Robespierre die Tatsache, daß in Rußland, trotz des Despotismus, unter der Zarin Katharina die Todesstrafe abgeschafft worden war: «Ist Rußland zerrüttet, seit der Despot, der es regiert, die Todesstrafe ganz aufgehoben hat, gleichsam als hätte er durch diesen Akt der Humanität und Philosophie das Verbrechen sühnen wollen, Millionen Menschen unter das Joch absoluter Gewalt zu bannen?» Zit. bei H. Elsner, *Maximilian Robespierre, Dictator von Frankreich. Vollständige Geschichte seines Lebens mit Sammlung seiner Reden*, Stuttgart 1838, S. 302.

17 Einen anschaulichen Kommentar gibt der *Courrier de Provence*: «Herr Prugnon sprach sich für die Beibehaltung der Todesstrafe aus, Herr Robespierre verlangte deren Abschaffung. Ersterer behandelte die Frage mit dem Feingefühl und der Anmut des Mannes von Geist, letzterer mit der Empfindsamkeit eines Philosophen, der von der düsteren Bedeutsamkeit seines Gegenstandes durchdrungen ist.» In Robespierre, *Œuvres complètes*, Paris 1950, Bd. 7, S. 441.

18 Die Stimmungslage zum damaligen Zeitpunkt wird deutlich, wenn man die Berichterstattung des *Journal de Louis XVI et de son peuple* mit der von Marats *L'Ami du peuple* vergleicht (in Robespierre, a. a. O., S. 445): «Der Demokrat Robespierre hält eine lange Rede gegen die Todesstrafe, die er eines freien Volkes für unwürdig erachtet. Sein Vortrag, der sich auf einige Beispiele aus der Geschichte stützt, ist einzig philosophisch, er entbehrt jeglicher politischen Grundlage und jenes Weitblicks, der den geschickten Gesetzgeber auszeichnet.» (*Journal de Louis XVI...*) «Die Versammlung hat mit Recht – ohne jedoch konkrete Folgerungen daraus zu ziehen – beschlossen, für schwere Verbrechen die Todesstrafe aufrechtzuerhalten: Ein Punkt, zu dem unsere Gefolgsmänner Pétion und Roberspierre [sic] eine Ansicht geäußert hatten, die ihrer Empfindsamkeit Ehre macht, jedoch zu ernste Nachteile aufweist, als daß die Versammlung sie sich zu eigen hätte machen können. Das Recht der Gesellschaft, Todesstrafen zu verhängen, steht außer Zweifel, da es sich aus den gleichen Grundsätzen herleitet wie das Recht jedes Einzelnen, in Notwehr zu töten, das heißt, sich selbst zu erhalten. Wenn nun aber jede Strafe dem Vergehen angemessen sein soll, dann muß auf Todschlag und Giftmord die Todesstrafe stehen, und erst recht auf Verschwörung und Brandstiftung.» (*L'Ami du peuple*)

19 *Rapport de Charles Henri Sanson au ministre de la Justice sur le mode de décapitation*; s. Anhang, Text 1.

20 Nachdem die Gesetze in der Todesstrafe einzig die «Beendigung des Lebens» sehen wollen, «ergibt sich aus den Beobachtungen, welche mir von den Scharfrichtern zugingen, daß die Hinrichtungsform der Enthauptung, im Hinblick auf die Vorbehalte, die die Verfassungsgebende Versammlung äußerte, für die Zuschauer zu greulich ist. Entweder wird sie einen Beweis für die Schändlichkeit derjenigen liefern, die jenen Anblick ertragen können, oder der Scharfrichter wird, selbst in Schrecken versetzt, allen möglichen Ausschreitungen des Volkes ausgesetzt sein.» Zit. bei L. Pichon, *Code de la guillotine*, Paris 1910. Vgl. auch Delarue, a. a. O., S. 121, u. Soubiran, a. a. O., S. 17.

21 S. Anhang, Text 2.

22 «Dringlichkeitsdekret.
In Erwägung,
daß aufgrund der Ungewißheit über die § 3, Absatz 1 des Strafgesetzbuches gemäße Hinrichtungsform die Bestrafung mehrerer zum Tode verurteilter Verbrecher suspendiert werden mußte;
daß der Ungewißheit unverzüglich ein Ende gemacht werden sollte, da diese aufrührerischen Bewegungen Vorschub leistet;
daß das Prinzip der Menschlichkeit eine möglichst milde Vollstreckung der Todesstrafe gebietet,
beschließt die Nationalversammlung die Dringlichkeit.»
«Endgültiges Dekret.
Die Nationalversammlung
dekretiert, nach Verabschiedung eines Dringlichkeitsbeschlusses, daß § 3, Absatz 1 des Strafgesetzbuches derart und dergestalt Anwendung finden soll, wie es das vom ständigen Sekretär der chirurgischen Akademie unterzeichnete Gutachten empfiehlt, welches vorliegendem Dekret im Anhang beigefügt ist;
ermächtigt folglich die Exekutive, die nötigen Ausgaben zu tätigen, damit diese Hinrichtungsart im ganzen Königreich einheitlich Anwendung finden kann.»
Zit. bei Soubiran, a. a. O., S. 179.

23 Diese Bauanweisung unterscheidet sich noch in zwei Punkten von der künftigen Guillotine, und zwar erstens in der Form des Fallbeils, das, wie bereits im *Avis motivé* vorgesehen, konvex sein sollte, und zweitens in der Position des Verurteilten: «Der Holzbock, auf den der Nacken des Opfers gelegt wird, ist acht Zoll hoch und vier Zoll stark. Seine untere Länge beträgt einen Fuß [...]. Das Opfer hat das Gesicht zur Erde gewandt; seine Ellenbogen stützen die Brust, und sein Nacken [...] schmiegt sich ohne Schwierigkeit in den Einschnitt des Blocks. Wenn alles ordnungsgemäß vorbereitet ist, läßt der an der Maschine stehende Scharfrichter die beiden Seilenden gleichzeitig aus der Hand, der Querbalken mit dem Beil stürzt nieder und trennt mit Blitzesschnelle durch sein Eigengewicht und die Fallgeschwindigkeit den Kopf vom Rumpf.» Zit. bei Kershaw, a. a. O., S. 53–54.

24 Vgl. Soubiran, a. a. O., S. 186.

25 Zit. bei W. Zirgens (Hg.), *Die Guillotine und deren Entstehung. Geschichtliche Documente über die Herstellung und Einführung dieses Hinrichtungs-Instruments in Frankreich*, Leipzig 1853, S. 9–10.

26 Zit. ebenda, S. 11–12.

27 Zit. bei Kershaw, a. a. O., S. 59.

28 Zit. bei Soubiran, a. a. O., S. 183.

29 Zit. bei Delarue, a. a. O., S. 169.

30 Vgl. die Memoiren des Grafen Beugnot, zit. bei Delarue, a. a. O., S. 136: «Der arme Mann war ein großherziger Menschenfreund, dem es weder an Kenntnis noch an Gewandtheit mangelte, doch das Unglück, jenem verhängnisvollen Instrument seinen Namen gegeben zu haben, überschattete sein Leben.»

31 Vgl. Beugnot, zit. ebenda: «Um uns zu Diensten zu sein, zögerte er nicht, seiner Maschine mögliche Opfer zu entziehen.»

32 Zit. bei Kershaw, a. a. O., S. 26.

33 Vgl. ebenda, S. 52.

34 Zit. bei Delarue, a. a. O., S. 147.

35 Vgl. Lenotre, *La Guillotine et les exécuteurs des arrêts criminels pendant la Révolution*, Paris 1920, S. 233–234.

36 Zit. bei Zirgens, a. a. O., S. 17.

37 *Journal de la France*, zit. bei Soubiran, a. a. O.; vgl. auch den Bericht in der *Chronique de Paris*: «Das Volk war übrigens keineswegs zufrieden: es hatte nichts zu sehen bekommen, das Ganze war zu schnell gegangen; die Menschenmenge zerstreute sich enttäuscht, einen Gelegenheitsvers vor sich hin singend, um sich zu trösten: ‹Wir wollen unser'n Galgen wiederhaben, / wir wollen unser'n Galgen wiederhaben!›» Zit. bei Lenotre, a. a. O., S. 235.

38 Vgl. Delarue, a. a. O., S. 156. Genaugenommen fand die erste politische Guillotinierung bereits im Frühjahr 1792 statt, als neun Emigranten, welche bewaffnet aufgegriffen worden waren, auf dem Grève-Platz enthauptet werden. An der Hinrichtung selbst ist nichts Ungewöhnliches, besonderes Prestige verleiht ihr jedoch ihr politischer Charakter: die erste Abbildung einer Guillotinierung in den *Révolutions de Paris* ist diesem Anlaß gewidmet.

39 Auch wenn man nicht unbedingt so weit gehen muß wie Chateaubriand (*Erinnerungen: Mémoires d'outre-tombe*, dt. v. S. v. Massenbach, München 1968, S. 170), der die Guillotine ganz an die Stelle des Henkers treten läßt – «Man kann von dieser Maschine als einem Henker sprechen» –, so muß man doch einräumen, daß sie von nun an die Hauptrolle spielt. Verninac de Saint-Maur hatte ihre Popularität schon 1789 vorausgesehen, denn er begründete seine ablehnende Haltung gegenüber der Guillotine in einem Brief an den *Modérateur* folgendermaßen (zit. bei Goncourt, a. a. O., S. 436): «Die Neuartigkeit dieser Maschine, ihr bemerkenswertes Ineinander, würde zweifelsohne die schreckliche Neugierde des Volkes anlocken: Vergessend, daß die Hinrichtung den Charakter einer blutigen Lektion haben soll, würde das Volk am Ende der Darbietung zu klatschen beginnen – was sage ich? –, es würde womöglich einen Grad der Unmoral erreichen, der es wünschen ließe, man möge das schreckliche Schauspiel doch häufiger veranstalten.» Diese Vermutungen sind nicht aus der Luft gegriffen; Verninac de Saint-Maur überträgt nur die Anerkennung, welche das Publikum im Ancien Régime dem virtuosen Henker gegenüber kundtat, auf die Maschine. So hatte beispielsweise 1737, bei der Enthauptung von Beaulieu de Montigny, dem Henker seine Kunstfertigkeit zu einem Triumph verholfen. «Er [...] präsentierte dem Volk [den Kopf] von allen Seiten, legte ihn wieder auf den Boden zurück und verbeugte sich dann vor dem Publikum, das sein Geschick durch lautes Klatschen honorierte.» Vgl. Delarue, a. a. O., S. 231.

40 Der Tod von Foullon war besonders dramatisch gewesen: Das Seil, mit dem man ihn an der berühmten Laterne vor dem Rathaus aufknüpfen wollte, riß zweimal, so daß er erst beim dritten Versuch gehenkt wurde. Nach dem Massaker wurden die Köpfe auf Piken durch die Stadt getragen. Sie kamen auch an Chateaubriands Fenster vorbei: «Jeder trat vom Fenster zurück; ich blieb stehen. Die Mörder machten vor meinem Fenster halt, streckten mir singend ihre Piken entgegen, vollführten dabei einige Sprünge, um die bleichen Masken meinem Gesicht ganz nahe zu bringen. Das Auge des einen dieser Köpfe war aus

seiner Höhle herausgequollen und rann über das düstere Totenantlitz. Die Pike hatte den offenen Mund durchbohrt, dessen Zähne auf das Eisen bissen [...]. Diese Köpfe und andere, welche ich bald darauf sah, änderten meine politische Einstellung.» A. a. O., S. 111.

41 Ebenda. Die Klageschrift trägt im Original den Titel: *Plaintes de l'exécuteur de la Haute Justice contre ceux qui ont exercé sa profession sans être reçus maîtres*; dt. im Anhang, Text 3.

42 Das einwandfreie und schnelle Funktionieren der Guillotine kann Begeisterung auslösen, wie folgender Brief zeigt, den der Kommissar des Königs in Falaise am 8. Juni 1792 an den Justizminister schrieb: «Für die Maschine, welche zur Hinrichtung Duval-Bertins diente, auf der Grundlage einer Abbildung eine Bauanweisung verfaßt und deren Ausführung angeordnet. In meinem Brief vom 17. Mai hatte ich die Ehre, Ihnen von der unfaßbaren Schnelligkeit zu berichten, mit der der Kopf Duval-Bertins von seinem Rumpf getrennt wurde. Es war die Schnelligkeit des Blitzes, der dem Donner unmittelbar vorausgeht oder diesen ankündigt. Kein Wimpernschlag, und der Kopf war 17 oder 18 Daumen weit vom Rumpfe weggeschnellt [...]. Zehn Hälse übereinander hätten der Fallgeschwindigkeit dieses Instrumentes nicht widerstanden, welches, nachdem es die erwünschte Wirkung erzielt hatte, noch mit seinem ganzen Blatt in den Holzklotz hineinfuhr.» Zit. bei E. Seligman, *La justice pendant la Révolution*, Paris 1901, Bd. 1, S. 464. Man findet dieses Phänomen des «wegschnellenden Kopfes» auch in einem Polizeibericht über die Hinrichtung der Girondisten: «Die Enthauptung erfolgte mit solcher Wucht, daß mehrere Köpfe vom Schafott hinuntersprangen.» Vgl. Caron, *Paris pendant la Terreur*, Paris 1943, Bd. 6, S. 273.

43 Damiens erflehte beispielsweise bei seiner Hinrichtung ein ums andere Mal Gottes Erbarmen; vgl. Foucault, a. a. O., S. 9.

44 Vgl. Abb. 5.

45 Die Sorge um das Zusammenfallen von Tod und Absolution ist nicht neu; die Ereignisse beim Tod der Beatrice Cenci 1599 in Rom beweisen es. Wie bekannt, wurde die schöne Vatermörderin mit zweiundzwanzig Jahren durch eine *mannaia* enthauptet – «eine Art Guillotine», wie Stendhal in seiner den Cenci gewidmeten Erzählung aus den Italienischen Chroniken erklärt (*Meistererzählungen*, dt. v. E. Rechel-Mertens, Zürich 1986, S. 59 ff.): «[Sie] führte oben auf dem Schafott das eine Bein mit einer leichten Bewegung über die Planke, legte darauf den Hals unter die Mannaja und brachte sich vollkommen allein in die rechte Lage, um zu vermeiden, daß der Henker sie anrühren mußte. Durch die Geschwindigkeit ihrer Bewegungen gelang es ihr, daß in dem Augenblick, da ihr der Umhang aus Taft abgenommen wurde, niemand ihre Brust und ihre Schultern erblickte. Es dauerte lange, bis der Streich niederfiel, weil eine Verzögerung eintrat.» Um diese unmenschliche Verzögerung zu erklären, fügte Stendhal eine Fußnote an, die genau die Frage betrifft, welche die Gemüter 1789 beschäftigte – es ging darum, aus der Ferne sicherzustellen, daß der Moment der Absolution und der Enthauptung zusammenfallen: «Ein zeitgenössischer Autor berichtet, Clemens VIII. sei um das Heil von Beatrices Seele sehr besorgt gewesen; da er wußte, daß sie zu Unrecht verurteilt worden war, fürchtete er bei ihr eine Regung der Ungeduld. In dem Augenblick, da sie den Kopf auf die Mannaja

gelegt hatte, wurde auf der Engelsburg, von wo aus man die Mannaja sehr gut sehen konnte, ein Kanonenschuß abgegeben. Der Papst, der in Montecavallo die Zeit im Gebet verbrachte, während er auf dieses Zeichen wartete, erteilte alsbald dem jungen Mädchen die große päpstliche Absolution in articulo mortis. Daher die Verzögerung in dem grausigen Augenblick, von der der Chronist berichtet.»

46 «Die Republik, geheiligter Gegenstand all unserer Wünsche, all unserer Hoffnungen, muß mit den Symbolen des Königtums auch eine Tyrannei abschaffen, die noch düsterer und fanatischer, aber glücklicherweise von Natur aus auch schwankender und unbeständiger ist und die Guillotine auf ihr Banner gesetzt zu haben scheint.» P. J. G. Cabanis, *Note sur le supplice de la guillotine*, in *Œuvres complètes*, Paris 1823, Bd. 2, S. 181.

47 Chateaubriand, a. a. O., S. 170–171.

48 R.-G. Gastellier, *Que penser enfin du supplice de la guillotine?*, Paris Jahr IV, S. 11.

49 Cabanis («Bemerkungen über die Meinung des Herrn Sömmering, Oelsner, und des Bürger Sue über die Enthauptung», in J. J. Sue, *Physiologische Untersuchungen und Erfahrungen über die Vitalität*, Nürnberg 1799, S. 126) berichtet über die Erprobung der Guillotine: «Das blosse Gewicht des Beils, ohne die Beyhülfe des sonst daran befestigten dreyssig Pfund schweren Fallblocks, trennte die Köpfe mit der Schnelligkeit eines Augenblicks vom Rumpfe.»

50 Während sich die Maschine im Stillstand beschreiben läßt, ist es unmöglich, den Moment des Funktionierens darzustellen. Die unter dem Schreckensregime veröffentlichten Stiche bestätigen die doppelte Unmöglichkeit – die wahrhaft «erhabene» Assoziationen weckt –, sich von der Guillotinierung «ein Bild zu machen». Zahlreiche Radierungen zeigen «den Tod von...», doch niemals den Moment der Enthauptung selbst. Die Darstellungen lassen sich vielmehr in ein «Vorher» und «Nachher» gliedern, wobei zwei deutlich verschiedene ikonographische Grundtypen erkennbar werden: Die royalistischen Stiche betonen alles, was dem «verhängnisvollen Moment» vorausgeht, und nutzen ausgiebig das Thema der «letzten Augenblicke», während derer das Opfer seine Abschiedsworte spricht und eine Lektion der Moral oder des Glaubens erteilt. Oft wird hier dem «Märtyrer» der Gestus eines Redners verliehen – obwohl aus den Fakten hervorgeht, daß keine Zeit zu langen Reden blieb –, um dem Bedürfnis nach Aufklärung darüber Genüge zu tun, was dem letzten Moment vorausging. Die Stiche der Republikaner setzen dagegen den Schwerpunkt der Handlung jenseits der Schwelle des Todes und des letzten Augenblicks an; ebenso mechanisch wie die Maschine ihre Bewegung wiederholt, reproduzieren diese Darstellungen die bedeutungsschwere Geste des Henkers, mit der er dem Volk das geköpfte Haupt zeigt. Zu diesen bildlichen Darstellungen vgl. Arasse / Rousseau-Lagarde, a. a. O.

51 Cabanis, *Notes sur le supplice...*, S. 180.

52 S. Anhang, Text 4.

53 Chateaubriand, *Essais historiques sur les révolutions anciennes et modernes*, Paris 1859, Bd. 2, S. 94–95.

54 Gastellier, a. a. O., S. 94–95.

55 Die Augenblicklichkeit des Augenblicks erscheint paradox. Obwohl der

Augenblick nicht weiter reduzierbar, unteilbar ist und als Jetztpunkt die Gegenwart verkörpert, stellt er gleichzeitig einen winzigen, dynamisch sich fortbewegenden Abstand dar, einen Bruch zwischen der unmittelbaren Vergangenheit und der unmittelbaren Zukunft. Der Jetztpunkt ist Teilungsprinzip und Kontinuitätsprinzip zugleich. Vgl. Aristoteles, *Physikvorlesung*, dt. v. E. Rolfes, Berlin 1983, S. 119–122: «[...] so ist auch der Jetztpunkt einerseits potentielles Teilungsprinzip der Zeit, andererseits Prinzip sowohl der Begrenzung der beiden Zeitstücke [Vergangenheit/Zukunft] wie der Einheit (der einen Zeit). [...] dort, wo der Jetztpunkt seine Stätte hat, hat sie auch der Abstand vom Jetztpunkt.»

56 J. J. Sue, «Über den Schmerz, der nach der Enthauptung fortdauert», in *Physiologische Untersuchungen ...*, a. a. O., S. 73–74.

57 *Encyclopédie*, a. a. O., Artikel «Mort», Bd. 10, S. 662: «Man muß mit der Feststellung des absoluten Todes sehr vorsichtig sein [...], denn durch etwas mehr Sorgfalt ließen sich die Schwierigkeiten [bei der Feststellung] vielleicht überwinden; außer Zweifel steht der Tod, wenn Anzeichen der Verwesung erkennbar sind [...]. Es gibt eine erste Phase des Todes, für die sich die Möglichkeit des Wiederaufwachens durch einen einfachen Argumentationsgang und stichhaltige Beobachtungen beweisen läßt [...]. Die einzigartige Veränderung des Zustands, der ungewöhnliche Verwandlungsprozeß, der in der Maschine statthat, kann sich im übrigen bei chronisch Kranken als nützlich erweisen... Es ist ein allgemein anerkanntes Axiom [...].»

58 Auberive, *Anecdotes sur les décapités*, Paris Jahr V, S. 7–8: «Es ist einfacher, ein Seil richtig zu durchschneiden als einen Kopf wieder richtig anzusetzen. Letzteres Experiment ist dennoch angestellt worden [...], um in Erfahrung zu bringen, ob es möglich ist, die entweichende Seele zurückzuhalten und das Leben nach dem verhängnisvollen Schlag noch um einige Augenblicke zu verlängern. Gegenstand dieses Versuches war ein junger Mann, der wegen eines Verbrechens zum Tod durch Enthauptung verurteilt worden war. Kaum war er hingerichtet, unterbrachen die Chirurgen den aus dem Rumpf strömenden Blutstrom mit Adstringenzien, andere, die den Kopf gehalten hatten, setzten ihn mit größtmöglicher Genauigkeit und größtem Geschick, Wirbel an Wirbel, Nerv an Nerv, Arterie an Arterie an seine Stelle zurück; der Schnitt wurde gründlich mit Kompressen verbunden, und zu guter Letzt hielt man dem Patienten noch alkoholhaltige und belebende Lösungen unter die Nase. Da schien der Kopf sich zu beleben. Man erkannte eine deutliche Bewegung der Gesichtsmuskeln und ein Blinzeln der Augenlider. Ein Schrei des Erstaunens und der Bewunderung wurde laut, man hob den jungen Mann vorsichtig in die Höhe und trug ihn behutsam in ein benachbartes Haus, wo er, nachdem er noch einige schwache Lebenszeichen zu erkennen gegeben hatte, verstarb. Das Überleben scheint mir in diesem Fall erwiesen, doch man hat den Eindruck, als sei das Experiment schlecht ausgeführt worden und als sei man sehr unüberlegt vorgegangen.»

59 J. Villiers de L'Isle-Adam, «Das Geheimnis um das Schafott», in *Grausame Geschichten*, dt. v. H. u. H. Kühn, Frankfurt 1985, S. 195–196: «Wenn Sie mir in diesem Augenblick, wie auch die sonstigen Gesichtsverzerrungen sein mögen, durch dieses dreifache Augenzwinkern ausdrücken können, daß Sie mich

gehört und verstanden haben, und es mir beweisen, indem Sie Ihren die Augenlider bewegenden Muskel, Ihren zum Jochbein gehörenden Nerv und Ihre Bindehaut durch einen Akt des fortdauernden Gedächtnisses und Willens zu beeinflussen imstande sind, indem Sie alles Grauen, alles Wogen anderer Eindrücke auf Ihr Sein unterdrücken, so wird diese Tatsache genügen, die Wissenschaft aufzuklären und unsere Überzeugung zu revolutionieren. Und seien Sie sicher, ich werde es in einer Weise kundzutun wissen, daß Sie für alle Zukunft weniger die Erinnerung an einen Kriminellen hinterlassen werden als die an einen Helden.»

60 Die Debatte wird im Jahr III durch Sömmering eröffnet, dessen Aufsatz «Sur le supplice de la guillotine» (Orig. franz., abgedruckt in F. Dumont [Hg.], *Samuel Thomas von Sömmerings Leben und Verkehr mit seinen Zeitgenossen*, Stuttgart/New York 1987, S. 270ff.) den Lesern des *Magazine encyclopédique* von Oelsner vorgestellt wurde. Im Jahr IV unterstützt Sue die von Sömmering und Oelsner propagierte Überlebensthese, die in der Folge auf zahlreiche Kritik stieß: Neben den beiden bereits zitierten Aufsätzen von Cabanis und Gastellier erscheinen die *Dissertation physiologique* des Chirurgen am Pariser Hôtel-Dieu, Léveillé (dt. in Sue, a.a.O., S. 136ff.: «Wird die Empfindung in dem Augenblick gänzlich vernichtet, in dem der Kopf vom Rumpfe getrennt wird?») und die *Réflexions historiques et physiologiques sur le supplice de la guillotine von Sédillot le Jeune*, welcher an der Pariser Académie de chirurgie tätig war. S. Anhang, Text 4.

61 Oelsner, zit. bei Dumont, a.a.O., Bd. 2, S. 271: «Unser Geist mißt die Zeit nach der Zahl und Art der wahrgenommenen Empfindungen.»

62 Sömmering, zit. ebenda, S. 274.

63 Sue, a.a.O., S. 97. Man versteht La Pommerais' Zögern und sein Hoffen auf Doktor Velpeaus Rücksicht, damit der «Kopf in Ruhe seine letzte Vitalität in den Zinneimer verströmen kann, der ihn aufnehmen wird»; Villiers de L'Isle-Adam, a.a.O., S. 196.

64 Sömmering, zit. bei Dumont, a.a.O., S. 275.

65 Zit. bei Pernoud/Flaissier (Hg.), *Die Französische Revolution in Augenzeugenberichten*, München 1983, S. 315.

66 Sömmering, zit. bei Dumont, a.a.O., S. 276.

67 Ebenda, S. 277.

68 Die Ausführungen von Cabanis, Gastellier, Léveillé und Sédillot sind sich in den Grundzügen ähnlich. Medizinische Details erwähne ich nur, wenn sie für die der Debatte zugrunde liegenden Phantasmen aufschlußreich sind.

69 Sédillot, a.a.O., S. 4.

70 Für Gastellier erledigt sich die Frage des fortdauernden Bewußtseins mit der Erklärung von Bewegungen als rein mechanischen Zuckungen. Er schließt seine Ausführungen mit einem zusammenfassenden Satz, in dem er bezeichnenderweise den Begriff «Maske» verwendet, ein Begriff, dessen Bedeutsamkeit für unser Thema noch zu zeigen sein wird: «Diese Köpfe behalten die Maske des Gesichtsausdrucks im Moment der Hinrichtung und [...] die Muskeln erstarren in dieser Stellung. Wenn einer der unglücklichen Patienten, während er auf dem verhängnisvollen Brett liegt und darauf wartet, daß das grausame Instrument

seinen Lebensfaden durchschneidet, mit den Zähnen knirscht oder sein Gesicht anderweitig verzerrt, so behält er diesen Ausdruck auch, nachdem der Kopf vom Körper getrennt ist.» A. a. O., S. 15.

71 Ebenda.

72 Sue, a. a. O., S. 113–114: «So kann man dem intellectuellen Leben seinen Sitz im Kopf anweisen, wo alsdann das Auge der Mittelpunkt oder gleichsam der Brennpunkt (foyer) desselben ist; dem moralischen Leben seinen Sitz in der Brust, mit dem Herzen als dessen Mittelpunkt. Das animalische Leben, das eine Art von Vegetation ist, verbreitet sich über die übrigen Theile, und namentlich über die Reproductionswerkzeuge, die denn auch als Mittelpunkte dieses Lebens anzusehen sind.»

73 Cabanis, *Notes sur...*, a. a. O., S. 173–174: «Die Entdeckungen mit dem Mikroskop haben gezeigt, daß das Leben überall ist, daß daher angenehme und schmerzhafte Empfindungen überall gleichermaßen statthaben und in der Organisation unseres Gewebes unzählige Ursachen bestehen können für gesonderte Leben, die in ihrer gegenseitigen Entsprechung und Harmonie mit dem ganzen System, wie sie durch die Nerven sichergestellt wird, das Ich bilden. Hieraus läßt sich nichts von alledem folgern, was der Bürger Sue behauptet, denn das Ich existiert nur im allgemeinen Leben.»

74 Cabanis (zit. bei Sue, a. a. O., S. 133) meint, daß «dieses Mark zwar nicht der Sitz des Lebensprinzips, das gar keinen ausschließenden besonderen Sitz hat, aber doch der Vereinigungsort des größten Theils der stärkern Gefühle (sensations) ist». Für Gastellier (a. a. O., S. 18) ist das Rückenmark ein «lebenswichtiges Organ», und Léveillé zufolge stellt es die Einheit des Nervensystems sicher, die «Kontinuität der Nerven»; zit. bei Sue, a. a. O., S. 138.

75 Léveillé, ebenda, S. 145 ff.

76 Sédillot, a. a. O., S. 22.

77 Auberive, a. a. O., S. 18.

78 Auberive verurteilt die «moderne Philosophie», insofern sie «unter dem Vorwand, uns vom Joch des Aberglaubens zu befreien [...] sich niemals bis zur geistigen Region erhebt und daher die Kette nicht kennen kann, die alle Wesen miteinander verbindet, geschweige denn jene Seele, die der Materie ihre Bewegung eingibt, den Lauf der Gestirne regelt und allen Teilen dieses riesigen Alls ihre Ordnung, Schönheit und Harmonie verleiht. Die allereinfachste Frage über die menschliche Seele kann nur nach den Prinzipien der wahren Philosophie gelöst werden.» Ebenda, S. 29.

79 Villiers de L'Isle-Adam, a. a. O., S. 193.

80 Cabanis, zit. bei Sue, a. a. O., S. 134.

81 Jene Empfindung, die Rousseau durch *Die Träumereien eines einsamen Spaziergängers* zu verbreiten und propagieren beigetragen hatte; vgl. z. B. den berühmten Ausruf, «Fünfter Spaziergang»: «Was genießt man in einem solchen Zustand? Nichts, was außerhalb von uns ist, nichts außer uns selbst und unser eigenes Dasein; solange dieser Zustand währt, ist man sich selbst genug, wie Gott.» (Dt. v. D. Leube, Zürich 1985, S. 91)

82 Auberive, a. a. O., S. 17.

83 Robespierre, «Über die Grundsätze der politischen Moral, die den National-

konvent bei der inneren Verwaltung der Republik leiten sollen», 5. Februar 1794, in *Reden aus den Jahren I und II der Republik*, dt. v. K. Schnelle, Berlin 1984, S. 39.

84 Cabanis, *Œuvres complètes*, Bd. 3, S. 188: «Man hat noch nicht genau klären können, worin die Vollständigkeit des Systems besteht, das Hirn, Rückenmark und Nerven miteinander bilden. Jedenfalls kann man beträchtliche Teile dieses Systems entfernen, ohne die sensitiven Funktionen des intakten Restes zu beeinträchtigen, ohne bei den Gedankenoperationen eine offenkundige Störung hervorzurufen.»

85 Cabanis, «Lettre sur les causes premières», in *Œuvres complètes*, Bd. 5, S. 64–65.

86 Sue, a. a. O., S. 114: «Man darf noch hinzufügen, daß das Angesicht als Inbegriff des Ausdrucks dieser drey Bestandtheile der Humanität betrachtet werden kann: die Augen und Wangen sind der Spiegel des denkenden und moralischen Lebens, der Mund und das Kinn der Spiegel des thierischen. Wir können daher überhaupt annehmen: das intellectuelle Leben ist der Hauptsitz der Seele, denn von ihm gehen die Blitze der Denkkraft aus.»

87 Vgl. R. Démoris, «Le corps royal et l'imaginaire au XVIIème siècle: Le portrait du Roy par Félibien», *Revue des sciences humaines de l'université de Lille III*, 4 (1978), S. 23: «Wenn der König der Staat, und der Staat ein Körper ist, dann folgt daraus, daß der König der Ort ist, an dem der Staat sein Bewußtsein hat, und daß dieser das Vorrecht hat, den Sinn dessen zu definieren, was sich dort [im Staat] ereignet, ein Sinn, den er selbst hervorbringt. Dies verweist auf die Versinnbildlichung des Königs als Seele des Staats-Körpers; oder, wenn man im Bereich des Darstellbaren bleiben will, als Kopf [...] dieses Körpers.»

88 In dieser Hinsicht sind Cabanis' «Quelques considérations sur l'organisation sociale en général» (in *Œuvres philosophiques*, Paris 1956) und sein berühmteres Werk *Über die Verbindung des Physischen und Moralischen in den Menschen* (dt. v. L. H. Jakob, Halle 1804) als ein Ganzes zu betrachten. Wenn Cabanis als Reaktion auf die Schreckensherrschaft und ihre großen Fuhren das lokalisierbare Ich wiederaufwertet, das die aufgeklärten Mediziner «entthront» hatten, so ist dies nicht zu trennen von seiner Befürwortung der einen, starken Exekutive.

89 Cabanis war ein Freund von Pinel, der bei den Versuchen zur Erprobung der Guillotine in Bicêtre dabei war und in einem Akt «demokratischer Entrüstung» die Irren aus der Salpêtrière «befreite»; vgl. G. Didi-Huberman, *Invention de l'hystérie*, Paris 1982, S. 10.

90 Cabanis, «Quelques considérations...», a. a. O., Bd. 2, S. 475: «Alles wird für das Volk und im Namen des Volkes getan; nichts wird durch das Volk oder sein unmittelbares Diktat unüberlegt getan; und während es seine gewaltige Kraft allen Bereichen des öffentlichen Lebens verleiht [...], lebt es friedlich unter dem Schutz der Gesetze [...]. Mit einem Wort, es genießt die süßen Früchte der wahren Freiheit, die durch eine Regierung garantiert wird, welche stark genug ist, ihm immer Schutz bieten zu können.»

91 Ebenda, S. 471.

92 Ebenda, S. 466–467. Cabanis nimmt somit die gleiche ablehnende Haltung gegenüber jeder Form von direkter Demokratie ein wie Robespierre und Saint-Just: Letzterer sieht es «als das grundlegende Prinzip unserer Republik [an], daß die Volksvertretung durch die Gesamtheit des Volkes gewählt werden muß» (*Œuvres complètes*, Paris 1908, Bd. 1, S. 431). Robespierre («Über die Grundsätze der politischen Moral...», 5. Februar 1794, in A. J. Mayer [Hg.], *Ausgewählte Texte*, Hamburg 1971, S. 586) erläutert seine Position folgendermaßen: «Die Demokratie ist kein Staat, in dem sich das Volk ständig versammelt und alle seine öffentlichen Angelegenheiten selbst regelt; sie ist noch weniger ein Staat, in dem hunderttausend Volksparteien durch isolierte, übereilte und widersprüchliche Maßnahmen über das Schicksal der gesamten Gesellschaft entscheiden. Eine solche Regierung hat niemals bestanden und sie könnte auch nur bestehen, um das Volk zum Despotismus zurückzuführen. – Die Demokratie ist ein Staat, in dem das souveräne Volk sich nach Gesetzen richtet, die sein eigenes Werk sind, indem es von selbst alles tut, was es tun kann, und indem es durch seine Abgeordneten tun läßt, was es nicht selbst tun kann.» Cabanis' Meinung nach stellte die Schreckensherrschaft ein «Trauma» für den Gesellschaftskörper dar; dieses könne jedoch nicht durch eine Schwächung der Exekutive geheilt werden; vielmehr predigt er mit Worten, die abermals an Robespierre erinnern, die Wiederherstellung einer «starken« Exekutive, die zum Regieren fähig und vom Druck einzelner Gruppen unabhängig ist.

93 Cabanis, «Quelques considérations...», a. a. O., S. 477–478: «[...] einer muß folglich die Mittel haben, den Diskussionen ein Ende zu machen, dem Ganzen eine geistige Einheit zu verleihen, und durch seine ausschlaggebende Stimme in den unklaren Fällen zu entscheiden, die bei einer zahlenmäßigen Gleichheit der Oppositionsparteien entstehen könnten [...]. Die zentrale Gewalt, von der alle Bewegungen ausgehen, muß stets durch ein einheitliches Denken und Handeln reguliert werden.» Allein dieser Punkt zeigt, wie stark Cabanis' Denken Montesquieu verpflichtet ist: «Die vollziehende Gewalt muß in den Händen eines Monarchen liegen. Denn dieser Teil der Regierung, der fast immer der augenblicklichen Handlung bedarf, ist besser durch einen als durch mehrere verwaltet.» (*Vom Geist der Gesetze*, dt. v. E. Forsthoff, Tübingen 1951, S. 221)

94 Zit. bei A. Mathiez, *Die Französische Revolution*, dt. v. E. Frisch, Hamburg 1950, Bd. 2, S. 459.

95 Cabanis, *Über die Verbindung...*, a. a. O., S. 426 und 427: «Es stehen alle Theile dieses Systems vermittelst des Rückenmarks und des Gehirns mit einander in Verbindung [...] der gemeinschaftliche Central-Punct, die partiellen Central-Puncte und die empfindenden Enden sind sämmtlich unter einander durch beständige wechselseitige Verhältnisse verknüpft. [...] Man mag nun diese Art zu denken, wornach man jedes Centrum der Reaction als eine Art von wahrem Ich ansehen würde, so viel gelten lassen als man will; so ist doch so viel gewiß, daß in der animalischen Organisation das *Ich*, so wie wir es uns vorstellen, im gemeinschaftlichen Central-Puncte seinen Sitz hat; daß sich von allen Theilen des Körpers und insbesondere von den äussern empfindenden

Theilen die Sensationen, woraus die Urtheile gebildet werden, haufenweis dahin begeben, und daß von hier die rückwirkenden Bewegungen, welche durch diese Urtheile bestimmt werden, für die dem Willen unterworfenen Organe ausgehen.»

96 Démoris, a.a.O., S. 15.

97 Cabanis, a.a.O., S. 599.

98 Cabanis, «Adresse au peuple français», in *Œuvres philosophiques*, a.a.O., S. 458.

99 Chateaubriand, *Essais historiques...*, a.a.O., S. 323. Diese «schwarze Orgie» kündigt in der Tat bereits den *René* an: «Wie viele Male hat mich diese [vage Sehnsucht] gezwungen, das Treiben unserer Städte zu verlassen, um von irgendeinem unberührten Aussichtspunkte die Sonne in der Ferne untergehen zu sehen! Wie viele Male blieb ich, der Gesellschaft der Menschen entkommen, unbeweglich an einem einsamen Ufer stehen, um in dieser gleichen Unruhe während Stunden den philosophischen Anblick des Meeres in mich aufzunehmen! Sie ließ mich jenen Königen, die einen langen Nachruhm haben, bei ihren prächtigen Jagden im weiten Umkreis ihrer Paläste folgen und in jenem Seelenzustande mich schweigend vor der gastfreundlichen Hütte neben dem Wilden niederzusetzen, der ungekannt durch das Leben geht, wie die Flüsse ohne Namen, die seine Einöde durchziehen.» (S. 267)

100 Der Text Lamartines stellt vor Probleme, denn die Guillotine funktioniert nicht wie beschrieben; nicht nur, daß es «die unter dem Schafotte angebrachten Gewichte» nie gegeben hat, auch die Idee einer «in wagrechter und senkrechter Bewegung zugleich» hinabgleitenden Säge stimmt nachdenklich. Muß man daraus folgern, daß Lamartine nie eine Guillotine gesehen hat? Wahrscheinlich fußt seine Beschreibung auf einem jener Stiche ausländischer Provenienz, die alsbald in Umlauf kamen und auf denen der Mechanismus einer Maschine, die man nie zu Gesicht bekommen hatte, zu den abenteuerlichsten Erfindungen Anlaß gab – wie z. B. einem Messer, das den Hals des Opfers waagrecht durchschnitt. Vgl. Arasse/Lagarde, a.a.O.; sowie Abbildungsteil.

101 Lamartine, *Geschichte der Girondisten*, in *Sämtliche Werke*, Bd. 18–21, dt. v. G. Herwegh, Stuttgart 1851, 35. Buch, S. 86.

102 Vgl. A. Sorel, *L'Europe et la Révolution française*, Paris 1908, Bd. 3, S. 267.

103 Robespierre, «Über den Prozeß gegen den König», 3. Dezember 1792, in Meyer, a.a.O., S. 326.

104 Zur theologisch-politischen Tradition der Vorstellung vom königlichen Körper vgl. E. H. Kantorowicz, *The King's Two Bodies. A Study in Medieval Political Theology*, Princeton 1957. Dieses Konzept scheint im 18. Jahrhundert stark an Bedeutung verloren zu haben; es bedarf jedoch, wie wir sehen werden, nur einer Krise, um die Tradition wieder lebendig werden zu lassen.

105 R. de Sèze, *Défense de Louis*, Paris 1936, S. 10.

106 H. B. Grégoire, zit. bei Lamartine, a.a.O., 29. Buch, S. 76.

107 M.-E. Blanchard, *Saint-Just & Co. La Révolution et les mots*, Paris 1980, S. 37.

108 Saint-Just, »Über die Aburteilung Ludwigs XVI.», 13. November 1792, in W. Markov, *Revolution im Zeugenstand, Frankreich 1789–1799*, Frankfurt 1987, Bd. 2, S. 314.

109 Robespierre, «Über die Unverletzlichkeit des Königs», 14. Juli 1791, In P. Fischer (Hg.), *Reden der Französischen Revolution*, München 1974.

110 Saint-Just, «Über die Aburteilung Ludwigs XVI.», 13. November 1792, in Markov, a. a. O., Bd. 2, S. 319.

111 Robespierre, «Über den Prozess gegen den König», 3. Dezember 1792, in Meyer, a. a. O., S. 312.

112 Ebenda, S. 311–312.

113 Saint-Just, in Markov, a. a. O., S. 316. Robespierre, in Meyer, a. a. O., S. 315: «Wenn eine Nation gezwungen ist, auf das Recht des Aufstandes zurückzugreifen, tritt sie dem Tyrannen gegenüber in den Naturzustand zurück. Wie könnte dieser Tyrann sich auf den Gesellschaftsvertrag berufen? Er hat ihn selbst gebrochen [...].Welche Gesetze treten also an die Stelle der Verfassung? Die Gesetze der Natur, die auch die Grundlage der Gesellschaft bilden: sie betreffen das Wohl und Wehe des Volkes. Das Recht, den Tyrannen zu bestrafen und ihn abzusetzen, leitet sich genauso aus dem selben Naturrecht her [...]. Der Volksaufstand ist der Prozeß gegen den Tyrannen; der Sturz seiner Macht seine Verurteilung; und das, was die Freiheit des Volkes verlangt, ist seine Strafe.»

114 Ebenda, S. 314. Robespierre hatte ehemals für die Abschaffung der Todesstrafe plädiert; nun bedient er sich der Tatsache, daß sie damals von der Nationalversammlung aufrechterhalten wurde als Argument, «für den einzigen, der sie rechtfertigen könnte», eine Ausnahme abzulehnen. Ebenda, S. 327.

115 Ebenda, S. 328. S. 326: «Die Republik ist proklamiert worden; aber habt ihr sie uns gegeben? [...] Die Republik! Und Ludwig lebt noch! Und ihr stellt immer noch die Person des Königs zwischen uns und die Freiheit!»

116 Ebenda, S. 315.

117 Ebenda, S. 316: «Die Völker richten nicht auf die gleiche Weise wie die Gerichtshöfe; sie fällen keine Urteile, sondern sie schleudern Blitze; sie verurteilen die Könige nicht, sondern werfen sie ins Nichts zurück; und diese Art, Gerechtigkeit walten zu lassen, wiegt sicher die Gerichte auf.»

118 Robespierre, «5ème lettre à ses Commettants», in *Œuvres complètes*, a. a. O., Bd. 5, S. 60.

119 Robespierre, *Œuvres complètes*, Bd. 9, S. 184.

120 Saint-Just, «Rede über die Verfassung, welche dem französischen Volk zu geben ist«, 24. April 1793, in *Nachgelassene Schriften und Reden*, Kassel 1852, S. 45: «Die Schuld unserer Sittenverderbnis in der Monarchie lag an allen unsern Königen; den Völkern ist die Unsittlichkeit nicht natürlich.» S. 44: «Man nahm an, daß der Mensch von Natur wild und mordgierieg sei, um das Recht zu seiner Knechtschaft zu erwerben. [...] Die Menschen sind nur nach dem Urtheil der Unterdrücker wild gewesen, unter einander waren sie nicht wild; finden uns jedoch nicht heutzutage auch diejenigen, welche gegen die Freiheit Krieg führen, wild, weil unser Muth ihre Herrschaft hat abschütteln wollen? [...] Die alten Franken, die alten Deutschen hatten fast gar keine Behörden; das Volk war Fürst und Souverain. Allein, als die Völker den Geschmack an den Volksversammlungen verloren, um Handel zu treiben und Eroberungen zu machen, schied sich der Fürst vom Souverain und wurde es selbst auf dem Wege der Usurpation.»

121 Saint-Just, «Über die Aburteilung Ludwigs XVI.», in Markov, a. a. O., S. 317: «Ich verstehe nicht, kraft welchen Vergessens der Grundsätze der gesellschaftlichen Institutionen ein Tribunal Richter sein könnte zwischen einem König und dem Souverän Volk. [...] wie sollte der Gemeinwille vor einen Gerichtshof zitiert werden?»

122 Vgl. R. Démoris, a. a. O., S. 17 u. 29.

123 Ebenda.

124 Robespierre, a. a. O., S. 256.

125 Robespierre, «Über den Prozeß gegen den König», 13. Dezember 1792, in Meyer, a. a. O., S. 328. Legendre faßt den gleichen Gedanken am 13. Januar 1793 in ein der Stimmung im Jakobinerklub angemessenes, brutaleres Bild: «Wir wollen den Kopf des Tyrannen [...]. Vergeblich wird man den Freiheitsbaum in den vierundachtzig Departements pflanzen; er wird keine Früchte tragen, wenn der Körper des Tyrannen nicht seine Wurzeln düngt.» Damit greift die revolutionäre Rhetorik neuerlich einen monarchischen Topos auf, um ihn in sein Gegenteil zu verkehren: die Devise, «für das Vaterland sterben». Vgl. Kantorowicz, a. a. O., S. 239 ff., u. ders., *Mourir pour la patrie*, Paris 1984, S. 105 ff.

126 Robespierre, *Œuvres complètes*, Bd. 9, S. 256.

127 «Er stieg mit dem religiösen und majestätischen Ausdruck eines ehrwürdigen Priesters, der die Stufen zum Altar hinaufgeht, um die Messe zu feiern, aufs Schafott. Dies sind die Worte eines Augenzeugen, der vorne an der Blutbühne stand»; *Annales de la République française*, 23. Januar 1793, zit. bei G. Beaucourt, *Captivité et derniers moments de Louis XVI*, Paris 1892, Bd. 1, S. 355. Ballanche beschwört diesen Augenblick: «Es war unser aller Vater, der voll religiöser Ergebenheit die letzten Reste seiner traurigen Krone auf dem Schafott niederlegen kam, der in seiner Todesstunde zu dem Gebieter über alle Völker und Könige, dem ewigen Hüter des Geschicks aller Nationen betete, er möge dieses Leben als Sühneopfer für den Vatermord annehmen [...]. Es war das Königtum selbst, welches, rein und makellos geblieben, sich der Gewißheit seiner Wiederauferstehung rühmte»; *L'Homme sans nom*, in *Œuvres*, Paris 1833, Bd. 3, S. 224. Vgl. auch ebenda, S. 264: «Der König hat Frankreich erlöst, wie Jesus Christus die Menschheit erlöst hat.»

128 *Acta quibus ecclesiae catholicae calamitatibus in Gallia consultum est*, Rom 1871, Bd. 2, S. 34 – eine Formulierung des Topos der «zwei Kronen», der von den Theoretikern des Gottesgnadentums ausgiebig behandelt wurde, aus der Sicht der römisch-katholischen Kirche und des Papstes; vgl. Kantorowicz, *The King's Two Bodies*, S. 336 ff.

129 G. de Staël, *Betrachtungen über die vornehmsten Begebenheiten der Französischen Revolution*, dt. v. A. W. Schlegel, Heidelberg 1818, Bd. 2, S. 61.

130 In der Folge wird zu zeigen sein, daß jeder dieser Umzüge seine Gründe hatte.

131 J. de Maistre, *Abendstunden zu St. Petersburg*, dt. v. M. Lieber, Frankfurt 1824, S. 40.

132 Goncourt, a. a. O., S. 439.

133 Hierfür ließen sich zahlreiche Belege anführen. Ich will nur vier, besonders

aufschlußreiche Beispiele nennen: «Ich unterdrücke in mir das Wehklagen der Natur, um nur auf die Stimme der Gerechtigkeit und derer zu hören, die dem Wüten des Tyrannen zum Opfer gefallen sind. Da das Gesetz für alle gleich sein muß, da es wichtig ist, ein Exempel zu statuieren, [...] stimme ich für die Todesstrafe» (P. Lombard-Lachaux, protestantischer Pastor); «Welche Strafe soll er erhalten? Die gleiche wie diejenigen seiner Komplizen, die bereits unter das Beil der nationalen Gerechtigkeit gekommen sind [...]. Der freie Mann bleibt seinen Prinzipien treu» (L. Louchet, Lehrer); «Ich schlage das Buch der Natur auf, den untrüglichsten Ratgeber, und ich lese darin, daß das Gesetz für alle gleich sein muß; ich schlage das Strafgesetzbuch auf, und ich lese darin, welche Strafe für Verschwörer gilt; ich höre die Stimme der Freiheit, die Stimme der Opfer der Tyrannei, die an den Grenzen unseres Vaterlandes verblutet sind: alle verlangen nach Gerechtigkeit, ich bin sie ihnen schuldig, ich stimme für den Tod» (J.-F.-M. Goupilleau, Notar); «Das Gesetz muß für alle gleich sein, ich stimme für den Tod» (C. Siblot); in *Dictionnaire historique et biographique de la Révolution et de l'Empire*, Paris o. J.

134 Zit. bei Beaucourt, a. a. O., Bd. 1, S. 357–358.

135 S. Mercier, zit. bei G. Maugras, *Journal d'un étudiant pendant la Révolution*, Paris 1910, S. 315; Ballanche, a. a. O., S. 226–227.

136 Merciers vorgebliche Objektivität erscheint allerdings zweifelhaft, wenn man an die Peripetien denkt, mit denen er, wie wir sehen werden, den «letzten Augenblick» von Ludwigs Leben ausstattet; vgl. Beaucourt, a. a. O., Bd. 1, S. 355–356. «Objektivität» ist hier eine Frage des Tones, der schlichteren Darstellungsweise.

137 Beaucourt, a. a. O., Bd. 2, S. 308.

138 Ebenda, Bd. 1, S. 390.

139 Zit. bei Chateaubriand, *Essais historiques* ..., a. a. O., S. 95.

140 Diesem Gerücht leistete Balzac Vorschub durch seine Erzählung «Eine Episode aus der Schreckenszeit», in *Meisternovellen*, dt. v. E. Rechel-Mertens, Zürich 1953, S. 317–348.

141 A. Martin, zit. bei Chateaubriand, a. a. O., S. 97.

142 *Annales de la République française*, 22. Januar 1793: «Paris ist in tiefe Bestürzung versetzt; allerorten begegnet man stummem Schmerz, und ein Entsetzen, das jede laute Gefühlsäußerung erstickt, zeichnet die Gesichter der Bürger.» Zit. bei Beaucourt, a. a. O., Bd. 1, S. 353.

143 *Détails authentiques sur les derniers moments de Louis XVI*, zit. ebenda, S. 393.

144 «Ich sah das Volk untergehakt, lachend und sich zwanglos unterhaltend, vorbeiziehen, wie auf dem Heimweg nach einem Fest. Ihren Gesichtern war nichts anzusehen. Der Tag der Hinrichtung machte niemandem Eindruck. Die Theater öffneten wie immer; die Kabarets in der Umgebung des blutigen Platzes gossen wie gewöhnlich ihren Spott aus; rund um den enthaupteten Körper bot man Kuchen und kleine Pasteten feil [...].» Mercier, zit. bei Maugras, a. a. O., S. 316. «Der Tod des Königs rief in Paris das gleiche Echo hervor wie die Verbannung der Tarquinier im alten Rom. Das Volk bewies eine Ruhe und Majestät, wie sie den schönsten Tagen der römischen Repu-

blik zur Ehre gereichte.» *Journal d'une bourgeoise*, zit. bei Maugras, a.a.O., S. 315.

145 Zit. bei Beaucourt, a.a.O., Bd. 1, S. 367–368.

146 Aus diesem Grund hatte Robespierre eine Volksbefragung über das Urteil für Ludwig abgelehnt: das arbeitende Volk hätte nicht an den Versammlungen teilgenommen, bei denen die Abstimmung hätte erfolgen sollen, und diese Abwesenheit hätte den «gegen die Republik Intrigierenden» erlaubt, «diese Mehrheit der Nation, die sie verächtlich das gemeine Volk nennen», zum besten zu halten und «die treuen Freunde der Freiheit Kannibalen zu schimpfen.» 23. Dezember 1792, in *Œuvres complètes*, Bd. 9, S. 189.

147 Desmoulins, *Histoire secrète de la révolution*, in *Œuvres complètes*, Paris 1906, Bd. 1, S. 347.

148 *Le Véridique ou l'antidote des journaux*, Februar 1793, zit. bei Beaucourt, a.a.O., Bd. 1, S. 373.

149 Zit. ebenda, S. 399: «Nach einem verdammten Scheinprozeß, der vier Monate gedauert hat und bei dem die Minister des Konvents wie Hund und Katze aufeinander losgegangen sind, ist das Urteil nun endlich gesprochen [...] der Papst wird einen neuen Heiligen aus ihm machen; schon kaufen die Priester seine sterblichen Überreste und machen Reliquien daraus; schon erzählen die alten Vetteln Wunder über diesen neuen Heiligen.»

150 *Annales de la République française*, 22. Januar 1793 (zit. ebenda, S. 353): «Viele Leute suchten sich sogleich eine Haarlocke zu besorgen, andere tränkten Papier oder sogar ihre Taschentücher mit seinem Blut. Was auch immer ihre Absicht dabei war, fest steht, daß mehrere Personen Haarlocken käuflich erwarben, und daß man sie die Hand heben sah und rufen: Mir für fünf Pfund! Mir für zehn!»; *Journal de Perlet*, 22. Januar 1793 (zit. ebenda, S. 342): «Viele Leute zeigten sich daran interessiert, die Kleider zu teilen. Das Blut, das auf den Platz geflossen war, wurde von Leuten, die keinerlei politischer Glauben zu leiten schien, mit Papier, mit weißen Taschentüchern aufgenommen.»

151 *La Révolution de 92*, 22. Januar 1793 (zit. ebenda, S. 351): «Freiwillige tauchten alsbald ihre Piken, andere ihre Taschentücher, ja ihre Hände in das Blut Ludwigs XVI.» – *Annales de la République française*, 28. Januar 1793 (zit. ebenda, S. 357): «Der Scharfrichter rief, erstaunt, wie eilig es mehrere Leute hatten, ihren Säbel oder ihr Schwert in das Blut Ludwigs zu tauchen: ‹Wartet doch, ich werde euch einen Kübel geben, wo ihr sie besser reintauchen könnt.›»

152 *Lettre historique sur la mort sublime de Louis XVI* (zit. ebenda, S. 396): «Mit Blut getränkte Papierbällchen dienen diesen Besessenen als Spielzeug, die tugendhaften Männer dagegen erstehen Haarlocken wie wertvolle Reliquien eines Märtyrers.»

153 *Les Souvenirs de l'histoire ou le Diurnal de la Révolution de France pour l'an de grâce 1797*, zit. ebenda, S. 398.

154 *Journal de Perlet*, 22. Januar 1793 (zit. ebenda, S. 343). Vgl. *Annales de la République française*, 25. Januar 1793 (zit. ebenda, S. 356): «Man wurde auf einen jungen, eleganten Ausländer aufmerksam, sowie auf zwei weitere, gut gekleidete junge Leute, von denen der eine ebenfalls wie ein Fremder aussah. Dieser

gab fünfzehn Pfund, um sein weißes Taschentuch in die Blutspuren tauchen zu dürfen; der andere schien großen Wert darauf zu legen, eine Haarlocke zu erstehen, wofür er einen Louis zahlte.»

155 Nicht durchsetzen konnte sich Mercier, der die Geschehnisse durch den Sinn des Volkes fürs Konkrete erklären wollte: «Sein Blut fließt, man taucht seine Fingerspitze hinein, eine Feder, ein Stück Papier; einer kostet es und sagt: ‹Es ist verdammt salzig›.» Mercier, zit. bei Maugras, a. a. O., S. 316.

156 Zit. bei Beaucourt, a. a. O., Bd. 1, S. 366–367.

157 «Die Poesie verlangt etwas Ungeheueres, Barbarisches und Wildes. Alsdann, wenn die Wut des bürgerlichen Krieges oder des Fanatismus die Menschen mit Dolchen bewaffnet und Blut in Strömen fließet, alsdann treibet und grünet der Lorbeer des Apollo. Mit Blut will er begossen sein»; Diderot, «Von der dramatischen Dichtkunst», in *Ästhetische Schriften*, dt. v. F. Bassenge u. T. Lücke, Berlin 1984, Bd. 1, S. 311.

158 Zit. bei Beaucourt, a. a. O., Bd. 1, S. 365–366.

159 Wenn er dem Hängen gegenüber die Guillotine den Vorzug gibt, so liegt das daran, daß «dabei kein Blutvergießen entsteht. Die Gewohnheit, Blut zu sehen, läßt den Blick grausam werden, und verhärtet das Herz»; zit. bei Goncourt, a. a. O., S. 436.

160 Ein Text, den sein Autor selbst nicht veröffentlicht hat, zeigt, welch abscheuerregenden Anblick das Publikum dieser Hinrichtungen bieten konnte. In einer Anwendung von blutiger Ironie und Verirrung, wie er selbst es nennt, verfaßte der sanfte Abbé Morellet, ehemaliges Mitglied der Académie française, seinen an den Wohlfahrtsausschuß gerichteten Vorschlag eines nationalen Schlachterladens zum Unterhalt der Nation (Messidor II): «Ich schlage den Patrioten, die ihre Nächsten hinschlachten, vor, das Fleisch ihrer Opfer zu essen und – bei der Hungersnot, in die sie Frankreich gestürzt haben – die, welche sie am Leben lassen, mit denen zu ernähren, die sie töten. Ja, ich schlage die Einrichtung eines nationalen Schlachterladens gemäß den Plänen des großen Künstlers und Patrioten David vor, und ein Gesetz, das allen Bürgern vorschreibt, dort mindestens einmal in der Woche einzukaufen, wenn sie nicht als Verdächtige mit Gefängnis bestraft, deportiert werden oder die Kehle durchgeschnitten bekommen wollen. Und ich fordere, daß es bei jedem patriotischen Fest ein Gericht dieser Art gibt, was die wahre Kommunion der Patrioten, die Eucharistie der Jakobiner darstellen würde.» Zit. bei Goncourt. a. a. O., S. 447–448.

161 *Le Républicain, journal des hommes libres de tous les pays*, 22. Januar 1793: «Er stieß nur folgende Worte hervor: ‹Ich vergebe meinen Feinden›.» Zit. bei Beaucourt, a. a. O., Bd. 1, S. 340; *Le Moniteur universel*, 23. Januar 1793 (zit. ebenda, S. 345–346): «Er sagte mit ziemlich fester Stimme: ‹Franzosen, ich sterbe als ein Unschuldiger. Ich vergebe allen meinen Feinden und ich wünsche, daß mein Tod dem Volk zum Nutzen gereicht.› Er schien noch weiterreden zu wollen [...].»

162 Mercier, *Mémoires inédits*, zit. bei Beaucourt, a. a. O., Bd. 1, S. 355 f.

163 Zit. bei Beaucourt, a. a. O., S. 355: «Wir schrieben, er habe sich nicht die Hände auf dem Rücken zusammenbinden lassen wollen; richtig ist, daß man sie ihm bereits zusammenband, bevor er aufs Schafott stieg. Als man dies tat, durchlief ihn ein kurzer Schauer, und als der Henker ihm die Haare abschnitt, schauderte

er abermals; doch alsbald gewann er seinen stoischen Gleichmut wieder und stieg auf das Schafott mit dem religiösen und majestätischen Ausdruck eines ehrfurchtgebietenden Priesters, der die Stufen zum Altar hinaufgeht, um die Messe zu feiern […]. Als man ihn auf das verhängnisvolle Brett band, richtete er einen Moment lang die Augen gen Himmel und bot sich dann dem Beile dar.»

164 «Mémoire écrit par Marie-Thérèse Charlotte de France», in *Journal de ce qui s'est passé à la Tour du Temple*, par Cléry, Paris 1968, S. 145. Diese Formulierung ist ein sprechender Beweis für das Weiterleben des politisch-mystischen Konzepts vom Körper des Königs, zumindest in den Vorstellungen der königlichen Familie (vgl. Kantorowicz, *The King's Two Bodies*, a.a.O., S. 314ff.). Die gleiche Auffassung steht übrigens hinter dem Postulat dynastischer Kontinuität, das die Anhänger der Monarchie unmittelbar nach dem Tod des Königs bekräftigen: Bereits im Februar legt *Le Véridique*… ruhige Gelassenheit an den Tag: «Der Tod von Ludwig XVI. brachte einen weiteren Heiligen, und einen neuen König. Wir werden uns künftig einmal mit dem Heiligen beschäftigen, kümmern wir uns zunächst um den König. Unserer Rechnung nach ist es der Sohn Ludwigs XVI., fehlt nur noch die Regentschaft […].» Zit. bei Beaucourt, a.a.O., Bd. 1, S. 374.

165 *La Révolution de 92*, 22. Januar 1793 (zit. ebenda, S. 350–351): «Er kam um zehn Minuten nach zehn Uhr auf dem Revolutionsplatz an. Er legte seinen Rock ab und stieg mit großer Entschlossenheit aufs Schafott. Er wollte eine Ansprache an das Volk halten; doch der Scharfrichter ermahnte ihn, auf Anweisung Santerres, das Urteil vollstrecken zu lassen. Ludwigs Kopf fiel; er wurde dem Volk gezeigt […].»

166 «[Er] stieg ruhig aus dem Wagen, zog seinen Gehrock aus, legte seine Halsbinde ab, öffnete sein Hemd, um Hals und Schultern freizumachen und kniete nieder, um den letzten Segen seines Beichtvaters zu empfangen. Dann erhob er sich sogleich wieder und stieg ganz alleine aufs Schafott. In diesem schrecklichen Moment warf sich sein Beichtvater, wie von dem erhabenen Mut und der heroischen Tugend des Königs angesteckt, selbst auf die Knie und sagte, die Augen zu ihm erhoben, mit von Gott verliehener Stimme: ‹Geh, Sohn des heiligen Ludwigs, in den Himmel ein!› Der König bat, zum Volk sprechen zu dürfen; die drei groben Kerle, die seine Hinrichtung übernommen hatten, antworteten, als erstes müßten sie ihm die Hände fesseln und die Haare abschneiden. ‹Die Hände fesseln!› wiederholte der König in etwas heftigem Ton, faßte sich jedoch sogleich wieder und sagte: ‹Macht alles, was euch beliebt, es ist das letzte Opfer.› Als man ihm die Hände zusammengebunden und die Haare abgeschnitten hatte, sagte der König: ‹Ich hoffe, daß man mir jetzt erlauben wird zu sprechen› und ging sogleich nach links vor, gab den Trommlern ein Zeichen aufzuhören und sagte mit lauter und fester Stimme: ‹Ich sterbe, ohne jede Schuld an den Verbrechen, die man mir zur Last legen will. Ich vergebe denen, die mein Unglück herbeigeführt haben. Ja, ich hoffe, daß mein Blut dem Glück Frankreichs zuträglich ist, und du, unglückliches Volk…› Hier unterbrach ihn der ungeschlachte Haudegen, dem seine Taten den Grad eines Generals der Pariser Nationalgarde eingebracht hatten, und sagte: ‹Ich habe Sie nicht zum Reden hier heraufgebracht, sondern zum Sterben.› Alsbald übertönten die Trommeln alle

Stimmen und die drei Schufte packten ihr Opfer, banden es auf dem verhängnisvollen Brett fest, und der Kopf des Monarchen rollte zu Boden.» Zit. ebenda, S. 371–372.

167 Zit. ebenda, S. 374. Dieses Detail läßt vermuten, daß der Verfasser des Artikels die Szene nicht gesehen hat: Bei der Beschreibung des Mechanismus der Guillotine, aus der dank einer Metapher wieder ein einfaches «Beil» wird, ließ er sich wohl von einem Stich inspirieren, möglicherweise von jenem, der auf Guillotins Gesetzesvorschlag hin publiziert wurde (Abb. 5).

168 An den beiden Regieeinfällen erkennt man Louis Claude Bigot de Sainte-Croix als den Autor der *Détails authentiques*. Dieser ehemalige Außenminister des Königs war nach den Ereignissen vom 10. August seines Amtes enthoben worden und klugerweise alsbald nach England gegangen. Auf den 21. Januar zurückdatiert, finden sich die gleichen Gedanken im Anhang seiner *Histoire de la conspiration du 10 août*, die 1793 in London erschien (vgl. Beaucourt, a. a. O., Bd. 1, S. 392–393).

169 «Die Stufen, die zum Schafott führten, waren äußerst steil. Der König mußte sich auf meinen Arm stützen; und bei der Mühe, den ihn das Treppensteigen zu kosten schien, fürchtete ich einen Moment lang, seine Kraft könne ihn verlassen. Doch wie groß war mein Erstaunen, als ich, kaum war die letzte Stufe erreicht, sah, wie er gewissermaßen meiner Obhut entglitt [...].» Zit. bei Beaucourt, a. a. O., Bd. 1, S. 335. Die Tatsache, daß in dieser Schilderung offenbleibt, an welcher Stelle genau sich der Beichtvater im Moment der Hinrichtung befand, wird in folgender Version genutzt, um die Rolle Edgeworths auszubauen: «Abbé Edgeworth, der, während alles für die Hinrichtung vorbereitet wurde, auf dem Schafott gekniet war und nun immer noch in der gleichen Position verharrte, wäre mit Blut bedeckt worden, wenn er sich nicht durch eine unwillkürliche Bewegung, die er später bedauerte, zu Boden hätte fallen lassen, als das Ungeheuer [der «junge Kannibale», der den Kopf dem Volk zeigen ging] auf ihn zukam.» Zit. ebenda, S. 337.

170 Ebenda, S. 381, s. Anhang, Text 5.

171 Vgl. I. Adhémar, «L'exécution de Louis XVI? Un dessin davidien», *Gazette des Beaux-Arts*, Mai–Juni 1983, S. 203 ff. Vgl. Dauban, *La démagogie en 1793*, Paris 1870: Dauban zitiert den Text von Rouy l'Aîné und erwähnt, um dessen Glaubwürdigkeit zu beweisen, eine Zeichnung, die er einem Schüler von David, Peyron, zuschreibt und auf der in der Tat ein Tanz ums Schafott zu sehen ist. Durch die Übereinstimmung von Bild und Beschreibung scheint Dauban bewiesen, daß der Reigen auch tatsächlich stattgefunden hat. Ebensogut kann sich aber auch der Zeichner von dem Bericht inspiriert haben lassen, so daß dieser, wie es die Theorie der klassischen Malerei bezeichnete, das Programm, die inventio lieferte. Auch der umgekehrte Weg ist möglich: Rouy kann sich Anregungen aus der Zeichnung geholt haben, um seine Schilderung mit sinnfälligen Details anzureichern. Der Historiker bediente sich dann zur Veranschaulichung des Ereignisses, dessen vorgeblicher Augenzeuge er war, des rhetorischen Mittels der Ausschmückung des Geschehens mit sogar unwahrscheinlichen Details. Dauban selbst läßt sich in seiner Beschreibung der Peyronschen Zeichnung – die wiederum eine ausschmückende Beschreibung darstellt – so sehr vom Bildge-

danken leiten, daß er, ohne ein Freund der Revolutionäre zu sein, eine letzte republikanische Version über das Thema der Hinrichtung liefert: «Diese Szene birgt die Moral in sich, welche die Ultras und der Berg aus der Hinrichtung des Königs zogen. An jenem Tag haben die Sklaven die Würde des freien Mannes erlangt, sie schwören auf dem Kanonenrohr, die Freiheit gegen die ausländischen Horden zu verteidigen; Bürger und Soldat wiederholen, einander umarmend, den gleichen Schwur. Rechterhand werfen sich zwei entsetzte junge Leute in die Arme eines alten Mannes mit einem strengen Gesicht, der erklärt, dieser grausame Staatsakt sei für das Wohl des Vaterlandes nötig. Links des Betrachters zeigt ein Anhänger der Bergpartei mit roter Mütze Bürgerinnen das Hinrichtungsinstrument. So sterben die Tyrannen! Diese Grüppchen und ihre Worte, die man ihren Gebärden entnimmt, bilden so etwas wie eine Apologie zu dem Gemälde, sie veranschaulichen die Moral, die der Maler aus dem Ereignis zieht. Daneben ist dieses selbst abgebildet. Man sieht die Guillotine und den Henker, der den Kopf schwenkt. Diese blutrünstig keuchenden Menschen, die sich auf den Zehenspitzen zum Schafott emporrecken, um, wenn möglich diese besudelten Hände zu berühren, diese außer sich Geratenen, die freudetrunken einen Reigen um Sanson bilden – das ist die Geschichte, wie der Historiker Rouy l'Aîné sie an jenem Tag erlebt und zu Papier gebracht hat.»

172 A. de Tocqueville, *Der alte Staat und die Revolution*, dt. v. Th. Oelckers, Hamburg 1969, S. 22.

173 Desmoulins, *Le Vieux Cordelier*, Nr. 6, in *Œuvres complètes*, Bd. 2, S. 240.

174 So erklärt Robespierre am 23. Januar 1793 nach der Ermordung von Lepelletier de Saint-Fargeau vor der Versammlung: «Bürger, Freunde der Freiheit und der Gleichheit, es ist an uns, das Andenken der Märtyrer jener wahrhaftig göttlichen Religion zu ehren, deren Missionare wir sind». In *Œuvres complètes*, Bd. 9, S. 257.

175 Zit. bei Lamartine, a. a. O., 45. Buch, S. 265.

176 Zit. bei G. Walter, *Actes du Tribunal révolutionnaire*, Paris 1968, S. 392.

177 Zit. bei H. Fleischmann, *La Guillotine en 1793*, Paris 1908, S. 255.

178 Ebenda, S. 223.

179 Vgl. Delarue, a. a. O., S. 160 u. 258.

180 Zit. bei Markov, a. a. O., Bd. 2, S. 366 und 367.

181 In diesem Sinn findet die Guillotine auch in «Die republikanischen Schmieden» Erwähnung: «Minen geben uns das Eisen, / Die Schmiede haben viel zu tun. / Überall ein Höllenfeuer, / Franzosen, doppelt so viel Mut! [...] / Mit aller Kraft der Republik / folgt dem Befehl des Gotts Vulkan. / Ans Werk, ans Werk, ihr guten Schmiede, / durch euren Mut kommt uns der Sieg. (Refrain) / Trotz der Verräter zwischen uns / Trotz Auslandstyrannei / erringen wir den Sieg / – oder führen Krieg. / Die Guillotine ist im Gang. / Schmiedet Eisen, schmelzt die Bronze, / ans Werk, ans Werk [...].»

182 Desmoulins, *Histoire secrète ...*, a. a. O., S. 350.

183 Desmoulins, *Le Vieux Cordelier*, Nr. 5, a. a. O., S. 225.

184 De Staël, a. a. O., Bd. 2, S. 160.

185 *Des causes de la Révolution et de ses résultats*, zit. bei B. Constant, «Die Auswirkungen der Schreckensherrschaft», in *Politische Schriften*, dt. v. E. Rechel-

Mertens, Berlin 1972, S. 207. Zit. ebenda, S. 206: «Die Gründung der Republik verlangte ein Schreckensregiment. Der Staat mußte entweder untergehen oder die Regierung sich zu Gewalttaten entschließen. Der Terror befestigte den Bestand der Republik. Er stellte Gehorsamkeit im Innern und Disziplin nach außen wieder her [...]. Sogar die Erfolge, die erst nach dem Ende der Schreckensherrschaft eintraten, waren nichtsdestoweniger eine Wirkung des Eindrucks, den jene hervorgebracht hatte.»

186 Saint-Just, *Œuvres complètes*, a.a.O.,Bd. 2, S. 379 (15. April 1794).

187 Goncourt, a.a.O., S. 434.

188 Saint-Just, «Für eine Revolutionsregierung», 10. Oktober 1793, in Markov, a.a.O., Bd. 2, S. 520 u. 516. Lord Stanhope interpretiert dies als reale Angst der Minister: «In Frankreich sprechen, schreiben, handeln die Minister immer mit der Guillotine vor Augen.» Zit. bei Desmoulins, *Le Vieux Cordelier*, Nr. 7, a.a.O., S. 257.

189 Zit. bei Delarue, a.a.O., S. 165.

190 Zit. bei G. Thuillier, *Témoins de l'administration*, Paris 1967, S. 41. Camille Desmoulins meinte – bevor er den (verhängnisvollen) Vorschlag machte, einen Begnadigungsausschuß einzurichten –, man solle nicht allzu gnädig verfahren, denn «eine zu große, der ursprünglichen Ausrichtung entgegengesetzte Kraft könnte die Triebfedern der Regierungsmaschine zersprengen«. *Le Vieux Cordelier*, Nr. 4, a.a.O., S. 189.

191 Vgl. «La machine dans l'imaginaire (1650–1800)», *Revue des sciences humaines de l'Université de Lille III*, Sonderheft 186/187, 1982.

192 Der Ausdruck stammt von Desmoulins, vgl. Anm. 190.

193 «Sie kamen am Fuß des schrecklichen Blutgerüstes an [...]. Der Redner kniete nieder, erhob sich wieder und lobpries, ja verherrlichte, zu uns gewandt die Guillotine im Namen der Freiheit, in Formulierungen so erschreckender Anmut, in einer mich so zur Verzweiflung bringenden Anakreontik, daß mir ein kalter Schweiß über die Stirne lief und sich wie ein Schleier über meine Augen legte. Wie gerne würde ich all die traurigen Erinnerungen vergessen, doch ich schreibe meine Memoiren, und diese fanatische Prozession der Propagandakongregation, die den Henker zum Hohepriester und die Guillotine zum Allerheiligsten hatte, grub sich mir unauslöschlich ins Gedächtnis ein.» J. C. E. Nodier, *Souvenirs et portraits de la Révolution*, Paris 1841, S. 23–24.

194 Saint-Just, «Für eine Revolutionsregierung», 10. Oktober 1773, in Markov, a.a.O., Bd. 2, S. 508. Am 26. Februar 1794, in seiner Rede über die Ventôse-Dekrete, wird er noch deutlicher: «Unser Endzweck ist, eine solche Ordnung der Dinge zu schaffen, daß überall das Gute erstrebt wird, daß die Faktionen sich plötzlich auf dem Blutgerüst sehen.» In Fischer, a.a.O., S. 370.

195 Desmoulins, *Histoire secrète* ..., a.a.O., S. 347–349.

196 Zit. bei Walter, a.a.O., S. 395.

197 Robespierre entrüstet sich: «Ihr Anhänger dieser unseligen Systeme, höret auf, das Volk zu verleumden und Euern Souverän zu lästern, indem Ihr ihn unaufhörlich als unwürdig darstellt [...], als böswillig, barbarisch, verdorben [...]. Man will die Nation in zwei Klassen teilen, von denen die eine bewaffnet scheinen würde, um die andere im Zaume zu halten [...]. Die erste würde alle Tyran-

nen, alle Unterdrücker, alle öffentlichen Blutsauger enthalten, die zweite das Volk!» In Fischer, a. a. O., S. 104.

198 Vgl. Delarue, a. a. O., S. 156–157.

199 Zit. bei Constant, a. a. O., S. 219.

200 Saint-Just, 15. April 1794, *Œuvres complètes*, Bd. 2, S. 377.

201 Polizeibericht vom 16. Februar 1794: «Was die Guillotine anbelangt, findet das Volk, es gehe ganz gut, nur nicht schnell genug. Das Volk sagt, daß die Zahl der Hingerichteten erstaunlicherweise nicht ausreiche, um den übrigen Angst zu machen.» Bericht vom 26. Februar: «Ein Bürger, der sich in einer Menschengruppe befand, meinte, es sollten so lange tagtäglich fünfzig Leute hingerichtet werden, bis kein Verschwörer mehr übrigbliebe [...]. Er sagte, man müsse als eine Revolutionsregierung auch revolutionär handeln.» Zit. bei Caron, a. a. O., Bd. 3, S. 158 u. 257.

202 Vgl. Delarue, a. a. O., S. 168. Nach dem Thermidor wußte die gegen Robespierre gerichtete Propaganda diese Tatsachen zu nutzen. Vgl. G. de Montjoie. *Geschichte der Verschwörung des Maximilian Robespierre*, dt. v. J. W. Archenholtz, Chemnitz 1795: «Das Beil der Guillotine war ihm noch nicht genug geschäftig. Man sprach von einer neu erfundenen Mordmaschine, die neun Köpfe auf einmal herunter schlagen könnte. Diese Erfindung gefiel ihm.»

203 Vgl. Delarue, a. a. O., S. 168.

204 Robespierre, «Über die Grundsätze der politischen Moral...», 5. Februar 1794, zit. bei Meyer, a. a. O., S. 587. Der Konvent ist der «Tempel der Wahrheit» (ebenda, S. 615), insofern kein «verborgenes privates Interesse hier das Übergewicht über den allgemeinen Willen der Versammlung und über die unzerstörbare Macht der Vernunft gewinnen kann.» (Ebenda)

205 Robespierre, 1. Dezember 1790, in *Œuvres complètes*, Bd. 6, S. 619.

206 Robespierre, «Über die Grundsätze der politischen Moral...», 5. Februar 1794, in Meyer, a. a. O., S. 592.

207 Tocqueville beschreibt diese Struktur des Ancien Régime mit Formulierungen, die den Gedanken Robespierres erstaunlich verwandt sind: «Es scheint, als glichen alle Menschen, die damals hier lebten, vor allem in den mittleren und höheren Schichten der Gesellschaft, einander vollständig. Dennoch ist inmitten dieser einförmigen Menge noch eine erstaunliche Anzahl kleiner Schranken vorhanden, die sie in viele Teile gliedern, und innerhalb eines jeden dieser kleinen abgegrenzten Räume zeigt sich gleichsam eine ganz besondere Gesellschaft, die sich nur mit ihren eigenen Interessen beschäftigt, ohne am Leben aller teilzunehmen.» (A. a. O., S. 74) Die königliche Gesetzgebung konnte sich noch so sehr bemühen, allgemein und einheitlich zu werden, «überall und für alle dieselbe» (ebenda), «die Schranke, die den Adel Frankreichs von den anderen Klassen trennte, war, obwohl sehr leicht überschreitbar, allezeit fest und sichtbar und für jeden, der außerhalb blieb, stets an blendenden und verhaßten Zeichen erkennbar.» (Ebenda, S. 83) Madame de Staël hatte schon 1818 die gleiche Diagnose gestellt: «Der Stolz macht allenthalben Schranken, aber nirgends Grenzen. In keinem Lande sind die Edelleute der übrigen Nation so fremd geblieben.» A. a. O., Bd. 2, S. 133.

208 Saint-Just, «Rede zur Vertheidigung Robespierres», 27. Juli 1794, in *Nachgelas-*

sene Schriften und Reden, a.a.O., S. 219–221: «Der Hochmuth erzeugt die Faktionen [...]. Die Faktionen sind das schrecklichste Gift der socialen Ordnung [...]. Die Faktionen spalten ein Volk und setzen die Parteiwuth an die Stelle der Freiheit [...]. Wenn Sie wollen, daß die Faktionen vertilgt werden und niemand es unternimmt, sich auf den Trümmern der öffentlichen Freiheit durch die Grundsätze eines Macchiavel zu erheben, so machen Sie die Politik ohnmächtig, indem sie alles auf die kalte Regel der Gerechtigkeit zurückführen.»

209 Robespierre, «Über die Grundsätze der politischen Moral...», 5. Februar 1794, in Meyer, a.a.O., S. 589.

210 Zit. bei Walter, a.a.O., S. 23. Auch die schriftliche Eingabe *Adresse aux Français*, die Charlotte Corday am Tag nach ihrer Ankunft in Paris verfaßte, spricht gleich zu Anfang dieses Thema an: «Bis wann, oh unglückliche Franzosen, werdet ihr euch in Uneindeutigkeiten und Unstimmigkeiten gefallen? Viel zu lange schon haben Aufrührer und Ruchlose den Eigennutz an die Stelle des Gemeinwohls treten lassen [...].» Zit. ebenda, S. 28.

211 Desmoulins, *Œuvres complètes*, Bd. 2, S. 262.

212 Ebenda, S. 251: «Seit [...] Frankreich eine Republik geworden ist, muß man mit Parteiungen rechnen, oder vielmehr mit ständig neu entstehenden Klüngeln und Intrigen. Es gibt keine Freiheit ohne diese Abfolge von Ränken, besonders in unserem Land, wo der Charakter des Volkes und der Einzelnen von jeher rebellisch und ausgelassen war.»

213 Ebenda, S. 252.

214 Robespierre, «Über die Grundsätze...», 25. Dezember 1793, in Meyer, a.a.O., S. 571.

215 «Unsere Väter hatten das Wort ‹Individualismus› nicht, das wir für unseren Gebrauch gebildet haben, weil es zu ihrer Zeit allerdings kein Individuum gab, das nicht zu einer Gruppe gehörte und sich als ganz alleinstehend hätte betrachten können; aber jede der tausend kleinen Gruppen, aus denen die französische Gesellschaft bestand, dachte nur an sich selbst. Es war dies, wenn ich mich so ausdrücken darf, eine Art kollektiver Individualismus, der die Gemüter auf den uns bekannten eigentlichen Individualismus vorbereitete.» Tocqueville, a.a.O., S. 83.

216 Saint-Just, *Nachgelassene Schriften und Reden*, a.a.O., S. 133.

217 Saint-Just, «Für eine Revolutionsregierung», 10. Oktober 1793, in Markov, a.a.O., S. 508.

218 Die Hervorhebung jedes einzelnen Falles einer Serie geschieht auch mittels einer spezialisierten Berichterstattung. Am berühmtesten ist die Schrift Tissets, deren Titel ebenso wortreich wie eindeutig die Absicht zum Ausdruck bringt, die Charakteristika jedes einzelnen Hingerichteten, welcher sich außerhalb der Gesellschaft begeben hat, zu verzeichnen: *Bericht an die Sansculotten der Französischen Republik, vonseiten der sehr mächtigen und sehr tüchtigen Madame Guillotine, Herrin der Place du Carrousel, des Revolutionsplatzes, der Place de Grève und weiteren Terrains; enthaltend den Namen, Vornamen und Beruf, Geburtsort, Alter und Tag des Urteilsspruchs all derer und derjenigen, denen sie seit ihrem Amtsantritt im Monat Juli [sic] des Jahres 1792 bis heute einen Paß für das Jenseits ausgestellt hat...*, vgl. Delarue, a.a.O., S. 161. Kürzer, doch ge-

nauso vielsagend ist der Titel einer Konkurrenzbroschüre: *Das rächende Schwert der Französischen Republik oder die revolutionäre Galerie. Von einem Freunde der Revolution, der Sitten und der Justitia.* Zur Bedeutung des Hingerichtetenporträts vgl. das Schlußkapitel. 1796 schließlich erstellte Prudhomme rekapitulierend die Liste aller auf dem Schafott Hingerichteten, und zwar bezeichnenderweise in Form eines «Lexikon der Persönlichkeiten»: *Lexikon der während der Revolution und der Regierung des Nationalkonvents in den Tod geschickten Personen.*

219 Saint-Just, «Über die Verfassung», in Fischer, a. a. O., S. 304.

220 Walter, a. a. O., S. 255. Vgl. auch Delarue, a. a. O., S. 177: «In Paris hat die Kunst des Guillotinierens den Grad höchster Perfektion erreicht. Sanson und seine Schüler enthaupten mit derartiger Flinkheit, daß man glauben könnte, sie hätten bei Comus Unterricht genommen, so schnell verschwinden ihre Opfer: sie haben zwölf Leute in dreizehn Minuten wegbefördert.» Comus war der Künstlername eines damals bekannten Zauberers.

221 Wenn der Verurteilte besonders berühmt ist, wird er bisweilen gesondert behandelt. So Marie-Antoinette, ihr Gang zum Schafott war im übrigen von Vorsichtsmaßnahmen begleitet, deren Ausmaß an die Hinrichtung Ludwigs XVI. erinnert. Gleichzeitig ist jedoch beim Tod der Königin auch bereits spürbar, daß die Guillotinierung immer mehr den Charakter einer Massenabfertigung annimmt: Während der König noch in einem geschlossenen Wagen zum Hinrichtungsort fuhr, ohne daß ihm bereits die Hände zusammengebunden oder die Haare abgeschnitten worden wären, wird die Königin schon «hergerichtet», im Büßergewand und vor allem in dem berüchtigten Karren, zum Schafott gebracht.

222 Zit. bei Walter, a. a. O., S. 396.

223 Die Gleichgültigkeit gegenüber einer Urteilsbegründung erreicht wahrscheinlich ihren Höhepunkt im Fall von Hébert. Camille Desmoulins, der als «Nachsichtiger» hingerichtet werden sollte, stellte Hébert noch als einen Schuft dar, der «sich an mehr als Wein berauschen und unaufhörlich das Blut am Fuß der Guillotine auflecken muß» (Vieux Cordelier, Nr. 5, a. a. O., Bd. 2, S. 225). Nur drei Wochen nach der Hinrichtung Héberts und zehn Tage nach der Hinrichtung Desmoulins' erklärte Saint-Just am 15. April plötzlich, Hébert sei unter dem Mäntelchen der Aggression der Chef der Faktion der Nachsichtigen gewesen. Dies ist kein Zufall. Saint-Just wirft a posteriori die Faktion der Ultras und der Citras, deren erbitterten Gegensatz noch jedermann in Erinnerung hatte, bewußt in einen Topf, um die gleichmachende Wirkung der Guillotine zu zeigen.

224 Zit. bei Walter, a. a. O., S. 396–397.

225 Zit. bei Lenotre, *Le Tribunal révolutionnaire*, Paris 1908, S. 197.

226 Ebenda, S. 206.

227 Chateaubriand, *Essais historiques* ..., a. a. O., S. 59.

228 Vgl. F. Furet, *1789 – Vom Ereignis zum Gegenstand der Geschichtswissenschaft*, dt. v. T. Schoenbaum-Holtermann, Frankfurt 1980, S. 197ff.

229 De Staël, a. a. O., Bd. 2, S. 163.

230 Robespierre, *Œuvres complètes*, Bd. 10, S. 554. Seine «Letzte Rede vor dem

Konvent» hat einzig zum Ziel, jene abscheuliche Verleumdung zurückzuweisen, der zufolge er sich den Staat aneignen und selbst zum Tyrannen hätte werden wollen (in Reden aus den Jahren I und II der Republik, a. a. O.): «Ich hinterlasse ihnen die furchtbare Wahrheit und den Tod» (S. 79). «Was bin ich, ich, den man anklagt? Ein Sklave der Freiheit, ein lebender Märtyrer der Republik.» Ebenda, S. 75.

231 Goncourt, a. a. O., S. 442.

232 Zit. bei Walter, a. a. O., S. 445.

233 Desmoulins, *Œuvres complètes*, a. a. O., S. 185.

234 Ebenda.

235 Ebenda: «Neben der Schneide der Guillotine, welche die gekrönten Häupter richtete, und auf dem gleichen Platz, guillotinierte man auch den Hanswurst, der sich mit den Königen in die Aufmerksamkeit teilte.»

236 *Journal des spectacles*, 16. Juli 1793: «Man studiert zwei neue Pantomimen am Théâtre du Lycée ein, deren Titel *Adèle de Sacy* und *La Guillotine d'amour* sind. Uns ist nicht bekannt, worum es in den beiden Stücken geht, doch dem einzigartig schauerlichen Titel des zweiten ist zuzutrauen, daß er die Neugier des Publikums zu reizen vermag.»

237 Lenotre, *La Guillotine* ..., a. a. O., S. 310–311.

238 Foucault, a. a. O., S. 46–47.

239 Ebenda, S. 47.

240 Aus dem Wagen aussteigen, Auskleiden, Haare abschneiden, Abschied nehmen vom Beichtvater, Besteigen des Schafotts, Niederlegen auf dem Fallbrett, Enthauptung: Bei Ludwig XVI. hatten diese sieben Sequenzen zwei Minuten in Anpruch genommen – königlich viel Zeit. Dadurch daß man die Verurteilten bereits «zugerichtet» in den Karren steckt, erübrigt sich die Verzögerung zwischen der Ankunft und dem Schafott, so daß das Tempo gegen Ende seinen Höhepunkt erreichen kann.

241 Zit. bei Lenotre, a. a. O., S. 309.

242 Desmoulins, *Histoire secrète* ..., a. a. O., S. 349.

243 «Diese hohe Reinheit der Grundlagen der Französischen Revolution, gerade die Erhabenheit ihres Zwecks ist genau das, was unsere Stärke und unsere Schwäche ausmacht.» (*Reden aus den Jahren I und II der Republik*, a. a. O., S. 43.) In der gleichen Rede beschwört er «das erhabene Schauspiel der Revolution» («Über die Grundsätze der politischen Moral ...», in Meyer, a. a. O., S. 604), das bei den Beteiligten jenes «erhabene Gefühl» voraussetzt, aufgrund dessen man das öffentliche Interesse allen privaten Interessen vorzieht (ebenda, S. 587). Das Fest des Höchsten Wesens wiederum stellt die «erhabene Versammlung des ersten Volkes der Welt» dar («Letzte Rede vor dem Konvent», 26. Juli 1794, ebenda, S. 697).

244 E. Burke, *Vom Erhabenen und Schönen*, dt. v. F. Bassenge, Berlin 1953, S. 72 u. 91.

245 Diese Ansicht äußert zumindest der Abgeordnete Bourbon de L'Oise am 22. Januar 1794. Tags zuvor hatte sich der Konvent geschlossen in Begleitung der Jakobiner auf den Revolutionsplatz begeben, um dort den Jahrestag der Hinrichtung Ludwigs XVI. durch das symbolische Verbrennen einiger Königspor-

träts zu feiern. Dabei wurden die Konventsmitglieder zu unfreiwilligen Zeugen der Hinrichtung von vier zum Tode Verurteilten. Weit davon entfernt, über dieses Zusammentreffen erfreut zu sein, reagieren die Volksvertreter mit Entrüstung: «Warum bitte brachte man zur selben Zeit, als wir uns auf dem Revolutionsplatz befanden, vier Unglückliche dorthin, damit sie uns mit ihrem Blut besudeln? Böswillige haben diese Intrige erdacht, damit die Leute sagen, die Nationalvertretung bestehe aus Kannibalen [...]. Wir wollten den Tod eines Königs feiern, die Bestrafung eines Menschenfressers, und nicht unseren Blick von einem derart ekelerregenden und abscheulichen Schauspiel beschmutzen lassen.» Zit. bei Delarue, a.a.O., S. 166. Die Empfindlichkeit des Konventsmitgliedes ist desto frappierender, als er sich von der Barbarei eines menschenfressenden Königs distanziert: Der König als Menschenfresser ist eine bildliche Vorstellung, die auf dem Platz Hingerichteten dagegen sind real. Wenn es dem Theater der Guillotine nicht immer gelingt, im Bereich des Schicklichen, Erhabenen zu bleiben, so liegt dies gerade daran, daß es den Anforderungen der Realität und des Imaginären gleichzeitig Genüge tun muß.

246 Verninac de Saint-Maur, zit. bei Goncourt, a.a.O., S. 436.

247 Eine Frau hatte beim Anblick des Umzugs das Bewußtsein verloren.

248 Zit. bei Fleischmann, a.a.O., S. 279.

249 Zit. bei Delarue, a.a.O., S. 267–268.

250 Baron de Frémilly, *Souvenirs*, Paris 1908, S. 182. Wir werden auf dieses «Studieren der Gesichtszüge» als eine der wesentlichen theatralischen Funktionen des Umzugs noch genauer zu sprechen kommen. Dabei liest jeder der Augenzeugen aus den Gesichtern etwas anderes heraus: So hielt z. B. für Des Essarts Hérault «den Kopf ohne jede Affektiertheit hoch erhoben», und «nichts deutete auf die geringste Unruhe in seinem Inneren hin» (ebenda).

251 Vgl. Walter, a.a.O., S. 382.

252 Ebenda.

253 Zit. ebenda, S. 383–384.

254 Vgl. Delarue, a.a.O., S. 109–111. In dem Brief, den der Künstler und Abgeordnete Sergent anläßlich der Affäre Corday an den Präsidenten des außerordentlichen Straftribunals richtete, werden die philosophischen Prinzipien, von denen das öffentliche Bewußtsein geprägt sein soll, deutlich: «Die Philosophie, die Menschlichkeit [...] gebietet, daß derjenige, der durch den Verlust seines Lebens der Gesellschaft ein leuchtendes Beispiel für den Respekt, den man den Gesetzen schuldet, gibt, dadurch gewissermaßen in seinem Unglück heilig wird. Das Pariser Volk, das so oft verleumdet wird, hat [...] den nötigen Charakter, und wenn es sich, aus welchem Antrieb auch immer, bei der Verurteilung oder dem Gang der Kriminellen zum Schafott versammelt, so legt ein majestätisches Schweigen – das einzig in dem Moment, wo der Kopf eines Verschwörers zu Boden rollt, von ‹Es lebe die Republik!›-Rufen unterbrochen wird – Zeugnis davon ab, daß das Volk jenes Wesen zu respektieren weiß, welches durch die Hand des Gesetzes gestraft wird. Bewahren wir ihm diese Empfindsamkeit, die ihm Ehre macht; denn um diese zu schonen, haben die Gesetzgeber die Folter und die scheußliche Marter von Rad und Scheiterhaufen abgeschafft.» Zit. bei

A. Cabanès, *Le Cabinet secret de l'histoire entr'ouvert par un médecin*, Paris 1875, Bd. 2, S. 408–409.

255 Zit. bei Beaucourt, a. a. O., Bd. 1, S. 379. Die royalistische Version einer erhabenen Geräuschkulisse findet sich beispielsweise in einem englischen Augenzeugenbericht, der als Begleittext für die verschiedenen Varianten eines Stichs mit dem Titel *The Massacre of the French King* dienen sollte: «Das Traben und Wiehern der Pferde, der durchdringende Ton der Trompete und das ständige Rasseln der Trommeln schmerzten das Ohr der Zuschauer und vergrößerten noch den Schrecken, den die furchtbare Szene hervorrief.»

256 Vgl. E. u. J. de Goncourt, *Marie-Antoinette*, dt. v. K. Merling, München 1923, S. 332; sowie Lenotre, *La Guillotine* …, a. a. O., S. 266.

257 Vgl. Delarue, a. a. O., S. 170.

258 Vgl. Walter, a. a. O., S. 297.

259 «Allerorten werden Klagen laut über jene, die tagtäglich sowohl die Opfer beschimpfen, die zur Hinrichtung gebracht werden, als sogar auch die nur erst Verdächtigen; man sagt, die französische Nation werde hierdurch in den Augen der restlichen Völker erniedrigt. Um diesem schrecklichen Skandal ein Ende zu machen, braucht es nicht Geringeres als ein Dekret, das all diejenigen rigoros bestraft, die sich an dem Gemetzel und dem Blut zu laben scheinen.» Bericht vom 27. Januar 1794, zit. bei Caron, a. a. O., Bd. 3, S. 128.

260 Bei der *Chronique de Paris* ging ein aufschlußreicher Brief ein: «Wo man die Angeklagten heute nicht mehr auf das Armesünderbänkchen setzt, sollte man auch den Karren abschaffen, in dem man die Verurteilten zur Hinrichtung bringt. Da wir uns zu dem nötigen Übel, das Schwert des Gesetzes niedergehen zu lassen, gezwungen sehen, sollten wir wenigstens alles beseitigen, was das Schreckliche der Situation noch verschlimmert. Wäre es nicht menschlicher, die Unglücklichen in einer geschlossenen Kutsche zum Schafott zu fahren, in der sie auf Wunsch der Geistliche oder auch ein Freund begleitete, falls sie einen besitzen, der so treu und mutig ist, ihnen diesen letzten und schmerzlichen Freundschaftsdienst zu erweisen? Die Hände sollten ihnen erst im Moment der Hinrichtung auf dem Rücken zusammengebunden werden, die anwesenden Wachen genügen als Sicherheit; und den in einem Wagen hinterherfahrenden Scharfrichter dürften sie erst in dem Moment zu sehen bekommen, wo er seine grausame Pflicht erfüllt. Dieses Bemühen um Menschlichkeit würde der Todesstrafe einen würdevollen Charakter verleihen. Das Volk würde erkennen, daß dem Vaterland keine andere Wahl bleibt, wenn dieses einen Menschen auf dem Schafott sterben läßt, dem es so viele Rücksichten erweist.» Zit. bei Lenotre, *La Guillotine* …, a. a. O., S. 251–252.

261 A. Ubersfeld, *Lire le théâtre*, Paris 1978, S. 157.

262 Vgl. *Le Père Duchesne*, Nr. 199: «Ich wollte, verdammt noch mal, Euch die Genugtuung der Sansculotten beschreiben können, als die Oberfurie in ihrem Wagen mit den sechsunddreißig Verschlägen durch Paris fuhr. Es waren nicht ihre prächtigen weißen, schön angeschirrten Pferde mit den hübschen Federbuschen, sondern zwei Klepper, die Meister Sanson am Zügel hielt.« Zit. bei Walter, a. a. O., S. 138. Hébert wird die Genugtuung des Volkes auch selbst zu spüren bekommen: «Ich bin noch nie zu einer Hinrichtung gegangen, aber bei

deren Enthauptung, vor allem der von Hébert und Chaumette, werde ich mit Vergnügen zusehen [...].» Zit. ebenda, S. 378.

263 Walter, a. a. O., S. 382–383.

264 Burke, a. a. O., S. 92. Polizeibericht vom 5. Februar 1794: «Einer der fünf Kriminellen schrie, während er zur Hinrichtung fuhr: ‹Ich bin unschuldig! Wir sterben als Unschuldige!› Der Gesichtsausdruck der anderen drei [sic] war so ruhig und heiter, als säßen sie daheim am Kaminfeuer; die Zuschauer wurden dadurch in Erstaunen versetzt und sagten, sie seien desto mitfühlender, als die Verurteilten Charakterstärke bewiesen.» Zit. bei Caron, a. a. O., Bd. 4, S. 106.

265 Welch leuchtender Triumph für uns, / Märtyrer der heil'gen Freiheit, / Unsterblichkeit erwartet uns, / oh höchste Seligkeit. / Auf zum Schafott, / Unsterblichkeit erwartet uns. / Sterben für das Vaterland, / Sterben für das Vaterland, / das schönste Los, das uns bekannt.» Zit. bei Lenotre, *La Guillotine ...*, a. a. O., S. 269.

266 Brief Charlotte Cordays an Barbaroux, zit. bei Sanson, a. a. O., Bd. 1, S. 426. Der Brief an ihren Vater, der auf Corneille Bezug nimmt, trägt die gleichen stoischen Züge: «Verzeiht, mein lieber Papa, daß ich ohne Eure Erlaubnis über mein Leben verfügte. Ich habe manch unschuldiges Opfer gerächt [...]. Adieu, mein lieber Papa, ich bitte Euch, mich zu vergessen oder vielmehr Euch meines Geschicks zu erfreuen, das einer gerechten Sache dient [...]. Gedenkt jenes Verses von Corneille: ‹Die Untat nur, nicht das Schafott bringt Schande.› Morgen um acht Uhr wird man mich richten. Den 16. Juli.» Zit. ebenda, S. 25–26.

267 «Diese unerschütterliche Ruhe und diese völlige Selbstverleugnung, die keinerlei Reuegefühle im Angesicht des Todes verraten, diese, in gewisser Hinsicht erhabene Ruhe und Selbstverleugnung sind nicht natürlich; sie lassen sich nur durch die Exaltiertheit des politischen Fanatismus erklären, der ihr den Dolch in die Hand legte.» Zit. bei Walter, a. a. O., S. 27.

268 «Das Volk hatte diese Frau vorbeikommen sehen, ja, sie zum Schafott geleitet, ohne ihre letzten Augenblicke mit Schimpf und Schande zu bedecken [...]. Wie stark und berechtigt auch die Entrüstung war, die es dieser Unglücklichen gegenüber empfand, ihre Haltung und ihre Gefaßtheit ließen es stolz und großzügig werden.» Abgeordneter Sergent, zit. bei Cabanès, a. a. O., S. 109–111. Andere Versionen des Gangs zum Schafott betonen allerdings den Gegensatz, der zwischen Charlotte Cordays Würde und dem «barbarischen» Gejohle der Menge bestand.

269 Vgl. Walter, a. a. O., S. 279.

270 Ebenda, S. 280.

271 Des Essarts, zit. bei Walter, a. a. O., S. 279.

272 Marat, *L'Ami du peuple*, 7. Juli 1792, zit. ebenda, S. 8.

273 Die Hinrichtung Baillys ist ein exemplarischer Fall. Dieser ehemalige Bürgermeister von Paris, der als Verantwortlicher für das Blutbad auf dem Marsfeld (17. Juli 1791) verurteilt wurde, bewies römische Größe. Dennoch wird die Schmach des Gangs zum Schafott bei ihm noch verdoppelt durch das besonders heftige und gewalttätige Eingreifen des Publikums (Beschimpfungen, Steinwürfe, Gestoße ...). Bailly sprach zwei Abschiedsworte voll stoischer Gelassenheit: Zum einen erklärte er dem Grafen Beugnot, der gekommen war, ihm «Le-

bewohl zu sagen», warum er nach der Schokolade einen Wasserkaffee trank: «Da ich eine recht beschwerliche Reise vor mir habe und meiner Konstitution mißtraue, habe ich einen Kaffee draufgesetzt [...]. Mit dieser Stärkung hoffe ich, wohlbehalten ans Ziel zu gelangen.» Zit. bei Walter, a. a. O., S. 296. Zum anderen gesteht man dem ehemaligen Bürgermeister die Ehre einer wahrhaft stoischen Erwiderung zu, als Sanson sich über die Steine aufregte, mit denen das Volk sie bewarf: «Es wäre verdrießlich, wenn man gelernt hätte, siebenundfünfzig Jahre in Ehren zu leben, und nicht verstünde, eine Viertelstunde lang mutig zu sterben.» Zit. bei Sanson, a. a. O., Bd. 2, S. 50.

274 «Welch ein Anblick, der einer Königin, die inmitten der stillen Genugtuung eines großen Volkes zur Hinrichtung gebracht wird! Man hätte ihn genießen können, wäre nicht das törichte Ungestüm, die blödsinnige Vorschrift ich weiß nicht welches Despoten, derzufolge die Männer nicht mit Weib und Kind an ihren Fenstern stehen durften. Diese gründliche Torheit hat alles verdorben; der Majestät des Volkes wurde durch jenes dumme Gelärme Abbruch getan: Nieder mit...! Nieder mit...! Dabei zwang man die Bürger sogar, ihre Hüte abzunehmen.» Zit. bei Walter, a. a. O., S. 239.

275 Zit. bei Fleischmann, a. a. O., S. 216.

276 Zit. bei Walter, a. a. O., S. 138.

277 Durch diese Zielsetzung erklärt sich auch, warum, wie mehrere Texte es bezeugen, offizielle Beifallsklatscher unter das Volk gemischt wurden, die dieses anstacheln sollten, seinen revolutionären Zorn zu bekunden – was die Diskrepanz zwischen der Ideologie der Reden (Zelebrieren erhabener Genugtuung) und der aufwiegelnden realen Machtpraxis nur desto deutlicher werden läßt.

278 Zit. bei Fleischmann, a. a. O., S. 281.

279 Caron, a. a. O., Bd. 2, S. 142–143. Vgl. ebenda, S. 323: «Der Bürgermeister von Montpellier war im Henkerskarren, auf dem Weg zum Revolutionsplatz, um die Strafe für seine Untaten zu erhalten. Da begann er lauthals zu lachen und sagte: ‹Auf Wiedersehen meine Brüder!› Die Zuschauer antworteten ihm: ‹Unters Beil mit dir!› Doch er hörte nicht auf zu lachen.»

280 Vgl. Delarue, a. a. O., S. 252; sowie Lenotre, *La Guillotine*..., S. 303.

281 Zit. bei Delarue, a. a. O., S. 267–268.

282 Vgl. den (allerdings offiziellen) Bericht vom 26. August 1792: «Alles verlief ohne irgendwelche Zwischenfälle und unter lebhaften Beifallsbezeugungen des Volkes, welches das Vorrücken der Gendarmerie gedeckt hat.» Zit. bei Delarue, a. a. O., S. 157.

283 Delarue, a. a. O., S. 156.

284 Ebenda.

285 Vgl. Anm. 245.

286 Vgl. Walter, a. a. O., S. 294.

287 So ist klar, daß die Guillotine auf der Place Saint-Antoine nicht zufällig den Platz der ehemaligen Bastille einnimmt, und schon allein die Umbenennung des späteren Standortes von «Stadttor des Thrones» zu «Stadttor des umgestürzten Thrones» (Barrière du Trône [renversé]) durch die Revolutionäre zeigt, daß auch dieser Hinrichtungsort kein Zufall ist.

288 Robespierre, «Letzte Rede vor dem Konvent», 26. Juli 1794, in Meyer, a. a. O.,

S. 697. Vgl. auch aus der gleichen Rede (in *Reden aus den Jahren I und II der Republik*, a. a. O., S. 77–78): «O du auf ewig glückseliger Tag, an dem das französische Volk aufstand, um dem Schöpfer der Natur die einzige seiner würdige Huldigung darzubringen! Welch ergreifende Ansammlung von all den Dingen, die Blick und Herz der Menschen zu verzaubern vermögen! O du wieder in Ehren gehaltenes Alter! O du edle Begeisterung der Kinder des Vaterlandes! O du unschuldige, reine Freude der Bürgerjugend! O ihr köstlichen Tränen der gerührten Mütter! O du göttlicher Zauber der Unschuld und der Schönheit! O du Herrlichkeit eines großen Volkes, das glücklich ist im bloßen Bewußtsein seiner Stärke, seines Ruhms und seiner Tugend! Du Wesen aller Wesen! Der Tag, an dem die Welt deinen allmächtigen Händen entstieg, glänzte er deinen Augen in freundlicherem Lichte als der Tag, an dem sie die Ketten des Verbrechens der Irrungen abwarf und vor dir erschien, würdig deines Blicks und ihres Schicksals?»

289 Robespierre, in Meyer, ebenda: «Sobald das Volk, in dessen Gegenwart alle persönlichen Laster verstummen, in seine häusliche Umgebung zurückgekehrt ist, erscheinen die Intriganten wieder, und das Spiel der Scharlatane beginnt aufs neue.»

290 Vgl. Walter, a. a. O., S. XXVIII–XXXI.

291 Marat, *L'Ami du peuple*, 18. Dezember 1790, zit. bei Walter, a. a. O., S. 6.

292 Desmoulins, *Œuvres complètes*, a. a. O., S. 139.

293 Saint-Just, *Œuvres complètes*, Bd. 2, S. 508.

294 Auf die Gefahr, daß eine zu große Zahl von Hinrichtungen zu einer Abstumpfung der Zuschauer führen könnte, hatte Collot am 7. November 1793 in einem Bericht über die Lage in Lyon hingewiesen, wo die Erschießungen und Guillotinierungen kein Ende nahmen, um dem Dekret des Konvents «Lyon ist nicht mehr» Genüge zu tun; Collot schreibt: «Sogar die Hinrichtungen üben die Wirkung nicht, die man erwarten sollte [...]. Gestern sagte ein Mann, der einer Hinrichtung beigewohnt hatte: ‹Das ist gar nicht so schlimm. Was könnte ich wohl tun, um aufs Schafott zu kommen? Einen Volksbeauftragten beschimpfen?›.» Zit. bei Mathiez, a. a. O., Bd. 2, S. 540.

295 Delarue, a. a. O., S. 325. Allein die Bezeichnung «Schauspielerei» ist Beweis genug, daß das Schafott immer noch als eine Bühne betrachtet werden kann. Am 1. Februar 1899 hatte das Bestreben, die Guillotine in den Hintergrund zu drängen, durch den respektlosen Scherz eines Opfers Erfolg; Peugnez hatte geschrien: «Das Gewehr über!», und die Soldaten, die vor dem Publikum Spalier bildeten, hatten automatisch die Waffen präsentiert. Peugnez starb mit militärischen Ehren.

296 Foucault, a. a. O., S. 24.

297 Furet, a. a. O., S. 200.

298 Diese Angst zeigt sich auch an den Vorkehrungen, welche an der Barrière du Trône renversé getroffen wurden: «Es wurde ein Loch ausgehoben, damit es das Blut der Hingerichteten aufnimmt. Nach der Hinrichtung begnügt man sich damit, dieses Loch mit Brettern abzudecken, was nicht genügt, um den Geruch des verdorbenen Blutes, das sich dort in reichlicher Menge befindet, am Entweichen zu hindern [...]. Um jede Art von todbringenden Ausdünstungen in der

gegenwärtigen Jahreszeit zu verhindern, sollte ein mit Blei verkleideter Kasten auf einem kleinen zweirädrigen Schubkarren angebracht werden, um das Blut aufzunehmen, welches anschließend in die Grube von Picpus gekippt werden könnte. Das Bauamt wird sicherlich diese Maßnahme unverzüglich ergreifen, und ich kann dies nur um so mehr befürworten, als der Hinrichtungsort und besagte Grube nicht sehr weit voneinander entfernt sind, so daß andernfalls die Ausdünstungen einander gegenseitig anziehen könnten, wodurch ein gefährlicher Verseuchungsherd entstünde, weil dann die Luft über eine weite Fläche befallen wäre.» Zit. bei Lenotre, *La Guillotine*..., a.a.O., S. 287.

299 Vgl. C. A. Dauban, *La Démagogie en 1793*, Paris 1870.

300 Vgl. Lenotre, *La Guillotine*..., a.a.O., S. 284–285.

301 Verninac de Saint-Maur, zit. bei Goncourt, a.a.O., S. 436 (vgl. Anm. 39).

302 «Ein anderer Vorwurf, den man dieser Hinrichtungsart machen muß, ist, daß sie zwar dem Verurteilten den Schmerz erspart, nicht aber den Zuschauern den Anblick des Blutes, welches man von der Schneide der Guillotine tropfen und in großen Mengen das Pflaster, wo sich das Schafott befindet, bespritzen sieht. Dieses abstoßende Schauspiel dürfte den Blicken des Publikums nicht dargeboten werden, und es wäre ein leichtes, diesem Mißstand abzuhelfen, der schwerwiegender ist, als es den Anschein haben mag: er macht mit dem Gedanken des Tötens vertraut, und wenn diese Tode auch im Namen des Gesetzes erfolgen, so doch mit einer Kaltblütigkeit, die zu vorsätzlicher Grausamkeit verleitet. Hört man die Menge nicht schon sagen, daß die Guillotinierung eine viel zu sanfte Strafe für die bisher hingerichteten Schurken war, von denen in der Tat mehrere den Tod zu verachten schienen? Das Volk erniedrigt sich, wenn es den Eindruck erweckt, Rache zu nehmen, statt sich darauf zu beschränken, der Gerechtigkeit zum Sieg zu verhelfen.» *Révolutions de Paris*, 27. April 1793, zit. bei Lenotre, *La Guillotine*..., S. 259.

303 Vgl. Lenotre, *Le Tribunal révolutionnaire*, Paris 1947, S. 250–251.

304 Fleischmann, a.a.O., S. 185.

305 Ebenda, S. 292, Bericht vom 25. März 1794.

306 Diesen Eindruck erwecken einige Zeilen der Memoiren von Lamartine, und er findet sich in dem pathetischen Bericht eines Abbé bestätigt, der zum Schafott gekommen war, um die Absolution möglichst unmittelbar vor dem Sterben zu erteilen: «Meine Erinnerungen reichen bis zu einem im Gefängnis sitzenden Vater und einer gefangengehaltenen Mutter zurück [...], zu den Marseillaise- und des Ça-ira-Gesängen in den Straßen [...], zu den dumpfen Schlägen des Hinrichtungsinstrumentes auf unseren öffentlichen Plätzen [...].» (*Mémoires inédits*, Paris 1870, S. 5.) «Das Opfer wird gleich beginnen. Die triumphierende Freude, die scheußlichen Späße der Zuschauer nehmen noch zu und vergrößern die an sich sanfte, aber durch die drei Schläge, die man einen nach dem anderen niedergehen hört, und das viele vergossene Blut entsetzliche Marter.» Zit. bei Lenotre, *La Guillotine*..., a.a.O., S. 174.

307 «Ich sah die Verurteilten nicht beim Hinaufgehen, sondern nur wie sie einer nach dem anderen kurz auf der verhängnisvollen Bühne erschienen, um alsbald durch den Kippmechanismus des Brettes oder auch Bettes, auf dem ihr ewiger Schlaf beginnen sollte, zu verschwinden. Der Rest der Operation wurde von

den Ausführenden verdeckt. Das beschleunigte Niedersausen des Beiles kündigte nur an, daß diese ihrem Ende zuging, abgeschlossen war.» Arnault, *Souvenirs d'un sexagénaire*, zit. bei Walter, a. a. O., S. 444–445.

308 Zit. bei Walter, a. a. O., S. 384.

309 Ebenda, S. 262.

310 Vgl. A. Robert, *Dictionnaire historique et biographique de la Révolution et de l'Empire*, 1789–1815, Paris o. J., Bd. 2, S. 78–79.

311 Walter, a. a. O., S. 262.

312 Saint-Just, *Œuvres complètes*, Bd. 2, S. 87. Alle Augenzeugen waren im übrigen beeindruckt, als dem äußersten Lakonismus der Guillotine in Saint-Justs Interpretation der Opferrolle ein absolutes und wie gleichgültiges Schweigen am Höhepunkt der Handlung entsprach.

313 Vgl. S. 91 im Text.

314 L. Madelin, *Les hommes de la Révolution*, Paris 1929, S. 225.

315 Durch diesen Regieeinfall wird das wahre Gesicht des Verräters enthüllt, dieser in seiner Totenmaske demaskiert, wie zu zeigen sein wird.

316 Zit. bei Cabanès, a. a. O., S. 408.

317 Lafont d'Ausonne, *Mémoires secrets et universels des malheurs et de la mort de la Reine de France*, Paris 1836, zit. bei Fleischmann, a. a. O., S. 218.

318 Zit. bei Walter, a. a. O., S. 136. Die Memoiren Sansons erfinden für diesen Moment eine andere, rührende Version: «Als sie auf der Place de la Révolution ankam, blieb der Karren unter der großen Allee, den Tuilerien gegenüber, stehen; einige Augenblicke schien die Königin in schmerzliche Betrachtungen versunken; sie wurde um vieles bleicher, ihre Augenlider wurden feucht, und man hörte, wie sie mit dumpfer [...] Stimme die Worte murmelte: ‹Meine Tochter! Meine Kinder!›.» (H. Sanson, *Tagebücher der Henker von Paris*, München 1964, Bd. 1, S. 462).

319 «Als der Karren vor dem Schafott hielt, stieg sie mit Leichtigkeit und Behendigkeit, ohne gestützt werden zu müssen, aus, obwohl ihre Hände immer noch zusammengebunden waren [...].» *Le Magicien républicain*, zit. bei Walter, a. a. O., S. 135–136.

320 Zit. bei Dauban, *Madame Roland et son temps*, Paris 1864, S. CCXLIII.

321 Zit. bei Walter, a. a. O., S. 386–387.

322 Zit. ebenda, S. 383.

323 Zit. bei Lenotre, *La Guillotine ...*, a. a. O., S. 174.

324 De Maistre, a. a. O., S. 38.

325 «Der Ausschluß der Scharfrichter ist keineswegs auf ein Vorurteil gegründet. Es liegt in der Natur der Dinge, daß jeder anständige Mensch beim Anblick desjenigen erschaudert, der kaltblütig seine Nächsten mordet. Man sagt, das Gesetz fordere dieses Tun, doch wem befiehlt das Gesetz, ein Henker zu werden?» Zit. bei Delarue, a. a. O., S. 50.

326 «Einige alte Leute in Rennes erinnern sich noch gerührt der Tugenden des Jacques Ganier, der vor ungefähr dreißig Jahren gestorben ist, nachdem er in dieser Stadt viele Jahre lang das Amt des Scharfrichters ausgeübt hatte. Dieser menschliche Mensch richtete nie einen Verbrecher hin, ohne vorher zur Kommunion gegangen zu sein, um gewissermaßen seine Tat im voraus zu sühnen.

Die Mitglieder des Gerichtshofs kamen vor seinem Haus Boule spielen [...] und wenn er sich auch nicht beteiligte, so erwiesen sie ihm doch ihre Hochachtung, indem sie ihn zum Schiedsrichter nahmen, wann immer das Spiel zu Uneinigkeiten zwischen ihnen führte. Alles, was über seinen dringendsten Bedarf hinausging, gab er den Armen. Sein Tod war für sie ein allgemeines Unglück; tränenüberströmt liefen sie durch die Straßen und riefen schmerzerfüllt: ‹Wir haben einen Vater verloren!› Mehrere Jahre lang suchte das Volk sein Grab auf wie das eines Heiligen.» Zit. bei Lenotre, *La Guillotine*..., a.a.O., S. 333.

327 Zit. bei Delarue, a.a.O., S. 49.

328 Zit. bei Lenotre, a.a.O., S. 174.

329 Zit. bei Delarue, a.a.O., S. 188–189.

330 Desmoulins, *Révolutions de France et de Brabant*, zit. bei Lenotre, a.a.O., S. 132: «Man versichert, daß jene Zeitung eine Sammlung der spaßigen Strophen enthält, welche ehemals die Tafelrunde der Aristokraten bei den Soupers des Henkers von Paris sang. – Ob nun aus Rache an der Laterne und Monsieur Guillotin, oder auch weil der Besuch so vieler Leute von Welt ihm den Kopf verdrehte, jedenfalls bewirtete Monsieur Sanson seine Gäste so gut er irgend konnte.»

331 Vgl. de Maistre, a.a.O., S. 40.

332 Vgl. Delarue, a.a.O., S. 307.

333 Ein aus dem Jahr 1803 stammender Brief von Desmorets, der Sanson in Paris assistierte, bevor er nach Grenoble geschickt wurde, läßt die Probleme sehr plastisch werden: «Bürger Minister, mein Leid ist unaussprechlich, ich bräuchte eine blutige Feder, um es schildern zu können. Erlauben Sie mir nur, verehrter Bürger, Ihnen in wenigen Worten anzudeuten, wie nun schon seit beinahe sieben Jahren mich ein Unglück nach dem anderen ereilt [...]. Bei meiner Ankunft in Grenoble wurde ich in einem verlassenen, bald eine Meile von der Stadt entfernten Haus untergebracht, und da in dieser Gegend vor meiner Ernennung die Henker Kriminelle gewesen waren, welche die Richter aus dem Gefängnis holen ließen, damit sie dieses Amt ausübten, werde ich als eine erbärmliche Kreatur betrachtet. Was dieses schreckliche Vorurteil gegen mich noch verstärkt, ist, daß der Staatsanwalt zu dem Zeitpunkt, als ich nach Grenoble entsandt wurde, zwei Ruchlose, von denen der eine zu Ketten, der andere zur Deportierung verurteilt worden war, in derselben armseligen Unterkunft wie mich unterbrachte. Man brachte mich also mit dem Gemeinsten zusammen, und seitdem werde ich beleidigt, verachtet und unaufhörlich bedroht. Ständig muß ich um mein Leben bangen, und Tränen benetzen mein täglich Brot [...].» Zit. bei Delarue, a.a.O., S. 198–199. Zu dieser Problematik um Stellungnahme gebeten, hatte Sanson übrigens 1798 darauf hingewiesen, daß die Bande der Tradition zwischen einem guten Henker und «seiner» Bevölkerung respektiert werden sollten: «Es bleiben nur noch die Stellen in der Umgebung von Paris, etwa sechzig Meilen, wo man sich wird durchsetzen können. Und auch hier nur, wenn ehrbare Leute ernannt werden. Man ist in diesen Orten ohne Vorurteil, weil dort die alten Scharfrichter sind. Es braucht nur einen Unredlichen, und schon kommen die Vorurteile wieder auf, und die Stelle ist nicht mehr geeignet für ehrbare Leute.» Zit. bei Delarue, a.a.O., S. 200.

334 Vgl. den Brief des Justizministers Duport vom 3. März 1792 an die Gesetzgebende Versammlung: «Es gibt wenige größere Städte, wo nicht noch ein Mensch an sein trauriges Amt gekettet und vom Rest der Bürger abgesondert ist, aufgrund des unüberwindbaren Abscheus, den natürlicherweise derjenige einflößt, der – und sei es im Namen der Gerechtigkeit und der Gesellschaft – die Aufgabe übernimmt, ein Werkzeug des Todes zu sein [...]. Ich zweifle jedoch nicht, daß die Gesetzgebende Versammlung für den Unterhalt dieser Unglücklichen sorgen wird, denen die Verfassungsgebende Versammlung bereits den Bürgertitel verliehen hat, die jedoch, da sie gewissermaßen bereits auf ihre Eigenschaft als Mensch verzichtet hatten, um ihr schweres Amt auszuüben, noch lange einem schlecht auszurottenden, gefühlsbestimmten Vorurteil begegnen werden, welches es ihnen unmöglich machen dürfte, durch irgendeine andere Tätigkeit ihr Auskommen zu finden.» Zit. bei Lenotre, a. a. O., S. 26–27.

335 Brief des Scharfrichters Bourcier an den Konvent, zit. bei Lenotre, a. a. O., S. 341.

336 Wie Schmidt auf die gegen ihn erhobenen Vorwürfe antwortet, ist hierfür nicht die Qualität der Maschine verantwortlich, sondern ein Mangel an «Vorsicht seitens des Scharfrichters, der nicht darauf achtete, beide Enden des Seils, an dem die Ramme befestigt ist, zu fassen zu bekommen und so zu halten, daß sie der Bewegung nicht im Weg sein konnten». Zit. bei Delarue, a. a. O., S. 369.

337 *Lettre écrite le 27 mai 1806 par le Procureur général de Sa Majesté l'Empereur à son Excellence le Grand Ministre de la Justice*, Archives nationales, BB 212.

338 Vgl. Foucault, a. a. O., S. 78 ff.

339 Vgl. Delarue, a. a. O., S. 173–174.

340 Verfügung von Cales, dem Repräsentanten des Departement Côte-d'Or: «Soeben erfahrend,

daß das Hinrichtungsinstrument – welches dem Anblick des Publikums nur ausgesetzt sein darf, wenn es die Vollstreckung des Gesetzes verlangt, ansonsten aber die empfindsamen Gemüter nur empören und die Gefühle der Menschlichkeit, die ein freies Volk auszeichnen müssen, nur schwächen kann – ständig auf einem der Plätze Dijons aufgestellt ist,

verfüge ich,

daß bei Erhalt dieses Schreibens jenes Instrument unter der Aufsicht des staatlichen Vertreters bei der Kommune unverzüglich entfernt wird [...]. Es darf erst eine Stunde vor der Hinrichtung aufgestellt und muß unmittelbar nach jeder Hinrichtung wieder abgebaut werden.» Zit. bei Delarue, a. a. O., S. 170–171.

Brief vom Präfekten des Departement Landes an den Justizminister, 21. März 1806: «Monseigneur. Früher hatte man die Notwendigkeit erkannt, die Männer, welche die Todesurteile der Gesellschaft vollstreckten, erkennbar zu machen [...]. In einigen Provinzen hatte man als bestes Mittel hierzu eine auffällige Uniform verwandt, was jedem Irrtum vorbeugte und die ehrbaren Männer beruhigte. Mehr denn je ist es heute von Nutzen, diesen alten Brauch wieder aufleben zu lassen [...].» Zit. bei Delarue, a. a. O., S. 43.

341 Das Ohrfeigen der guillotinierten Charlotte Corday durch einen der Henkergehilfen, den Zimmermann François Legros, ist eines der berühmtesten Beispiele

und wurde alsgleich allgemein als Exzeß verurteilt. Doch der «Köpfezeiger» sollte einmal sogar vor lauter Begeisterung tödlich vom Schafott stürzen, den Kopf in der Hand.

342 Zit. bei Lenotre, a. a. O., S. 172.

343 Marquise de La Tour du Pin, *Journal d'une femme de cinquante ans* (1778–1815), Paris 1913, S. 312–313. Dieser Zwischenfall war es wohl, der Galart de Montjoie zu einer Episode inspirierte, die insofern aufschlußreich ist, als hier für die Grausamkeit und Barbarei nicht der Henker verantwortlich gemacht wird, sondern derjenige, der den Befehl erteilt, d. h. selbstverständlich ein «Trabant des Robespierre»: «Ein Dritter ließ einmal an jede Seite der Guillotine die Kinder einiger Verurtheilten hinstellen. Das älteste davon war sechzehn Jahre und, während sie daselbst standen, floß das Blut ihrer Väter und Mütter auf das Schafott und bespritzte ihre Häupter.» (*Geschichte der Verschwörung des Maximilian Robespierre*, dt. v. J. W. Archenholtz, Chemnitz 1795, S. 181.

344 «Einer der Söhne des Henkers, der dem Volk einen Kopf zeigte, ohne auf seine Schritte zu achten, wohin er trat, fiel vom Schafott und sein Schädel zerschmetterte auf dem Boden. Sein Vater war außer sich vor Schmerz.» *Chronique de Paris*, zit. bei Lenotre, a. a. O., S. 250.

345 «Dieses schreckliche Schauspiel machte auf Sanson einen so starken Eindruck, daß er erkrankte und bis zu seinem Tod, der sich sechs Monate später zutrug, nie mehr sein grausames Amt ausübte.» Vgl. Lenotre, a. a. O., S. 147.

346 Ebenda, S. 348.

347 J. Joubert, *Carnets*, Paris 1938, S. 460. Ich danke Professor A. Pizzorusso, daß er mich auf dieses vielsagende Fragment aufmerksam machte.

348 Zit. bei Lenotre, a. a. O., S. 1–3.

349 F. Furet, a. a. O., S. 192.

350 Vgl. Lenotre, *Le Tribunal révolutionnaire*, a. a. O., S. 348.

351 Zit. bei Lenotre, *La Guillotine* ..., a. a. O., S. 206.

352 Ebenda, S. 208.

353 *Journal officiel de La Commune*, zit. bei Delarue, a. a. O., S. 295.

354 Zit. ebenda, S. 378.

355 Zit. ebenda.

356 Ebenda, S. 283.

357 Ich gebrauche die Terminmi «Motiv» und «Sujet» im kunstgeschichtlichen Sinn; vgl. E. Panofsky, *Studien zur Ikonologie*, dt. v. Dieter Schwarz, Köln 1980, S. 33.

358 Vgl. De Manet, a. a. O., S. 359–361.

359 Diese bekannte Formulierung stammt aus einem der grundlegenden Traktate zur «humanistischen» Theorie der Malerei, *De Pictura* von Leon Battista Alberti (in *Kleinere kunsttheoretische Schriften*, zweisp. Ausgabe, dt. v. H. Janitschek, Osnabrück 1970, S. 88).

360 F. Fénelon, «De l'éducation des filles», zit. bei Démoris, «Original absent et création de valeur: Du Bos et quelques autres», *Revue des sciences humaines de l'université de Lille III*, 1 (1975), S. 67.

361 Vgl. insbesondere J. Pernetti, *Versuch einer Physiognomik, oder Erklärung des moralischen Menschen durch die Kenntniß des physischen*, Dresden 1784–85.

362 Vgl. J. Adhémar, «Les musées de cire en France, Curtius, le ‹banquet royal›, les têtes coupées», *Gazette des Beaux-Arts*, Dezember 1978, S. 203–214.
363 R. de La Sizeranne, *Les masques et les visages à Florence et au musée du Louvre*, Paris o. J. (1914?), S. II.
364 R. Barthes, *Die helle Kammer. Bemerkungen zur Photographie*, dt. v. D. Leube, Frankfurt 1985, S. 44.
365 Ebenda.
366 Robespierre, «Über die Grundsätze der politischen Moral...», 5. Februar 1794, in Meyer, a. a. O., S. 604. Vgl. S. 605: «Wenn nicht alle Herzen sich gewandelt haben, wieviele Gesichter sind dann maskiert! Wieviele Verräter mischen sich dann in unsere Angelegenheiten, um sie zu verderben!»
367 Vgl. Delarue, a. a. O., S. 321.
368 Barthes, a. a. O., S. 88.
369 Ebenda, S. 87.
370 G. Didi-Huberman, *Invention de l'hystérie*, Paris 1982, S. 51.
371 Barthes, a. a. O., S. 20.
372 «Da ich noch einige Augenblicke zu leben habe, dürfte ich hoffen, Bürger, daß Ihr mir erlaubt, mich malen zu lassen? Ich würde gerne meinen Freunden dieses Andenken hinterlassen. Im übrigen läßt, da man das Bild der guten Bürger liebt, die Neugier bisweilen das der großen Verbrecher suchen, um den Abscheu vor ihren Verbrechen wachzuhalten.» Zit. bei Walter, a. a. O., S. 30.
373 Barthes, a. a. O., S. 109.

Anhang

Text 1
Bericht Charles Henri Sansons an den Justizminister über die Art der Enthauptung

Um die Exekution durch das Schwert in Einklang mit den Forderungen des Gesetzes zu vollstrecken, ist es notwendig, daß der Scharfrichter Geschick beweist und der Verurteilte keinerlei Widerstand leistet und die nötige Ruhe bewahrt. Sonst dürfte es niemals möglich sein, eine solche Exekution ohne das Risiko gefährlicher Zwischenfälle durchzuführen.

Nach jeder Exekution ist das Schwert unbrauchbar für eine weitere Hinrichtung; es ist unbedingt notwendig, das schartig gewordene Schwert erneut zu schärfen und zu schleifen. Wenn mehrere Personen nacheinander hinzurichten sind, ist es daher auch unbedingt notwendig, einen ausreichenden Vorrat an einsatzbereiten Schwertern zur Verfügung zu haben. Ferner ist zu bedenken, daß bei dieser Hinrichtungsform schon oft Schwerter zerbrochen sind. Der Scharfrichter von Paris besitzt nur zwei Schwerter, die ihm vom ehemaligen obersten Gerichtshof ausgehändigt worden sind. Sie haben jeweils sechshundert Livres gekostet.

Man sollte der Tatsache Rechnung tragen, daß bei der aufeinanderfolgenden Hinrichtung mehrerer Personen die Schrecklichkeit der Exekution – durch die ungeheure Menge des verspritzenden Blutes – selbst in den Unerschrockensten der auf ihre Hinrichtung Wartenden Furcht und Schrecken hervorrufen muß. Diese Schwäche wird ein schwieriges Hindernis für die Durchführung der Exekution bilden, falls der Verurteilte nicht die Fassung bewahrt. Schreitet man dann dennoch zur Hinrichtung, wird es einen Kampf und ein Gemetzel geben. Die Nationalversammlung hatte sich jedoch gerade für diese Hinrichtungsart entschieden, um die Länge der früheren Exekutionen zu vermeiden.

Schon bei anderen, weniger genau auszuführenden Hinrichtungsformen überträgt sich bei Verzögerungen die Qual der Leidensgenossen auf die anderen Verurteilten und ruft bei ihnen zumindest Schwächeanfälle und Angst hervor. All dies ist einer Exekution durch Abschlagen des Kopfes hinderlich. Wie sollte man den Anblick der blutigsten aller Hinrichtungsarten ertragen, ohne Schwäche zu zeigen? Bei den anderen Hinrichtungsverfahren war es ein leichtes, diese Schwäche vor dem Publikum zu verbergen, denn hier brauchte für die erfolgreiche Exekution der Verurteilte nicht standhaft und unerschrocken zu bleiben. Wenn der Verurteilte jedoch bei der Enthauptung die Haltung verliert, wird man ihn nicht erfolgreich hinrichten können. Wie kann man jemanden unter seine Gewalt bekommen, der sich nicht ruhig halten kann oder will?

In Anbetracht dieser menschlichen Erfordernisse habe ich die Ehre, auf die Möglichkeit aller Arten von Zwischenfällen hinzuweisen, zu denen diese Hinrichtungsweise Anlaß gäbe, würde sie mit dem Schwert vollzogen. Ich glaube, es wäre zu spät, wenn man erst nach unglücklichen Erfahrungen Abhilfe schaffte. Um den humanitären Bestrebungen der Nationalversammlung zu entsprechen, ist es daher unerläßlich, ein Mittel zu finden, das den Verurteilten während der Hinrichtung in einer unbeweglichen Lage hält, damit jede Ungewißheit bei der Exekution ausgeschaltet und Verzögerungen vermieden werden.

So wird man den Absichten des Gesetzgebers entsprechen können und sich nicht dem Volkszorn aussetzen.*

Text 2
Doktor Louis: Begründete Stellungnahme zur Methode der Enthauptung

Der Gesetzesausschuß hat mir die Ehre erwiesen, mich über zwei an die Nationalversammlung gerichtete Schreiben zu befragen, die sich mit der Auslegung des Artikel 3, Absatz 1 des Code Pénal befassen, der vorsieht, daß jedem zum Tode Verurteilten der Kopf abzutrennen sei. In diesen Schreiben weisen der Justizminister und das Direktorium des

* (Vgl. A. Kershaw, *Die Guillotine*, Hamburg 1959, S. 45–46)

Département Paris, durch entsprechende Eingaben veranlaßt, auf die dringende Notwendigkeit hin, die Methode der Vollstreckung präzise zu definieren; sie befürchten, daß eine fehlerhafte Methode, mangelnde Erfahrung oder Ungeschicklichkeit die Exekution für das Opfer und die Zuschauer zu einem entsetzlichen Erlebnis machen könnten; die Zuschauer könnten aus Menschlichkeit eine ungerechte und grausame Haltung dem Scharfrichter gegenüber einnehmen, eine Möglichkeit, deren Ausschaltung wichtig ist.

Meines Erachtens sind die Einwände sachlich, und die Befürchtungen erscheinen durchaus begründet. Erfahrung und Vernunft zeigen uns, daß die bisher übliche Methode, den Kopf abzutrennen, eine scheußlichere Strafe für den Verbrecher darstellt als der Verlust des Lebens an sich, der ja die ausdrückliche Absicht des Gesetzgebers ist. Um dieser Absicht zu entsprechen, ist es notwendig, die Hinrichtung schnell und mit einem Streich zu vollziehen. Nur zu viele Beispiele beweisen, wie schwierig das zu erreichen ist.

In diesem Zusammenhang sollte man sich an die bei der Enthauptung von Monsieur Lally gemachten Beobachtungen erinnern. Lally kniete mit verbundenen Augen nieder; der Henker führte einen Streich auf den Nacken; aber dieser Streich reichte nicht aus, den Kopf vom Rumpf zu trennen, er konnte es auch nicht. Der Rumpf, dessen Fall nichts verhinderte, wurde vorwärtsgeworfen, und drei oder vier Säbelstreiche waren notwendig, bevor der Kopf vom Rumpf getrennt war; diese Schlächterei, wenn der Ausdruck gestattet ist, konnte nur Entsetzen hervorrufen.

In Deutschland sind die Scharfrichter erfahrener, weil hier diese Art der Hinrichtung häufiger vollzogen wird; auch werden hier Personen weiblichen Geschlechts, ohne Rücksicht auf ihren Stand, dieser Hinrichtungsmethode unterworfen. Auf jeden Fall aber erreicht man eine vollkommene Exekution nur selten, obgleich man mancherorts die Vorsichtsmaßnahme ergreift, das Opfer in einen Stuhl zu setzen.

In Dänemark kennt man zwei Stellungen wie auch zwei Instrumente bei der Hinrichtung. Die Exekution, die man als ehrenhaft bezeichnen kann, wird mit einem Schwert durchgeführt; der Verbrecher kniet nieder, seine Augen werden verbunden, seine Hände sind frei. Wenn die Strafe entehrend wirken soll, wird das gefesselte Opfer mit dem Gesicht nach unten gelegt und der Kopf mit einem Beil abgetrennt.

Jedermann weiß, daß Schneideinstrumente wenig oder gar keine Wirkung haben, wenn der Streich lotrecht erfolgt; wenn man den Vorgang unter dem Mikroskop untersucht, sieht man, daß diese Instrumente einer mehr oder weniger feinen Säge ähneln, daß also eine sägende Bewegung ausgeführt wird. Man kann keine Enthauptung auf einen Streich mit einem Beil ausführen, dessen Schneide gerade ist; ist die Schneide konvex, wie etwa bei den alten Streitäxten, so wirkt der Streich nur in der Mitte des Werkzeugs als glatter Schnitt, während die Wirkung beiderseits der Mitte eine sägeartige ist und so ihren Zweck erfüllt.

Wenn wir die Struktur des Nackens studieren, mit der Verzahnung der Wirbel, die aus einer Reihe von Knochen bestehen, deren verbindende Gelenke nicht ohne weiteres zu erkennen sind, wird uns klar, daß eine schnelle und vollkommene Abtrennung nicht möglich ist, wenn man mit dieser Aufgabe Menschen betraut, deren Geschicklichkeit aus moralischen und physischen Gründen nicht immer dieselbe sein kann. Für eine vollkommene Prozedur ist es absolut notwendig, sich eines unveränderlichen mechanischen Werkzeugs zu bedienen, dessen Kraft und Wirkung sich genau bestimmen lassen. Das hat man in England erkannt. Der Körper des Verbrechers wird mit dem Gesicht nach unten zwischen zwei Pfosten gelegt, die oben durch einen Querbalken verbunden sind, von dem ein konvexes Beil vermittels einer Auslösevorrichtung auf den Nacken des Mannes niederstürzt. Der obere Teil des Instruments soll stark und schwer genug sein, um wie das Gerät zu wirken, das zum Einrammen von Pfählen verwandt wird. Es ist bekannt, daß die Wucht noch mit der Fallgeschwindigkeit zunimmt.

Die Konstruktion einer solchen Maschine ist sehr einfach, ihre Wirkung einwandfrei; die Enthauptung wird auf der Stelle vollzogen, was im Einklang mit Geist und Absicht des neuen Gesetzes steht; man kann die Wirkung leicht an Leichen oder auch an einem lebenden Schaf ausprobieren. Man wird dann feststellen, ob es zweckmäßig ist, den Kopf des Patienten durch einen halbmondförmigen Riegel festzuhalten, der den Nacken kurz unterhalb des Schädelansatzes einfaßt. Die Enden des Riegels ließen sich unter dem Schafott durch Vorsteckkeile befestigen. Die Maschine würde, wenn man sie für zweckmäßig erachtet, keine Sensation bedeuten und kaum zur Kenntnis genommen werden.

Ausgefertigt in Paris, den 7. März 1792.*

* (Vgl. A. Kershaw, *Die Guillotine*, Hamburg 1959, S. 49–51)

Text 3
Klageschrift des mit politischen Verbrechern befaßten Scharfrichters gegen jene, die sein Amt ausgeübt haben, ohne den Meistertitel zu besitzen

[...] Retter des Vaterlandes, duldet nicht mehr, daß man den Tod der Schuldigen, die Euch noch in die Hände fallen mögen, überstürzt. Macht den fanatischen Patrioten klar, daß ihren Mitbürgern nicht gedient ist, wenn in überstürztem Eifer die Urheber der Verschwörung beseitigt werden. Macht ihnen klar, daß sie mir eine Entschädigung für die Hinrichtungen schuldig sind, bei denen sie mir zuvorgekommen sind. Jeder Kopf der vier massakrierten Ruchlosen hätte mir bei der Enthauptung durch mein Schwert zwanzig Taler eingebracht. Macht ihnen klar, daß ich die Arbeit wesentlich ordentlicher erledigt hätte und eine große Zahl von Zuschauern das Schauspiel der Hinrichtung dieser ehrlosen Delinquenten hätte auskosten können, wäre es auf meiner Blutbühne vonstattengegangen.

Die Amateure dieser blutigen Szenen, die eine Verlängerung der Marter wünschten, um ihre Rachegelüste zu stillen, hätten mir nur sagen müssen, wonach ihnen verlangte. Und wäre unsere hochnotpeinliche Befragung ihnen nicht ausreichend erschienen, um die Schuldigen ihre Zurückhaltung aufgeben zu lassen und ihnen nützliche Geständnisse und Entdeckungen zu entlocken, so hätte ich an die Ehrwürdigen Väter des Heiligen Offiziums in Madrid und Lissabon geschrieben, sie möchten mir all das ausgeklügelte Brimborium ausleihen, was ihr heiliger Zorn erdacht hat, um selbst Unschuldige zum Gestehen von Verbrechen zu bringen, die sie gar nicht begangen haben.

Wenn der Galgen, das Rad, die Enthauptung ihnen nicht spürbar genug erscheinen, um Abscheu vor solchen Schandtaten einzuflößen, werde ich auf ihren Wunsch an meinen Kollegen in London schreiben. Ich werde ihn beschwören, übers Meer zu kommen und mir zu zeigen, wie man einem Mann so gründlich als möglich den Bauch ausnimmt, und wie man ihm Herz und Gedärm ausreißen muß, damit man sie der Leiche um die Ohren schlagen kann. So nämlich behandelt man die Staatsfeinde an der Themse. Und wenn ihnen auch diese Strafe zu milde erscheint, zu harmlos, so werde ich meinen Amtsbruder aus Avignon rufen. Ich werde mir zeigen lassen, wie man auf einen Delinquenten mit dem Eisenhammer einschlägt, ihm den Bauch aufschlitzt und ihm die Gedärme herausreißt, damit ich das Opfer dann vierteilen und die Stücke an den vier Ecken meiner Blutbühne aufspießen kann, so wie es ein Schlachter mit einem Ochsen macht, ein Metzger mit einem Schwein und ein Garkoch mit einem Lamm. All das, um denen eine Lehre zu erteilen, die eine Neigung verspüren sollten, es jenen vier Ruchlosen gleichzutun, die durch die Usurpatoren meines Amtes so stümperhaft hingerichtet worden sind. Sie sollten sich klarmachen, diese Laien, daß sie viel eher als ich die Geringschätzung verdienen, deren ich mich ausgesetzt sehe. Denn schließlich töte ja nicht ich die Schuldigen, die unter meinen Schlägen sterben; Justitia richtet sie, sie macht aus mir den Rächer der Gesellschaft. Müßte dieses Amt, statt mich zu erniedrigen, mir nicht eher zu Ruhm gereichen? Sollte es möglich sein, daß man in Afrika mehr Verstand besitzt als in Europa, und es der Philosophie nicht gelingt, die Ehrbarkeit meines Berufes zu zeigen? [...]

Paris, 1789.

Text 4
Sédillot le jeune: Historische und physiologische Betrachtungen zur Hinrichtung durch die Guillotine

[...] Möge man uns also verzeihen, daß wir hier ein herzzerreißendes Bild der ungeheuerlichen Verbrechen zeichnen, die in unseren Tagen mit jener Maschine an so vielen Unglücklichen begangen wurden: ein solches Unrecht verdient wohl einige Tränen der Reue.

Die Guillotine war kaum bekannt, als sie auch schon ihren Schrecken in eine Stadt nach der anderen und bis in die kleinsten Marktflecken trug. Alsbald war Frankreich von Blutbühnen übersät. In zahllosen Karren mit ihren Henkern zusammengepfercht, sah man allerorten, zu jeder Stunde Männer, Frauen, alte Leute und Kinder, ohne Kopfbedekkung und mit häßlich gestutzten Haaren, die Hände auf dem Rücken zusammengebunden durch die Straßen fahren. Langsam durchquerten sie die Menge der den Tyrannen ergebenen Kannibalen, die durch Drohungen, Verwünschungen und wilde Schreie die Menschheit und Ehre, Tugend, Unglück und das Alter beleidigten. Auf dem stets blutgetränkten Platz angelangt, wurden die Opfer auf das Schafott geführt, welches noch von dem Blut ihrer Vorgänger dampfte. Dort nun ließ man oft, in einer abgefeimten Grausamkeit, wie man sie in den Geschichtsannalen der verderbtesten Völker vergeblich sucht, unglückliche Eltern vor der Hinrichtung tausend Tode sterben, wenn inmitten der Freudenschreie einer niederträchtigen Horde von barbarischen

Schurken das Todesbeil der Guillotine vor ihren Augen auf jene niederging, um die sie so oft gebangt hatten. Nach dieser furchtbaren Tragödie wurden alle dergestalt verstümmelten Leichen, als seien es Tierkadaver, wahllos in den Kippkarren und dann in ein Massengrab geworfen, wo man sie ohne die Ehren einer Bestattung kaum eine Handbreit mit Erde bedeckte und den mefitischen Geruch sich weithin verbreiten ließ [...].*

* (Sédillot le jeune, *Réflexions historiques et physiologiques sur le supplice de la guillotine*, Paris Jahr IV, S. 24–25)